本书获扬州大学出版基金、扬州大学马克思主义学院出版基金、扬州市社科联重大课题资助出版项目等基金资助

精神家园视域下
马克思主义大众化研究

徐 俊◎著

南京大学出版社

图书在版编目(CIP)数据

精神家园视域下马克思主义大众化研究 / 徐俊著
. —南京：南京大学出版社，2022.10
  ISBN 978 - 7 - 305 - 26122 - 0

  Ⅰ. ①精…　Ⅱ. ①徐…　Ⅲ. ①马克思主义-大众化-
研究-中国　Ⅳ. ①D61

  中国版本图书馆 CIP 数据核字(2022)第 164606 号

出版发行　南京大学出版社
社　　址　南京市汉口路 22 号　　　　邮　编 210093
出 版 人　金鑫荣

书　　名　**精神家园视域下马克思主义大众化研究**
著　　者　徐　俊
责任编辑　刘慧宁

照　　排　南京紫藤制版印务中心
印　　刷　徐州绪权印刷有限公司
开　　本　787×1092　1/16　印张 18.25　字数 275 千
版　　次　2022 年 10 月第 1 版　2022 年 10 月第 1 次印刷
ISBN　978 - 7 - 305 - 26122 - 0
定　　价　88.00 元

网　　址:http://www.njupco.com
官方微博:http://weibo.com/njupco
官方微信:njupress
销售咨询热线:(025)83594756

目　录

前　言

一、　选题缘由及意义

精神家园,是人类心灵的栖息地和实践的动力源,具有精神抚慰、情感寄托、价值形塑、身份认同和整合凝聚等的积极功能。千百年来,中华民族正是在以"修身、齐家、治国、平天下"等为核心内容的共有精神家园的激励和感召下,历经磨难和坎坷,不仅绵延不绝,而且还历久弥新。近代以来,当无数仁人志士为拯救民族危亡而前赴后继之时,中华民族的共有精神家园再一次经历了批判反思与传承创新的历史轮回。1917 年,俄国十月革命的胜利,为我们送来了马克思主义。马克思主义的本土化、民族化和小规模普及化,不仅适应了当时中华民族反帝反封建的政治要求,而且更是契合了中国人民精神关怀的心灵诉求。在此意义上可以说,马克思主义的大众化从一开始就已经肩负起了改造中国客观世界和人民大众主观世界的双重使命。

世界进入百年未有之大变局以来,随着经济全球化、政治多极化、文化多样化、利益多元化等趋势的日益突显,一方面人民群众个体的精神家园和中华民族共有的精神家园遭到了多重挑战,不同程度地出现了精神荒芜乃至危机的问题,广大民众渴望精神关怀的欲望异常强烈;另一方面马克思主义以知识普及的大众化推进的同时,也需要走亲民化、情感化、信仰化等的精神关怀路径。在此境遇下,唯物辩证法再一次成功证明了,马克思主义大众化重走"改造主客观世界"双重使命道路的正确性和前瞻性。

事实表明,如何从精神家园建设的层面来总结并推动马克思主义的大众化,既是时代主题所赋予的历史使命,也是马克思主义大众化的内在发展逻辑。究其本质而言,马克思主义大众化的最终目的就是为了解决人民大众的理想、信念和信仰等精神家园的根本问题。对此,理论界虽已展开了不同层面的探讨,但整体尚显不足,亟待加强研究并实现体系化,本书的研究既有助于梳理和总结 100 多年来党在推动马克思主义大众化实践中所积累的精神家园建设的基本经验,从而进一步丰富和拓展对该问题的理论探讨,又能在一定意义上为当下广大人民群众精神家园的建设提供理论参考。

二、 研究现状

精神家园是人们在文化认同的基础上建构起来的一种意义世界和价值系统,对人的生存与发展具有终极关怀的作用。自二十世纪九十年代以来,信仰缺失、道德滑坡、精神空虚等精神家园荒芜的社会现象就已经引起了国内学界的广泛关注,令其对精神家园的内涵、特征、功能和建构等问题进行了深入的探讨,有效推动了我国精神文明建设的开展。马克思主义作为我国的指导思想和政治信仰,推动其大众化在本质上就是对广大民众的精神家园进行积极建构的过程。因此,推动马克思主义的大众化,不但需要研究马克思主义大众化本身,而且需要研究精神家园及其与马克思主义大众化之间的关系,这对于建立中华民族共有精神家园、坚定全党全国各族人民的信仰和信念意义重大。自党的十七大首次提出"建设中华民族共有精神家园""推动当代中国马克思主义大众化"①的战略任务以来,国内学界围绕精神家园和马克思主义大众化这两大主题进行了多维度的探讨,提出了许多具有理论与实践价值的观点,系统梳理这些研究成果将对本书主要论题的深入研究具有十分重要的借鉴性意义。

(一)关于精神家园的研究

春秋时期的著名军事家管仲曾说过:"仓廪实而知礼节,衣食足而知荣辱。"(《史记·管晏列传》)今天,虽然人们的物质生活已跨越了极度匮乏的

---

① 胡锦涛:《胡锦涛文选》第 2 卷,北京:人民出版社 2016 年版,第 639—640 页。

阶段,并且已在某种意义上进入了物质保障异常充裕的时代,但人们的精神世界却没有得到应有的发展,甚至在某种程度上已经成为我国经济社会发展总体布局上的一块短板。面对此情此景,国内学术界对精神家园问题的关注度日渐高涨。

1. 精神家园的基本内涵

"精神家园"是一个带有比喻性的词语,对其基本内涵的研究成果进行梳理是进一步深化精神家园理论研究和开展精神家园建设的基础和前提。综观相关文献的论述可知,目前国内学界关于精神家园基本内涵的探讨主要集中于以下四个方面。

第一,就其性质而言,精神家园是一种相对于物质家园的精神性存在。有学者从存在论的意义上进行阐述,强调精神家园有别于精神生活的物化,它是"人的精神生活的栖息之地和人的存在的精神容器""容涵与负载着人关于自身存在意义的理性觉知、文化认同、心灵归属与情感寄托"。[1]还有学者从信仰的视角出发,指出:"精神家园是人类生存的意义和价值所在,是一种信念和信仰,是人生中希望达到的境界和不懈追求的崇高的理想。"[2]

第二,就其基本功能而言,精神家园反映着主体的精神支撑、精神气质、精神信仰、精神动力。有学者认为精神家园是"人们对世界观、人生观、价值观、理想信仰高度整合的结果",它具有思想政治教育的功能,"理应成为新世纪党的思想政治教育中的一个新维度"。[3] 也有学者从多民族国家构建共同精神家园的视角进行探讨,认为这对于"促进人的全面发展、社会的和谐,以及国家的安全稳定"[4]等都具有重要意义。

① 庞立生等:《精神生活的物化与精神家园的当代建构》,《现代哲学》2009 年第 3 期,第 8—9 页。
② 刘小红等:《马克思主义信仰视角下的当代人精神家园重建思考》,《甘肃理论学刊》2013 年第 2 期,第 53 页。
③ 李堂:《精神家园建设新探——兼论思想政治教育的一种新维度》,《西南交通大学学报》(社会科学版)2012 年第 3 期,第 29 页。
④ 马晓媛:《新形势下建设各民族共有精神家园研究》,《青海社会科学》2019 年第 6 期,第 176 页。

第三,就其构成要素而言,精神家园是一个由不同层次的精神要素相互联结而成的精神系统。对此,有学者明确指出,精神家园是一个由"精神生命、精神生活、精神文化、人文精神与民族精神"这五个方面的内容"自外而内、自下而上逐步形成"的生命结构。① 也有学者对我国古代精神家园的内涵构成进行阐述,即"儒道释分别以自然为基础建立了各自的精神文化",且在"相互补充、合而为一"的过程中共同建构了"传统中国人的精神家园"。②

第四,就其类型而言,精神家园可以分为个体的精神家园、一个民族或群体的共同精神家园、人类精神家园等。比如,关于共产党人的精神家园,有学者认为它是"共产党人在长期奋斗过程中形成的心理、情感和精神的统一",必须将其"建设好而决不能荒废";③而关于中华民族共同精神家园的内涵问题,大多数学者认为它是由我国各民族基于文化认同和共同生活实践的基础上形成且不断发展的精神归宿和精神依托;④⑤除此之外,还有一些学者对当代社会和青年学生的精神家园的内涵问题也进行了探讨,极大地丰富了学界关于精神家园的理论研究成果。

从现有的研究成果来看,由于学者们选择的视角不同,从而形成了关于精神家园内涵的不同界定。但总的来说,这些学者们较为一致的看法就是:精神家园是一种与物质家园相对的、由人们在文化认同的基础上建构起来的意义世界和价值系统,对个人和民族的生存与发展意义重大。

2. 精神家园的主要特征

精神家园作为人们的精神气质、价值取向、传统习惯、心理情感等的综合反映,它具有十分鲜明的特征。经过梳理目前国内学界已经发表的文

---

① 梅景辉:《"精神家园"的理论旨趣与文化内涵》,《华中科技大学学报》(社会科学版)2009 年第 6 期,第 1 页。

② 曾萍等:《论我国古代精神家园建设的自然性内涵》,《学校党建与思想教育》2015 年第 3 期,第 9 页。

③ 李小三:《坚守共产党人的精神家园》,《江西社会科学》2009 年第 3 期,第 172—173 页。

④ 高永久:《论中华民族共有精神家园的内涵与价值核心》,《科学社会主义》2008 年第 2 期,第 75 页。

⑤ 马晓媛:《新形势下建设各民族共有精神家园研究》,《青海社会科学》2019 年第 6 期,第 176 页。

献,可以发现关于精神家园特征的相关探讨主要集中于以下几个方面。

一是广泛性与特殊性的统一。从层次结构来看,精神家园既包括具有特殊指向性的个体精神家园,也包括具有广泛意义的民族精神家园。对此,有学者明确指出,"个体与民族"是"精神家园建设的双重维度",二者"在彼此联系又彼此制约中互动生成"。其中,个体精神家园是民族精神家园的"来源"和"归宿",而民族精神家园则是对个体精神家园"选择、凝练和提升的过程";①还有学者基于我国改革开放的时代背景指出,我国精神家园的建设呈现出了"共有精神家园建设与个体精神家园建设相协调"的新特点。②

二是先进性与大众性的统一。精神家园只有具备先进性才能达到引领人的目的,只有具备大众化才能达到教化人的目的。对此,有学者指出,建设中华民族共有精神家园不仅要"大力倡导和推行社会主义核心价值体系"以巩固广大受众的共同思想基础,而且要"使社会主义核心价值体系得到广泛认同并转化为人们的自觉行动",从而使之自觉地体现先进性与大众性的统一;③也有学者认为,古今的中华民族共有精神家园具有"精英性与大众性"的特征,而现今日益普遍实行的义务教育促使了更多的人"有自觉意识也有能力参与精神家园建构及其讨论"。④

三是包容性与开放性的统一。既包容自身长期积淀而成的精神产物,又以开放姿态直视和借鉴其他优秀精神成果才是建构和谐精神家园的有益之道。对此,有学者明确指出,我国改革开放背景下的精神家园既包含"这个民族或国家以前各种、各阶级的精神家园的踪迹",又"自主吸收一切外来的优秀文化成果",而这正是其包容性与开放性相统一的体现。⑤ 也有

---

① 宫丽:《精神家园建设的双重维度:个体与民族》,《道德与文明》2015年第2期,第103—106页。
② 曾萍等:《改革开放背景下我国精神家园建设的新特点》,《思想政治教育研究》2015年第3期,第17页。
③ 魏长领:《建设中华民族共有精神家园应自觉体现四个统一》,《郑州大学学报》(哲学社会科学版)2008年第2期,第13页。
④ 刘然:《中华民族共有精神家园的古今对比》,《广西民族研究》2018年第2期,第44页。
⑤ 曾萍等:《改革开放背景下我国精神家园建设的新特点》,《思想政治教育研究》2015年第3期,第18页。

学者指出,精神家园若"失去了民族土壤"将无法抵御其他国家"强势文化的冲击",若故步自封将无法"寻求价值观念、道德标准的基本共识",因而精神家园的建设不仅离不开对"民族文化传统的根基"的包容之心,而且需要"面向世界"的开放姿态。①

四是稳定性与动态性。精神家园作为一种精神性存在,虽然在一定的时期范围内具有相对稳定的特点,但其内容会因时代的发展而呈现出动态的发展特点。对此,有学者揭示了古今中华民族共有精神家园在多个方面上的差异性与相通性,进而从侧面上反映了精神家园是一个具有长期稳定与动态发展的特点的精神体系。② 还有学者认为,建构精神家园应"自觉体现历史性与时代性的统一",因为"一个民族的共有精神家园往往凝聚着这个民族的历史",且"精神家园有一个萌生、形成和演变的历史过程"。③

五是民族性与普世性的统一。任何精神家园的建构都以民族文化传统为基础,且最终落实到解决人类发展的问题之上。对此,郑小丽指出,随着各民族文化和价值观念冲突的愈加激烈,建构中华民族共有精神家园既应保持"中华文化的民族性",还应"积极融入世界文化,寻求价值观念和道德标准的基本共识",从而"将中华文化的民族性与普世性统一起来";④而魏长领则指出,中华民族共有精神家园的构建既应"自觉地坚持以中华优秀文化传统为根基",还需要"在解决人类所面临的共同问题上具有共同的价值诉求和美好愿望",从而自觉体现民族性与普世性的有机统一。⑤

3. 精神家园的重要功能

人的生存与发展不仅需要物质家园的基本保障,而且需要精神家园的

---

① 王可为:《以马克思主义为指导构建中华民族共有精神家园》,《求实》2011 年第 9 期,第 87 页。

② 刘然:《中华民族共有精神家园的古今对比》,《广西民族研究》2018 年第 2 期,第 42—47 页。

③ 魏长领:《建设中华民族共有精神家园应自觉体现四个统一》,《郑州大学学报》(哲学社会科学版)2008 年第 2 期,第 12—13 页。

④ 郑小丽:《中华民族共有精神家园建构的文化之维》,《中学政治教学参考》2014 年第 10 期,第 4 页。

⑤ 魏长领:《建设中华民族共有精神家园应自觉体现四个统一》,《郑州大学学报》(哲学社会科学版)2008 年第 2 期,第 12 页。

心灵抚慰和精神支撑。对于精神家园的重要功能,学界形成了以下五个方面的基本观点。

第一,政治服务功能。广大民众的精神家园与国家的意识形态是紧密联系的,统治阶级推崇和弘扬的民族精神对维护政治稳定和民族团结意义重大。对此,有学者以国家为考察视角,认为精神家园的"初始逻辑"源于国家的"现实国情与政情"、"展开机制"依托于国家的"制度安排"、价值追求回归于国家在"精神与心灵层面的"团结,因而对国家具有"政治凝聚"的重要意义;①还有学者以我国多民族的现实情况为例,认为共有精神家园是维系社会长治久安的"思想文化根基";②此外,还有学者从"海外移民"的角度进行了探讨,认为共有的精神家园对于凝聚海外移民的力量、形成国家建设的合力具有重要意义。③

第二,社会整合功能。社会团结的基础是社会成员具有共同的精神家园,它能够强化民族成员对自己所属民族的认同,进而有助于号召他们为实现共同的目标而采取一致的行动。对此,有一些学者认为,对于一个民族来说,其共有的精神家园能够增强民族整体对民族成员的"吸引力""向心力"和"亲和力",从而能够最大限度地将全民族成员的力量凝聚在一起。④ 除此之外,还有一些学者也对此表示了基本认同。⑤⑥

第三,文化认同功能。精神家园不仅是主体基于文化认同的基础上形成的,而且能够反映甚至是影响一个民族的文化体系。对此,有学者认为精神家园就是民族文化中"所蕴含的价值向度","当代中国人精神家园的

① 青觉:《从政治凝聚到心灵认同:新时代各民族共有精神家园建设——基于国家的分析视角》,《西北师大学报》(社会科学版)2021年第1期,第32—33页。
② 田卫疆:《构筑中华民族共有精神家园 夯实新疆社会长治久安的思想文化根基》,《新疆社会科学》2020年第6期,第4页。
③ 李云:《海外移民与中华民族共有精神家园建设》,《科学社会主义》(双月刊)2014年第2期,第78页。
④ 尹世尤等:《共有精神家园:增强中华民族凝聚力的有效途径》,《求索》2009年第4期,第96—97页。
⑤ 徐黎丽等:《论各民族共有精神家园对中华民族共同体的凝聚作用》,《西北民族研究》2021年第4期,第41页。
⑥ 来仪等:《再论中华民族共有精神家园的内涵及现实意义》,《西南民族大学学报》(人文社会科学版)2019年第1期,第6—7页。

重建"与我国"在文化上崛起的目标密切关联","一个民族若是失去了精神家园,人们将会失去归属感……丧失文化创造的生命力";①还有学者认为,精神家园的功能定位必须在"文化体系的整体框架"中进行,因为精神家园属于文化体系的有机构成部分,其建设能够促进"认同文化"的建构。②

第四,思想教化功能。精神家园建构与思想政治教育在本质上具有高度的契合性,和谐有序的精神家园有益于培养和坚定人的信仰、提升和完善人的品格。对此,有学者强调指出,重建人类精神家园是"当代德育的重要使命",通过德育能够重建人类的精神文化体系,进而提升人的精神境界、引领人的"精神追求目标";③还有学者也对精神家园的思想政治教育功能进行了探讨,认为精神家园的建构关系着人生的信仰和信念。④⑤

第五,人的发展功能。人具有社会性,其发展离不开与一定社会关系的良性互动。据此,有学者从精神家园对"大学生文化自信"的意义层面展开探讨,认为精神家园对社会成员来说不仅可以提升其"境界追求"、规范其"文化心理认同",而且能为人类发展塑造崇高的"终极关怀理念";⑥也有学者指出,人的精神自由与全面发展是和谐统一的,精神家园的建设在实质上就是"实现人的自由全面发展的过程"。⑦

4. 精神家园的建构路径

界定精神家园的内涵、特征和功能,其最终目的都是为了在明确精神

① 严春友等:《简论当代中国人精神家园的重建》,《北京师范大学学报》(社会科学版)2010年第3期,第49—50页。
② 郝亚明:《论中华民族共有精神家园的功能定位》,《北方民族大学学报》(哲学社会科学版)2011年第2期,第41—44页。
③ 李太平:《当代德育的重要使命:重建中华民族共有精神家园》,《湖北大学学报》(哲学社会科学版)2011年第5期,第166—168页。
④ 王东莉:《建构精神家园——新时期思想政治教育的功能初探》,《社会科学》2000年第11期,第49页。
⑤ 李堂:《精神家园建设新探——兼论思想政治教育的一种新维度》,《西南交通大学学报》(社会科学版)2012年第3期,第29页。
⑥ 张妍等:《大学生文化自信的精神家园"意义"层面思考》,《思想政治教育研究》2015年第5期,第116页。
⑦ 李堂:《精神家园建设新探——兼论思想政治教育的一种新维度》,《西南交通大学学报》(社会科学版)2012年第3期,第31—32页。

家园重要属性的基础上来对其进行有意义的建构。因此，国内学界十分重视关于精神家园建构的问题，其观点大致可以将其归纳为以下五条路径。

一是以人民至上为价值底蕴。人民至上的价值理念不仅符合马克思主义群众史观的基本要求，而且符合主体人的客观需要。对此，有学者从"价值尺度""价值取向"和"价值实践"的三个层面阐述了"以人为本"的价值理念对建构精神家园的重要性，且为此提出了要"尊重人民群众的主体地位"的观点；[1]还有学者从"马克思主义人学"的视角指出，精神家园是"人的精神生命的存在方式"和"人的本质力量得以全面发展的重要前提"，因而建构精神家园必须确立以人为本的价值立场。[2]

二是以优秀文化为内容基础。优秀文化作为一种精神力量，它能够对人的精神世界产生深远持久的影响。因此，有许多学者从建设中华民族共有精神家园的角度进行了激烈的探讨。譬如，有学者认为，"中华民族优秀传统文化"和"社会主义先进文化"等的优秀文化是新时代建构中华民族共有精神家园的"内容基础"，必须对其进行继承和弘扬；[3]还有一些其他学者也基本认同建设人类精神家园应处理好与文化之间关系的看法，并主张通过挖掘优秀文化的思想资源来推动人类精神家园的建构。[4][5]

三是以科学理论为思想主线。有学者以新时代的中华民族共有精神家园建设为考察视域，认为其建构必须坚持"正确的思想观念"，用马克思主义的最新理论成果和基本立场观点方法来武装和指导人民；[6]还有一些学者也以"构建中华民族共有精神家园"为考察视角，认为马克思主义作为

① 唐志龙：《以人为本：中华民族共有精神家园建设的价值底蕴》，《理论学刊》2009 年第 12 期，第 75—80 页。
② 相丽：《马克思主义人学视域中华民族共有精神家园建构》，《中学政治教学参考》2018 年第 18 期，第 24 页。
③ 刘友田等：《论新时代中华民族精神家园建构的基本理路》，《山东社会科学》2018 年第 10 期，第 133—136 页。
④ 马伟华：《模式与互动：中华民族共有精神家园建设中的几个问题》，《广西民族研究》2011 年第 2 期，第 53—57 页。
⑤ 王燕京：《中华民族共有精神家园：理论意蕴与建设路径》，《江西社会科学》2009 年第 3 期，第 177—178 页。
⑥ 刘友田等：《论新时代中华民族精神家园建构的基本理路》，《山东社会科学》2018 年第 10 期，第 136—137 页。

一种科学理论能够为其提供"科学的立场"和"科学的方法论指导",进而使精神家园展现出强大的"生命力和吸引力"。①

四是以思想教育为辅助手段。思想政治教育能够赋予每位受教育者以科学的价值观,从而得以提升他们的精神境界。据此,有学者指出,精神家园建设与思想政治教育在"内涵""目标"和"功能"的三个方面具有"高度的契合性",因而可以运用思想政治教育的手段来建构人类理想的精神家园;②还有一些学者从学校德育的角度出发,认为学校作为社会思想的高地,而学生作为精神世界容易受到污染的主体,应发挥好学校德育对重建广大学生精神家园的积极作用。③④

五是以网络媒体为传播媒介。网络作为一种新兴媒介,正日益以其优越特性来超越那些传统的传播方式。对此,有学者认为,网络媒体已经日益成为"不可或缺的大众传播渠道",因而新形势背景下的精神家园建设应"充分发挥网络平台的作用";⑤还有一些学者也详细分析了网络对信息的传播优势,主张利用现今发达的网络条件来培育有利于建设精神家园的网络文化,从而达到助推精神家园健康发展的最终目的。⑥⑦

由此可知,学者们在不断挖掘有益资源、更新思想观念的过程中,为人们建构当代的精神家园铺垫了康庄大道。综合来看,国内学界目前关于精神家园的研究涵盖了多个方面的内容,体现了人类精神家园的价值意蕴,为新时代继续厘清其相关认识、推动精神文明建设做了有力地推动。当

---

① 王可为:《以马克思主义为指导构建中华民族共有精神家园》,《求实》2011 年第 9 期,第 88 页。

② 李堂:《精神家园建设新探——兼论思想政治教育的一种新维度》,《西南交通大学学报(社会科学版)》2012 年第 3 期,第 32—33 页。

③ 郭建峰:《建设高校精神家园 为构建和谐社会作贡献》,《中国高教研究》2005 年第 5 期,第 86 页。

④ 谷桂玲:《当代大学生的精神家园建设》,《教育与职业》2015 年第 9 期,第 51—53 页。

⑤ 马晓媛:《新形势下建设各民族共有精神家园研究》,《青海社会科学》2019 年第 6 期,第 179 页。

⑥ 赵惜群等:《培育有利于中华民族共有精神家园建设之网络文化》,《湖南科学大学学报》(社会科学版)2011 年第 6 期,第 164—167 页。

⑦ 赵惜群等:《网络文化与中华民族共有精神家园的建设》,《东疆学刊》2011 年第 2 期,第 89 页。

然,学界对于精神家园的研究并不会止步于此,其深度和广度在今后将有待于进一步提升和拓展。

(二) 关于马克思主义大众化的研究

1. 马克思主义大众化的基本内涵

关于马克思主义大众化基本内涵的问题,国内学界围绕广义和狭义两个层面,主要形成了以下几种认识。

首先,就广义而言,目前学界主要形成了以下三种观点:

第一种观点认为,马克思主义大众化就是"马克思主义的普及和教育",就是使马克思主义基本原理实现由抽象到生动、"由被少数人理解和掌握转变为通俗易懂并为广大群众所理解和掌握"的转变,从而达到"使马克思主义回归大众、走向大众、贴近大众,最终服务大众"的根本目的。[①] 可以说,此观点是目前学界普遍认同的一种看法。[②][③]

第二种观点认为,不能将马克思主义大众化简单概括为"马克思主义创新、发展和教育"的过程,它只是马克思主义大众化的前两个阶段,更为重要的是"根据这一阶段人民群众新的实践去检验和丰富发展马克思主义"的第三个阶段。[④] 对此,一些学者虽然与其着力点有所不同,但总的来说也是基本持赞同态度的。[⑤]

第三种观点认为,马克思主义大众化是一个"复合概念"和一项"系统工程",应从多个维度对其进行综合考虑,但目前学界对于从哪些维度来考量尚未形成统一认识。比如,有学者认为界定其基本内涵既需要"正确揭

---

① 冯鑫永:《马克思主义大众化的几点思考》,《科学社会主义》(双月刊)2013 年第 6 期,第 57 页。

② 彭升等:《两个转变:"加工"与"普及"——马克思主义大众化内涵新解》,《求实》2017 年第 2 期,第 14 页。

③ 中共江苏省委宣传部课题组等:《马克思主义大众化的科学内涵、历史经验及其当代实践路径》,《南京大学学报(哲学·人文科学·社会科学)》2011 年第 4 期,第 5—7 页。

④ 王迁等:《关于马克思主义大众化内涵、功能和目的的新认识》,《毛泽东思想研究》2015 年第 2 期,第 121—123 页。

⑤ 肖士英:《马克思主义大众化内涵基本向度的当代诠释》,《广西师范大学学报》(哲学社会科学版)2011 年第 2 期,第 2—4 页。

示其基本要素的性质、地位、作用及其相互关系",还需要"集中体现马克思主义大众化作为过程的内在机制和外在的基本环节"和"坚实的哲学论证和支撑";①也有学者认为应立足于"理论大众化、实践大众化和创新大众化"②的三个方面;还有学者认为应从"过程与目标的有机统一""真理性与价值性的有机统一""基本原理大众化与马克思主义中国化理论成果大众化的有机统一"③的三个方面来界定。

其次,就狭义而言,目前学界围绕"当代中国马克思主义大众化"这一主题展开了激烈的探讨,主要形成了以下两种观点:

第一种观点认为,当代中国马克思主义大众化的基本内涵包括两个方面,一是其自身理论和研究成果在当代中国的大众化,二是其理论成果特别是最新理论成果的大众化。换言之,当代中国马克思主义大众化就是"用马克思主义基本原理和中国特色社会主义理论体系武装全党、教育人民",从而"使当代中国马克思主义具体化、通俗化、生活化,由被少数人掌握到被广大群众理解掌握并在实践中不断创新的过程"。④

还有一种观点认为,当代中国马克思主义大众化包括"当代中国马克思主义"和"大众化"两个层面的含义。其中,前者是指"中国特色社会主义理论体系",后者"包括理论的通俗化、宣传普及化、内化、转化",这对马克思主义大众化的推进明确了"工作的指向性"、增强了"具体的针对性"。⑤

2. 马克思主义大众化的重要意义

马克思主义在本质上是为了提高人民群众、造福人民群众,因而马克思主义大众化的推进意义重大、影响深远。根据现有的文献资料,大致可

---

① 欧永宁:《关于马克思主义大众化内涵的论析》,《中南大学学报》(社会科学版)2010 年第 6 期,第 24 页。
② 李威娜:《深入理解"马克思主义大众化"内涵的三重视角》,《思想理论教育导刊》2016 年第 11 期,第 67 页。
③ 张静等:《关于马克思主义大众化的若干思考》,《天津师范大学学报》(社会科学版)2011 年第 3 期,第 16—17 页。
④ 孔朝霞等:《当代中国马克思主义大众化的逻辑内蕴与实现路径》,《云南民族大学学报》(哲学社会科学版)2014 年第 1 期,第 24—26 页。
⑤ 钱正武等:《全面、准确地理解当代中国马克思主义大众化的科学内涵》,《甘肃社会科学》2012 年第 1 期,第 14—16 页。

以从以下五个层面对其研究成果进行梳理。

一、马克思主义大众化是马克思主义理论发展的内在要求。马克思主义是关于人民群众的理论，因而大众化是马克思主义的本质属性和根本要求。对此，有学者认为，当代中国马克思主义大众化就是被人民群众理解、认同、掌握、进而指导实践的过程，因而它的产生与发展离不开人民大众的广泛参与和实践转化；①也有学者指出，实现大众化是马克思主义"永存真理性的内在需要""永葆生命力的必须途径""永续战斗力的动力源泉"等。②

二、马克思主义大众化是增强社会主义意识形态凝聚力的迫切需要。马克思主义的主流意识形态地位关系着全社会的价值认同取向，其大众化对于增强社会主义意识形态的凝聚力刻不容缓。对此，有学者通过分析当代中国马克思主义大众化的价值，指出其不仅具有"引导政治方向""激发精神动力"等的个体价值，而且具有"维护马克思主义在意识形态领域的主导地位"等的社会价值；③也有学者认为，马克思主义大众化能够将主体的精神信仰转化为实践行动，进而激发广大民众"积极投身中国特色社会主义建设事业"④。

三、马克思主义大众化是中国特色社会主义建设实践的客观回应。马克思主义大众化不仅是一个理论教育和普及的过程，更重要的是被人民群众自觉地用来开展实践的过程。对此，有学者认为马克思主义大众化能够通过弘扬其"实践性"来发挥对于我国"深入贯彻落实科学发展观""构建社会主义和谐社会"等的促进作用；⑤还有学者分析了"马克思主义大众化的实践价值"，认为其对于当代中国特色社会主义的经济、政治、文化、社会建

---

① 朱炎等：《大众化是坚持和发展当代中国马克思主义的必由之路》，《求实》2009 年第 2 期，第 1 页。

② 王伟光：《马克思主义大众化的时代价值与现实意义》，《红旗文稿》2020 年第 7 期，第 4—10 页。

③ 李科：《当代中国马克思主义大众化的价值及其实现机制》，《北京工业大学学报（社会科学版）》2010 年第 5 期，第 45 页。

④ 杨全海：《马克思主义大众化的价值探析》，《思想教育研究》2010 年第 8 期，第 68 页。

⑤ 熊建生等：《马克思主义大众化的价值意蕴探析》，《思想理论教育导刊》2010 年第 12 期，第 37—39 页。

设具有重要的推动和引领作用;①不仅如此,还有学者认为马克思主义大众化能够通过凝聚"党心民心"来"助推中国梦"实现。②

四、马克思主义大众化是社会主义文化的发展导向。马克思主义大众化的发展过程,实际上反映了人民大众对社会主义先进文化的自觉和自信程度。对此,有学者认为,当代中国马克思主义大众化反映了"人民群众对先进文化的认同与选择",始终坚持"马克思主义作为思想文化建设的指导思想"、推动人民群众对"马克思主义中国化最新理论成果"的信仰对于应对思想文化领域的复杂态势尤为重要。③

五、马克思主义大众化是人类自身实现全面发展的必然途径。对此,有学者以"马克思主义大众化内在的价值维度"为考察视角,指出马克思主义大众化的"思想体系贯穿着对大众群体的强烈关注",其"价值理性和工具理性的和谐统一"对于"培养民众的道德自觉和社会发展的伦理维度"具有重要意义;④还有学者基于"人的需要"的视角,认为马克思主义大众化能够"满足人的精神需求"⑤,进而使人的精神世界得到健康发展;还有学者也指出,"以人民为中心"的理念是马克思主义大众化的"价值进路"。⑥

3. 马克思主义大众化的发展历程

马克思主义大众化就是人民群众对马克思主义由认知到认同和信仰,再到掌握和运用的过程。根据划分依据的不同,目前学界关于其发展历程的认识大致形成了"三段论""四段论""五段论""六段论"的看法。

其一,"三段论"。通过对马克思主义大众化演变范式的解读,一些学

---

① 蒋朝莉等:《马克思主义大众化价值浅析》,《人民论坛》2013 年第 2 期,第 195 页。
② 崔庆五等:《马克思主义大众化助推中国梦的着力点探要》,《毛泽东思想研究》2017 年第 4 期,第 116 页。
③ 田丰:《当代中国马克思主义大众化的文化选择》,《河北大学学报》(哲学社会科学版)2015 年第 2 期,第 51—52 页。
④ 张丽:《马克思主义大众化的价值维度及其辩证机制构建》,《求索》2016 年第 1 期,第 114—116 页。
⑤ 严宏:《马克思主义大众化的现实价值:以人的需要为视角》,《科学社会主义》2010 年第 5 期,第 58 页。
⑥ 翟桂萍:《以人民为中心:马克思主义大众化的价值进路》,《学习论坛》2017 年第 1 期,第 10 页。

者认为马克思主义大众化的发展历程主要经历了三个阶段。比如,林国标认为其先后经历了"'启蒙-解释'范式、'民族-本土'范式和'大众-人本'范式"的三个阶段。其中,第一阶段是"通俗地解释马克思主义文本启发民众",第二阶段是使马克思主义"充分地融入中国的文化土壤和大众情境",第三阶段则是"解释马克思主义与时俱进的时代发展问题";①而杨蓓则立足于当代中国马克思主义大众化的视角,不仅将其发展历程划分为"早期传播阶段""20 世纪 30 年代所产生的马克思主义大众化的运动"和"当代中国马克思主义的运用和发展阶段"三个阶段,而且还认为其经历了由"启蒙式—通俗化传播"到"大众诉求—主体认同"的转变过程。②

其二,"四段论"。根据我国重要历史时期的划分,以冯刚和崔耀中为代表的学者们认为其大致经历了新民主主义革命时期、社会主义革命和建设时期、社会主义改革时期和新时期四个发展阶段。譬如,冯刚认为由于马克思主义大众化在"每个时期所处的历史语境不同,所要解决的问题不同",从而对每一历史时期所呈现出来的主体、受众、内容和渠道进行了分析,最终得出了"革命时期(1921—1949):在艰难中探索"、"建设时期(1949—1978):在曲折中前进"、"改革时期(1978—2012):在拨乱反正中突破"和"新时代(2012 年至今):在守正中创新"的"四段论";③而崔耀中虽然对马克思主义大众化发展历程的划分结果与冯刚基本类似,但不同的是,他通过大量的史论结合为展示马克思主义大众化的发展脉络提供了强有力的史学证明。④

其三,"五段论"。有学者将马克思主义大众化的发展历程划分为五个阶段,一是以历史唯物主义为重点内容的"引介中传播阶段(1917—

① 林国标:《马克思主义大众化的基本范式及其演变》,《中共中央党校学报》2010 年第 3 期,第 26—29 页。
② 杨蓓:《当代中国马克思主义大众化的基本范式》,《学术交流》2010 年第 11 期,第 15—16 页。
③ 冯刚:《传播与超越:中国共产党推动马克思主义大众化的百年历程和基本经验》,《四川大学学报》(哲学社会科学版)2021 年第 4 期,第 6—9 页。
④ 崔耀中:《中国马克思主义大众化研究——历史进程和基本经验》,中国人民大学出版社 2014 年。

1935)",二是以经典马克思主义为主要内容的"系统化发展阶段(1935—1945)",三是既有理论创新、也有错误倾向的"曲折中前进阶段(1949—1966)",四是受到极大冲击的"扭曲中停滞阶段(1966—1976)",五是"逐步走向了正确的发展轨道"的"有序中推进阶段(1977—现在)"。①

其四,"六段论"。有学者对中国马克思主义大众化的 100 多年历程进行了回顾,从而得出了中国马克思主义大众化经历了六个发展阶段的结论。具体而言,即"探索徘徊阶段(1921 年建党至 1937 年抗战前)""重大突破阶段(1937 年抗战至 1949 年新中国成立前)""平稳过渡与曲折前进阶段(1949 年建国至 1966 年'文革'前)""停滞倒退阶段(1966—1976 年'文革')""拨乱反正阶段(1976 年'文革'结束—2002 年党的十六大前)""全面推进与新高潮阶段(2002 年党的十六大至今)"这六个阶段。②

4. 马克思主义大众化的困难挑战

受多种因素的合力作用,当代马克思主义大众化的推广工作受到了一定的阻碍。因此,从现实的维度来看,深入研究马克思主义大众化的困难与挑战是破解其现实境遇不可回避的重要课题。

第一,马克思主义理论感召力的欠缺。马克思主义理论大众化是马克思主义大众化的一个重要方面,其理论的感召力至关重要。对此,有学者认为由于当代马克思主义"理论感召力的缺失",而致使"马克思主义理论并未被大众真正理解和运用";③还有学者认为马克思主义的传统传播方式"出现过庸俗化和教条化的现象",不仅降低了自身理论的"说服力",而且对其大众化的推进产生了极大的"认同障碍"。④

第二,话语权的博弈。思想能够借助语言表达出来,因而马克思主义的话语是否运用得当关系着马克思主义大众化是否有效。对此,有学者指

---

① 陈曙光:《马克思主义大众化的历程、经验与反思》,《湖南社会科学》2012 年第 5 期,第 16—17 页。
② 唐晓燕:《中国马克思主义大众化 90 年:历程、经验与规律》,《深圳大学学报》(人文社会科学版)2011 年第 4 期,第 63—64 页。
③ 潘李军:《当代中国马克思主义大众化的困境及其破解》,《理论导刊》2014 年第 2 期,第67 页。
④ 陈红娟:《理念·境遇·利益:马克思主义大众化的三重障碍》,《理论月刊》2014 年第 11 期,第 25 页。

出,马克思主义的"话语优势"与它目前在中国的现实形态不仅存在着一定差距,而且它所代表的大众利益也还"表达不畅",这些现实困境都严重地削弱了马克思主义话语的"主导力"和"公信力";①还有学者也意识到了现今的马克思主义话语所面临的"生存""内容"和"形式"困境对马克思主义大众化进程的阻碍。②

第三,受众群体的差异。人民大众作为马克思主义大众化的受众群体,其认知能力、价值观念和人格特征等方面的差异都会给马克思主义大众化的具体推进带来一定的挑战。对此,有学者认为现今社会日益分化为不同的"阶层结构",其各方面的差异"会不断催生出多样化的社会意识",从而为马克思主义的主流意识形态带来极大的挑战;③还有学者将受众群体分为"党员干部""大学生"和"普通群众"这三类,主张"因时制宜""因人而异"。④

第四,主体意识的淡薄。马克思主义大众化的理论工作者、教育工作者和党的各级干部作为其主体,他们的行为、意识和信仰等直接关系着马克思主义大众化的实效性。对此,有学者指出,"主体意识的淡薄与行为的失范"是当代中国马克思主义大众化面临的现实困境,其直接后果是造成"理论宣传工作的低效"和失去广大民众的信任;⑤也有学者认为,现今的"利益和思想分化"导致主体在信仰上产生了"偏离"甚至是"缺失"。⑥

第五,推行水平的滞后。马克思主义大众化推行水平的高低关系着马克思主义指导地位的巩固,进而影响着马克思主义大众化的发展进程。对

---

① 寇清杰等:《马克思主义大众化面临的话语挑战及应对路径》,《思想教育研究》2013 年第 5 期,第 26—27 页。
② 王丹丹:《马克思主义大众化面临的话语难题及消解》,《当代世界与社会主义》2015 年第 6 期,第 37—38 页。
③ 潘李军:《当代中国马克思主义大众化的困境及其破解》,《理论导刊》2014 年第 2 期,第 66—67 页。
④ 刘明明:《论马克思主义大众化的群体差异性》,《思想理论教育导刊》2018 年第 8 期,第 51—53 页。
⑤ 潘李军:《当代中国马克思主义大众化的困境及其破解》,《理论导刊》2014 年第 2 期,第 66 页。
⑥ 廖和平:《当代马克思主义大众化面临的挑战与对策》,《广西师范大学学报》(哲学社会科学版)2011 年第 2 期,第 12—13 页。

此,有学者认为,马克思主义大众化的理论工作者由于自身水平的限制以及受众的特点,而普遍采取了"灌输的方式",致使其忽略了"受众的主观感受和主观能动性";①还有学者指出,当代的马克思主义大众化事业存在着"力量分散""地线虚浮""渠道陈旧""执行疲弱"等方面的难点。②

第六,网络环境的干扰。网络技术的发展在丰富马克思主义研究内容的同时,也改变了马克思主义的传播方式。对此,有学者指出,大数据时代"催生了马克思主义大众化的新环境",但也为其发展带来了一系列如"数据挤压""数据干扰"和"数据渗透"等的新挑战;③也有学者认为网络化背景不仅导致其"面临的意识形态环境更加复杂",而且对其"传播和宣传造成了严重冲击"。④

5. 马克思主义大众化的基本原则

马克思主义大众化的发展只有遵循一定的基本原则,才能保证其沿着正确轨道、克服困难挑战而不断向前推进。对此,目前国内学界的研究成果颇丰,大致可将其归纳总结为以下七个方面。

一是整体性与层次性相结合的原则。有学者从群体差异的视角指出,在推进马克思主义大众化的过程中,既要坚持"整体性原则",将马克思主义的基本理论、观点、方法和最新成果作为一个整体,也要根据不同受众群体的思想状况及认识和接受能力来因人施教,从而使各受众群体都能"完整准确地理解和掌握马克思主义"。⑤ 对此,也有其他学者持有类似的看法。⑥

二是系统性与开放性相结合的原则。为使马克思主义大众化处于有

① 廖和平:《当代马克思主义大众化面临的挑战与对策》,《广西师范大学学报》(哲学社会科学版)2011 年第 2 期,第 13 页。

② 唐小芹:《马克思主义大众化途径与方法创新的难点破解及前景展望》,《湖湘论坛》2016 年第 3 期,第 40 页。

③ 高奇等:《大数据技术条件下的马克思主义大众化》,《马克思主义研究》2019 年第 7 期,第 90—91 页。

④ 高乃云:《论马克思主义大众化的网络传播境遇及策略优化》,《西南民族大学学报》(人文社会科学版)2012 年第 6 期,第 202—203 页。

⑤ 吴远等:《群体差异视阈下马克思主义大众化的基本原则》,《河海大学学报》(哲学社会科学版)2012 年第 2 期,第 5 页。

⑥ 张静等:《关于马克思主义大众化的若干思考》,《天津师范大学学报》(社会科学版)2011 年第 3 期,第 17 页。

序状态,有学者认为马克思主义大众化既需要"充分尊重人民群众的主体地位",还应"大力推动理论创新""着眼于解决现实问题""体现对时代崭新课题的思考"。①

　　三是科学性与通俗性相结合的原则。有学者认为,推进马克思主义大众化不仅要坚持"传播符合最广大人民群众的根本利益的社会主流意识和价值观念"的科学性,而且要坚持"符合人民群众的接受心理的精神需求"的通俗性。② 也有学者认为虽然马克思主义是"科学的理论",但其"高、深、难"的特点决定了其大众化必须坚持通俗性的原则。③

　　四是主导性与主体性相结合的原则。有学者认为马克思主义大众化是一种自发行为,它需要"处理好主导与主体的关系",既要使马克思主义的"理论工作者、教育工作者、党的各级干部"发挥好主导作用,又要发挥好"人民大众的主体性"。④ 此外,还有学者立足于"主体间性"的视角,提出了当代中国马克思主义大众化需要"尊重群众主体的原则"。⑤

　　五是显性教育与隐性教育相结合的原则。有学者认为显性教育和隐性教育是"相辅相成、互为补充"的两种教育形式,马克思主义大众化不仅要通过"学术讲座、两课教学、学习交流等形式"来开展显性教育,而且要积极开发如"文化资源、人力资源、物质资源等方面"的隐形教育资源,从而使二者共同推进马克思主义大众化的进程。⑥

　　六是一元性与多样性相结合的原则。对此,有学者从"我国意识形态领域和文化的多样化状态"出发,认为当代中国马克思主义大众化一方面

---

① 吴远等:《群体差异视阈下马克思主义大众化的基本原则》,《河海大学学报》(哲学社会科学版)2012 年第 2 期,第 7—8 页。

② 王瑾等:《试述马克思主义大众化传播应坚持的四个基本原则》,《兰州大学学报》(社会科学版)2015 年第 3 期,第 145—146 页。

③ 杨琪瑛:《马克思主义大众化的基本原则与方法》,《学校党建与思想教育》2012 年第 21 期,第 88 页。

④ 杨鲜兰:《推进当代中国马克思主义大众化的基本原则》,《湖北社会科学》2008 年第 2 期,第 7 页。

⑤ 徐承英:《主体间性视域下的当代中国马克思主义大众化》,《毛泽东思想研究》2010 年第 5 期,第 128 页。

⑥ 杨琪瑛:《马克思主义大众化的基本原则与方法》,《学校党建与思想教育》2012 年第 21 期,第 89—88 页。

要坚持"指导思想的一元性",用当代中国马克思主义来"规范、引领多样化的社会思潮";另一方面要做到对多元文化的包容。① 对此,还有一些学者也产生了较为一致的看法。②

七是大众化与中国化时代化相结合的原则。目前国内学界关于"马克思主义大众化与中国化、时代化的关系"的讨论十分激烈,但基本上一致认为必须将马克思主义中国化时代化大众化视为一个统一的逻辑整体。比如,有学者认为"中国化、时代化是大众化的前提和基础",而"大众化是中国化、时代化的内在要求"③;此外,还有一些学者也认为它们三者是相辅相成、相互促进的关系。④⑤

6. 马克思主义大众化的推进策略

综合目前国内学界的基本观点来看,关于马克思主义大众化推进策略的探讨涉及了语言学、心理学、传播学等多个领域,呈现出了欣欣向荣的大好趋势。据此,现将其代表性观点提炼如下:

第一,实施精准传播。对此,有学者以"互联网＋时代"的马克思主义大众化为着力点指出,"精准传播"不仅回应了"'互联网＋'时代新的技术条件和传播环境",而且"符合马克思主义大众化的内在要求",因而是应对当前马克思主义大众化面临实效性削弱的困境的"有效破解之道";⑥还有一些学者也基本认同以精准传播的理念来推进马克思主义大众化。⑦⑧

---

① 沈炜:《论当代中国马克思主义大众化》,《思想理论教育导刊》2009 年第 9 期,第 42 页。
② 王璜等:《试述马克思主义大众化传播应坚持的四个基本原则》,《兰州大学学报》(社会科学版)2015 年第 3 期,第 144 页。
③ 张静等:《关于马克思主义大众化的若干思考》,《天津师范大学学报》(社会科学版)2011 年第 3 期,第 18—19 页。
④ 杨荣等:《论马克思主义中国化时代化大众化及其实现路径》,《学习与实践》2016 年第 2 期,第 53 页。
⑤ 周国琴:《论马克思主义中国化、时代化、大众化的有机统一》,《求索》2012 年第 7 期,第 179 页。
⑥ 刘康:《"互联网＋"时代马克思主义大众化的精准传播策略探析》,《理论月刊》2018 年第 3 期,第 37 页。
⑦ 刘滢:《以精准传播理念推进马克思主义大众化》,《人民论坛》2019 年第 13 期,第 98 页。
⑧ 郝佳婧等:《以精准思维推进马克思主义大众化论要》,《中学政治教学参考》2021 年第 27 期,第 91 页。

第二，创新话语体系。对此，有学者揭示了当代中国马克思主义大众化面临的话语挑战和话语冲突，因而主张话语的"革新"与"范式转型"；①也有学者主张通过融合"民族传统文化"以及"契合人民大众的生活世界语言"等来重构马克思主义大众化的话语体系；②还有学者联系国内外的时代环境，认为当代中国马克思主义大众化既要"提高理论说服力"，也要"战胜其他社会思潮的竞争和挑战"③；更有学者主张利用网络环境的话语场域来开创其话语传播的新境界。④

第三，契合群众关切。有学者从人民群众的主体地位出发，认为推进马克思主义大众化必须"造福人民大众"和"关注民生"，且宣传和普及也要贴近人民群众的"思想实际"；⑤还有学者明确提出"推进马克思主义大众化必须回应群众关切"，认为只有做到"心中时刻有群众""群众关切有回音"，才能使新时代背景下的马克思主义大众化做到"群众心中有信赖""推进工作有成效"。⑥

第四，运用传媒技术。有学者认为，互联网时代背景下推进马克思主义大众化不仅要让大数据成为其驱动的"新引擎"，而且要"快速占领"其"战略制高点"；⑦也有学者认为，应提升"互联网路径意识"、打造"互联网传播阵地"和拓展"互联网专业队伍"；⑧还有学者主张通过自媒体这一新兴传

---

① 陈德祥：《话语理论视域下的当代中国马克思主义大众化研究》，《教学与研究》2017 年第 2 期，第 5 页。
② 曾鹰等：《创新发展视域下马克思主义大众化的话语重构》，《广东社会科学》2017 年第 4 期，第 66 页。
③ 郭戎委等：《当代中国马克思主义大众化的时代环境及推进路径》，《河南社会科学》2015 年第 2 期，第 55—56 页。
④ 欧庭宇：《马克思主义大众化何以推进——基于网络环境下话语传播的现实考察》，《湖湘论坛》2021 年第 2 期，第 75 页。
⑤ 冯鑫永：《对马克思主义大众化的几点思考》，《科学社会主义》（双月刊）2013 年第 6 期，第 59—60 页。
⑥ 敖永春等：《推进马克思主义大众化必须回应群众关切》，《学校党建与思想教育》2019 年第 2 期，第 86 页。
⑦ 高奇等：《大数据技术条件下的马克思主义大众化》，《马克思主义研究》2019 年第 7 期，第 89、95 页。
⑧ 董馨：《新时代马克思主义大众化传播路径选择》，《重庆社会科学》2018 年第 2 期，第 20—21 页。

播媒介来为推进马克思主义大众化而优化主客体的"舆论场"、内容的"渗透力"、过程的"顺畅化"等。①

第五,注重学科建设。对此,有学者指出,"推进马克思主义大众化是高校德育理论创新和学科建设的使命与责任",应积极发挥"马克思主义理论教学"对青年学生的理论武装作用;②还有一些其他学者认为,"马克思主义大众化必须以马克思主义学科建设作支撑",因为"马克思主义理论学科"具有"科研""宣传"和"服务"的功能。③④

第六,整合文化资源。也有学者从文化的角度进行思考,主张"把马克思主义与中国优秀传统文化与当代优秀文化结合起来"⑤;还有学者以"红色资源"为切入点,主张通过红色资源的"创新"与"渗透"来助力马克思主义大众化的推进。⑥

综上可知,马克思主义大众化已经成为一项国内学界的经常性和重点性的研究课题,其相关研究成果充分展示了多样化、精细化和宏观化的特点。但是,马克思主义大众化作为意识形态领域的重要内容,其推进不可不对其与精神家园的关系进行研究和梳理。

(三) 关于精神家园与马克思主义大众化关系的研究

精神家园与马克思主义大众化是一种相互联系、相互促进的关系,只有呈现出二者的"合力"才更有益于双方的共同发展。据此,通过梳理目前国内学界关于精神家园与马克思主义大众化关系的研究成果,不难得出以下几个方面的结论。

---

① 张东等:《自媒体流行对马克思主义大众化传播的影响与策略》,《重庆邮电大学学报(社会科学版)》2016 年第 2 期,第 83—84 页。
② 张静等:《推进马克思主义大众化是高校德育理论创新和学科建设的使命与责任》,《思想教育研究》2010 年第 2 期,第 42 页。
③ 朱哲等:《依托学科建设促进马克思主义大众化研究》,《学校党建与思想教育》2011 年第 14 期,第 10 页。
④ 张雷声:《学科功能的发挥与马克思主义大众化的推进》,《思想理论教育导刊》2009 年第 10 期,第 52 页。
⑤ 叶红云:《马克思主义大众化的问题与对策》,《马克思主义研究》2013 年第 11 期,第 99 页。
⑥ 易金华:《以红色资源推动马克思主义大众化》,《湖南社会科学》2015 年第 6 期,第 33 页。

　　1. 关于精神家园与马克思主义大众化关系定义的研究

　　目前国内学界关于精神家园与马克思主义大众化关系的定义尚未形成统一看法，因而呈现出了各抒己见的研究现状。

　　一种观点认为，融入精神家园是马克思主义大众化的价值与命运。有学者对精神家园与马克思主义大众化的关系进行思考后指出，融入精神家园既是马克思主义"实现其功能和价值的需要"，也是"充实、改进和提升"精神家园的需要。若马克思主义不能成为人的精神家园的"内在部分"和"最普遍认同"，那么马克思主义大众化"就很难说是成功的"，因而该学者认为，融入精神家园就是马克思主义大众化的"最高境界"。① 还有学者基于"精神交往"的视角，认为马克思主义大众化"作为一种精神交往活动"，其可能性就在于它具备一种能够通过"精神交往活动"来形成"认同心理"的条件。因此，该学者认为，注重以"精神交往为其运行模式"是马克思主义大众化的"前提"和"必然结论"。②

　　另一种观点认为，推动马克思主义大众化是当代精神家园范式转换的必由之路。有一些学者通过对古今中华民族共有精神家园的对比分析，认识到了马克思主义对于建构人类精神家园的重要性。譬如，在刘然看来，中华民族共有精神家园在"文化资源"和"价值目标"等方面具有一定的相通之处，因而主张在"古为今用"的基础上、以马克思主义中国化时代化大众化的理论成果为指导来建构更加完善的精神家园；③ 而张瑜等学者则通过对古今中华民族精神家园范式的解析与对比，主张运用马克思主义的"辩证思维""事物发展思想""实践观"等来实现人类精神家园的当代转换。④ 此外，还有一些学者以信仰在精神家园中的作用为考察视角，提出了

①　欧阳康：《融入精神家园——马克思主义的当代价值与当代命运》，《华中科技大学学报》（社会科学版）2010 年第 1 期，第 1—2 页。
②　杨东：《马克思主义大众化何以可能——基于"精神交往"视域的分析》，《山西师大学报。（社会科学版）2010 年第 2 期，第 1—5 页。
③　刘然：《中华民族共有精神家园的古今对比》，《广西民族研究》2018 年第 2 期，第 42—47 页。
④　张瑜等：《传统文化背景的"精神家园"范式转换》，《重庆社会科学》2017 年第 3 期，第 79—84 页。

重建当代精神家园必须重视和推进马克思主义信仰大众化的观点。①

还有一种观点认为,推动马克思主义大众化是重建共有精神家园的迫切需要。有学者通过探讨马克思主义的理论意义和实践意义以及建设共有精神家园的困惑,认为建设共有精神家园的关键是要形成一种"民族认同",而马克思主义大众化的"伦理方式"与"日用方式"恰好具备了促进民众共识形成的强大优势。② 还有学者认为,随着原有"利益格局"的调整,"马克思主义信仰和中国特色社会主义共同理想"势必会受到一定的冲击,因而"推动马克思主义大众化是统一群众思想、重建精神家园的迫切要求"。③

除上述几种观点以外,还有学者不仅认为民族精神教育与马克思主义大众化都属于思想政治教育的重要组成部分和任务,而且还通过多维度的阐述二者结合的可能性与必要性,说明了二者的良性互动对于建设精神家园和推动马克思主义大众化的积极意义。④

2. 关于精神家园与马克思主义大众化关系存在问题的研究

目前国内大部分的学者都认为精神家园与马克思主义大众化表现出了一定的良性互动,但除了积极的一面,同样也存在着一些必须加以重视的问题。

一是关于中国传统文化的问题。共有精神家园的建设不仅需要科学理论的思想基础,而且需要优秀文化的养分给予。有学者认为,精神家园具有"历史性和社会关系性质",必须"妥善推理马克思主义和中国传统文化的关系"。并且,中国传统文化是"精神家园建设的资源保障",而马克思主义则是"实现中华民族精神家园的共建、共有和共享的理论保障"。因此,该学者认为,建设中华民族共有精神家园必须在坚持马克思主义指导

① 葛洪泽:《信仰在精神家园中的位置》,《中国党政干部论坛》2011年第7期,第53—55页。
② 黎学军:《论马克思主义的"人伦日用"化——建设民族共有精神家园的一种思考》,《社会科学研究》2010年5月,第119—123页。
③ 高乃云:《论马克思主义大众化的现实境遇及路径建构》,《求实》2012年第10期,第8—9页。
④ 王树荫等:《论马克思主义大众化与民族精神教育相结合的五个维度》,《学校党建与思想教育》2010年第35期,第4页。

的根本前提下,扎根于中国传统文化。① 还有学者认为,"传统的中华民族精神家园"是以传统文化为"内容支撑"的,其在向"以现代文化为支撑"的当代范式的转换过程中,势必会面临以何种态度对待中国传统文化的问题。②

二是关于马克思主义定位的问题。在当代价值取向多元化的条件下,对马克思主义的定位关系着马克思主义大众化能否融入精神家园。对此,有学者认为,当代社会正面临着"价值取向多样化"和"价值变化"的复杂态势,能否处理好马克思主义与各种误解、中国传统文化、"西方各种典型的'有神论'思想"、"各种非社会主义因素"以及"下里巴人"之间的关系问题,对于"认清和消除妨碍马克思主义大众化的障碍"、推动马克思主义"融入中华民族共有精神家园"等都具有十分重要的意义。③ 还有学者立足于马克思主义的"'人伦日用'化"的特质,揭示了马克思主义在建构民族共有精神家园中的重要地位。④

三是关于供给条件的问题。建构精神家园与推动马克思主义大众化都不是群体自发的过程,它们需要供给欲望和供给能力的双重刺激。对此,有学者指出,当代中国马克思主义大众化的"供给能力"是指"马克思主义中国化的理论成果及其创新","供给欲望"是指"党在指导中国特色社会主义事业中所取得的成功程度及其经验和当代马克思主义理论建设等问题"。值得注意的是,这些因素不仅会受到"党的重视程度、自身素质高低等条件的制约",而且其最终成效也关系着能否满足广大人民群众的精神需要。⑤ 还有学者虽然没有明确指出马克思主义大众化的供给条件,但却

① 王可为:《以马克思主义为指导构建中华民族共有精神家园》,《求实》2011年第9期,第87—88页。
② 张瑜等:《传统文化背景的"精神家园"范式转换》,《重庆社会科学》2017年第3期,第80—81页。
③ 欧阳康:《融入精神家园——马克思主义的当代价值与当代命运》,《华中科技大学学报》(社会科学版)2010年第1期,第2页。
④ 黎学军:《论马克思主义的"人伦日用"化——建设民族共有精神家园的一种思考》,《社会科学研究》2010年5月,第119—123页。
⑤ 赵国友:《实现当代中国马克思主义大众化的条件和路径——源于经济学原理的启示》,《长白学刊》2010年第2期,第47—48页。

指出了"精神塑造和利益维护"在马克思主义大众化过程中的"相辅相成、内在统一"的关系。换言之,从这个层面上看,"社会需要与个人利益的辩证统一"就是马克思主义大众化的供给条件。①

3. 关于影响精神家园与马克思主义大众化关系的因素研究

影响精神家园与马克思主义大众化关系的因素有很多,但目前国内学者主要聚焦于物化的精神世界、多元的文化格局等方面来阐述影响二者关系的原因。

其一,物化的精神世界。商品经济的发展使物化现象成为一种不可避免的趋势和问题,进而影响着人的精神世界。对此,有学者围绕当代的"马克思主义信仰的时代诉求"及"精神家园困境的表现及原因"展开了深入的探讨,认为"资本逻辑"导致了人们"精神生活的物化",使得人们"人生的意义和价值"被消解、"原有的社会认同基础被破坏",最终造成如精神世界出现困惑、马克思主义信仰的动摇或抛弃、科学体系的真理性与价值性被遮蔽等一系列不利于人类精神家园和马克思主义大众化健康发展的现象纷至沓来。② 此外,关于物化的精神世界还有一些学者也有所提及,如"在市场化背景下,一些人过度地追求金钱和物质的享受而忽视了道义和精神的提升……市场竞争法则渗透到社会生活各领域……又加剧了人们内心世界的冲突"。③

其二,多元的文化格局。当今世界各国之间的交流日益频繁,因而难以回避多元文化格局形成的各种思想冲突。对此,有学者从"当代马克思主义大众化的战略意义"层面展开了探讨,并指出,西方国家对社会主义国家的"全方位地""意识形态渗透"接连不断,从而形成了"新自由主义、民主社会主义、历史虚无主义……"的各种反马克思主义思潮,这对于马克思主

① 李广艳:《马克思主义大众化视野下的精神塑造与利益维护》,《中国党政干部论坛》2012 年第 2 期,第 64 页。
② 刘小红等:《马克思主义信仰视角下的当代人精神家园重建思考》,《甘肃理论学刊》2013 年第 2 期,第 52—56 页。
③ 宫丽:《试论马克思主义与中华民族共有精神家园的互动关系》,《河南师范大学学报》(哲学社会科学版)2010 年第 3 期,第 13 页。

义大众化的顺利推进、精神家园的健康发展都造成了一定的阻碍。① 还有学者也指出,由于我国文化领域随着政治与经济结构的变化而"呈现出多元化的格局",进而导致了"与马克思主义为核心的主流文化相冲突的局面",为马克思主义大众化与精神家园所坚守的马克思主义主流意识形态带来了一定程度上的困扰。②

其三,主体的认知水平。由于受教育程度、个人接受能力等的差异性,各主体之间的认识水平差异对精神家园与马克思主义大众化的发展都会产生一些不利的影响。对此,有学者指出,由于利益格局的分化和调整,一些认知水平不高的群众的价值取向和信仰取向容易发生偏差,进而产生如"开始怀疑马克思主义的真理性""弄不清楚现在到底是在搞中国特色社会主义还是中国特色资本主义""有的人相信'只有民主社会主义才能救中国'"等的错误认知。可以说,一旦主体的认知开始大范围地出现偏差,这对于重建民族共同精神家园、推进马克思主义大众化的危害不言而喻。③也有一些学者对主体理想的确立进行了探讨,认为主体将"理想化为现实",不仅需要主体具有一种自觉的"本质力量",而且需要"具有始终如一的坚定性",而这些因素的具备正是对主体认识水平的极大考验。④

4. 关于构建精神家园与马克思主义大众化关系策略的研究

许多学者都认为推动精神家园与马克思主义大众化的有机融合对于二者的发展具有积极作用,因而研究如何构建二者良性互动的关系极其重要。对此,国内学界主要认为有以下几种策略。

第一,以人的需要为视角。现实的人作为精神家园与马克思主义大众化的主体,其需要理应得到重视与维护。据此,有学者指出,从社会的需要来看,"马克思主义大众化需要塑造一种符合时代特征的民族

① 高乃云:《论马克思主义大众化的现实境遇及路径建构》,《求实》2012 年第 10 期,第 8 页。
② 杨东:《马克思主义大众化何以可能——基于"精神交往"视域的分析》,《山西师大学报》(社会科学版)2010 年第 2 期,第 3 页。
③ 高乃云:《论马克思主义大众化的现实境遇及路径建构》,《求实》2012 年第 10 期,第 8—9 页。
④ 贺善侃:《试论马克思主义大众化的精神提升途径》,《中共浙江省委党校学报》2011 年第 3 期,第 108 页。

精神";从主体人的需要来看,"普及马克思主义需要有实际的利益支
撑"。因此,必须将"精神塑造"与"利益维护"内在的统一于"马克思主义大
众化的实践中"。① 也有学者认为,人类活动要成为现实的存在就必须"为
人类生活所必须",而这种"必须"却具有复杂性和多变性的特点,所以马克
思主义大众化现实价值的实现就在于它是否"以人的需要为视角"。② 还有
学者也对此表示了基本认同,即马克思主义大众化的推进应"以人的需要
作为大众化的逻辑起点……通过精神交往达到与大众之间的良性互动,进
而使理念内化为自觉行动"。③

第二,以马克思主义及其中国化理论成果为方法论。马克思主义中国
化不仅是马克思主义大众化的重要前提,而且是指导中华民族共有精神家
园建设的重要方法论。有学者认为,掌握马克思主义中国化的基本要义将
有助于"科学地提出符合社会发展需要的价值体系",且马克思主义中国化
关于"指导思想""社会主义理想""民族精神与时代精神"以及"社会主义道
德观"的内容,对于共有精神家园的建设意义重大,因而必须"把马克思主
义中国化作为中华民族共有精神家园建设的方法论"。④ 还有学者指出,马
克思主义融入精神家园具有"现实条件"和"理论前提",尤其是"马克思主
义及其中国化的理论成果是中华民族共有精神家园的核心元素",因而建
构当代中华民族共有精神家园"需要马克思主义及其中国化成果作为重要
内容和思想指导"。⑤

第三,以理想信念建设为途径。理想信念的坚定有助于精神家园的健
康发展,而理想人格的塑造就是马克思主义大众化的根本目标。对此,有

---

① 李广艳:《马克思主义大众化视野下的精神塑造与利益维护》,《中国党政干部论坛》2012 年
第 2 期,第 63—64 页。
② 严宏:《马克思主义大众化的现实价值:以人的需要为视角》,《科学社会主义》2010 年第 5
期,第 58—60 页。
③ 杨东:《马克思主义大众化何以可能——基于"精神交往"视域的分析》,《山西师大学报》
(社会科学版)2010 年第 2 期,第 1 页。
④ 冉昆玉等:《论中华民族共有精神家园建设的战略构想》,《北方民族大学学报》(哲学社会
科学版)2009 年第 3 期,第 128—130 页。
⑤ 宫丽:《试论马克思主义与中华民族共有精神家园的互动关系》,《河南师范大学学报》(哲
学社会科学版)2010 年第 3 期,第 12—15 页。

学者明确指出,"理想人格的确立"是马克思主义"化大众"的根本目标的体现,而"确立科学信仰"以及"化理论为德性"又是实现理想人格的"重要前提"和"有效途径"。因此,广大受众对"马克思主义信仰"和"共产主义的理想人格"的确立关系着"马克思主义大众化的坚实基础"。① 还有学者以马克思主义信仰为考察视角对当代精神家园的重建进行了深刻的思考,认为当代人由于"自我认同与社会认同的断裂"和"多元文化与价值观的冲击"等多种因素的影响,其精神家园"遭遇到了困境",由此提出了通过"推进马克思主义信仰大众化"来重建当代人精神家园的应对策略。②

从上述研究现状可以发现,学者们基本上一致认为不论是探讨精神家园还是马克思主义大众化,都不应该孤立地离开其中任意一方,而应将二者视为一个良性互动的有机整体来统一看待。

(四) 存在的问题及展望

从目前国内学界已有的研究成果来看,学者们立足于自身的研究领域,围绕精神家园、马克思主义大众化、精神家园与马克思主义大众化关系的主题展开了激烈的探讨,呈现出了多方面、多层次、多角度、多领域的研究趋势。随着党中央对精神文明建设问题以及马克思主义信仰建设问题的高度重视,目前许多高校、研究机构、各级党校系统都将精神家园和马克思主义大众化作为重点的研究课题。虽然目前的相关研究已经呈现出了相对繁荣的局面,但随着研究的深入,一些薄弱之处也更加突出。因此,现拟从研究共识、研究架构和研究视野三个方面来展开探讨其存在的一些不足之处。

第一,研究共识有待进一步形成。譬如,精神家园的内涵到底是什么;人类精神家园、民族精神家园、个体精神家园的关系是什么、内涵是什么、形成条件是什么;不同民族的精神家园是否存在差异;不同群体的精神家

---

① 贺善侃:《试论马克思主义大众化的精神提升途径》,《中共浙江省委党校学报》2011年第3期,第106—111页。
② 刘小红等:《马克思主义信仰视角下的当代人精神家园重建思考》,《甘肃理论学刊》2013年第2期,第52页。

园是否存在差异；马克思主义大众化的内涵到底是什么；马克思主义大众化与精神家园的关系定位到底是什么；精神家园和马克思主义大众化的受众是否存在轻重缓急和主次之分等。对于这些问题，目前学界都尚未形成一致认识。

第二，研究架构有待进一步完善。从纵向上来看，目前学界关于不同历史时期的民族共有精神家园的内容、特征、意义、对比等都相对研究较少；从横向上来看，目前学界关于不同国家的精神家园、不同群体的精神家园、不同民族的精神家园、不同学科视角下的精神家园建设、不同国家的主要领导人对推动精神家园建设和马克思主义大众化的思想策略等方面的对比探讨相对较少。

第三，研究视野有待进一步拓展。目前学界关于精神家园和马克思主义大众化的研究大多仍是聚焦于内涵、特征、功能、建构路径的探讨上，可见其研究视野还不够开阔。譬如，精神家园和马克思主义大众化的建构规律；精神家园建构和马克思主义大众化发展的历史经验；精神家园、信仰、马克思主义大众化、思想政治教育的关系；如何从国家制度体系层面来推进精神家园和马克思主义大众化的健康发展等方面的研究成果仍比较少见。

由上可知，马克思主义大众化作为一项系统性工程，其推进既需要立足于马克思主义自身的理论品格，又需要与精神家园的有机融合。从国内学界现有的研究成果来看，对精神家园视域下马克思主义大众化的研究虽然已经形成了由过去呼应党中央精神到现今积极反思的转变趋势，但也存在着一些薄弱之处。今后，国内学界应在坚持正确指导思想的前提下，从上述三个方面来进一步认真梳理其内容、深入挖掘其价值，为推进党和国家的精神文明建设、马克思主义信仰建设增添智力支持。换言之，今后学术界的主要任务仍然是在坚持正确指导思想的前提下，根据中国特色社会主义事业实践发展的需要，立足于理论建设、传播和接受的固有规律，进一步从上述四个方面深挖掘、广拓展、勤总结，最终真正将马克思主义彻底融入人民群众的精神血脉，成为他们日用伦常、修身养性和终极关怀的方法与对象。

三、 研究思路与方法

（一）研究思路

本书首先在综合分析、比较、提炼有关文献的基础上，详细阐述精神家园的内涵、特征及其价值功能；接着在比照和凝练已有文献关于马克思主义大众化命题解读的前提下，深入剖析其在精神家园视域下的深刻内涵；通过对近代以来广大民众精神信仰演进过程的思想史考察，系统阐述马克思主义大众化的心路历程；最后，借鉴以往马克思主义中国化、时代化、大众化的研究成果，运用哲学、宗教学、社会学、心理学、传播学、信仰发生学等学科的有关理论，以精神家园为切入点，着重阐述马克思主义大众化所应坚持的原则、协调的关系以及实施策略。

（二）研究方法

本书在坚持辩证唯物主义和历史唯物主义根本方法的前提下，以发展的眼光审视和分析问题，按照宏观分析与微观解读相结合，既注重理论层面上的凝练与拔高，又注重实践层面上的关照与剖析。

第一，文献研究法。本书将较为全面地搜集、整理、分析与总结国内有关精神家园及其建设、马克思主义大众化等方面的文献资料，为确定本书研究的思路和框架提供参考依据。

第二，专家咨询法。本书根据研究需要，将会向有关学科尤其是长期从事精神家园建设、马克思主义中国化、时代化、大众化以及信仰等问题研究的专家进行咨询，以丰富、完善本研究的规划和实施进程。

第三，比较研究法。本书将对比分析目前学界已有关于精神家园建设的论著，在综合提炼其研究观点的基础上，结合自己研究的需要，系统阐述精神家园的概念及其生成谱系。

第四，历史分析法。本书将查阅并精读相关的经典文献，在梳理和重构其中有关马克思主义大众化精神家园意蕴的基础上，系统阐述在中国场域下马克思主义大众化的心路历程。

最后，实践关照法。本书将立足于对马克思主义大众化历史经验的反思和当下实践的审视，在借鉴并遵循精神家园建构规律的前提下，深入探究马克思主义诉求精神家园建构向度、实现大众化所应坚持的原则、协调的关系以及操作路径。

四、 主要创新点

虽然本书的创新具有多维性，但以下两个方面却极具代表性。

一是研究视域的创新。至今为止，学界对马克思主义大众化的研究已涉及多个学科和视角，但基于精神家园的维度来探讨马克思主义大众化的文献却不多见，本书的研究则有助于丰富该视域下的研究。

二是研究内容的创新。本书基于精神家园的分析视域，系统性地探讨了马克思主义大众化的深刻意涵、发展历程、现实困境以及推进的基本原则和主要路径，比较全面地展示了马克思主义大众化在精神信仰领域推进的复杂逻辑。

精神家园概念释义

　　万物之中，人之所以贵为"骄子"，其原因就在于有对某种精神信仰的追求，体现为一种对"精神家园"的关注与守护。古往今来，尽管世事沧桑，个体生命如流星般转瞬即逝，但人类对"精神家园"的叩问与思考却绵延不绝。从某种意义上来说，人类的历史就是一部寻求、坚守与呵护精神家园的奋斗史。那么，何为精神家园？其特征和功能又是什么？对这些疑问的剖析与解答，无疑是深入探讨当代中国精神家园问题的首要问题。

一、　精神家园的定义及特征

　　北宋著名诗人苏轼在《题西林壁》中针对千姿百态的庐山风景曾由衷地发出"横看成岭侧成峰，远近高低各不同"的感叹，其意在表达瑰丽的山峰即便是变换观看的视角也自成一体。精神家园如同姿态万千的山峰，随着解读视野的变换而呈现出其外延的多样性。为了便于更好地把握其精神实质和根本属性，在此拟从哲学的视角对其进行解读。

（一）精神家园的定义

　　从词源学上来看，"精神家园"一词最初源于西方中世纪时期的神学话

语体系,近现代之前它主要特指宗教信仰,因此"精神家园"便常常成为一
种宗教信仰的"代名词"。然而,随着"文艺复兴""宗教改革"等运动的兴起
和深入,"精神家园"这一术语的专指性逐渐被打破,其内涵和外延也日益
丰富,由特指宗教信仰演变为泛指包括宗教信仰在内的所有人类的精神生
活及其现象。如果说作为人类的一种精神生活及其现象,"精神家园"在不
同历史时期都曾受到过当时哲人们或思想家们的关注和思索的话,那么作
为一种严谨性的理论术语"精神家园"在西方近现代以前却很少被人系统
性下过定义。这就如同一种自然现象,人们每天都会看到太阳东升西落,
却几乎很少会去认真思考什么是太阳。换言之,在现代意义上的学术研究
诞生之前,人们却并未像今天这样试图要给"精神家园"一个系统、完整、恰
当的哲学解释。精神家园究竟是什么,这似乎并不影响人们对其的关注和
守护。诚如黑格尔在《哲学史讲演录》中所隐喻的那样:"一提到希腊这个
名字,在有教养的欧洲人心中,尤其在我们德国人心中,自然会引起一种家
园之感。"①在此,黑格尔以一种比喻的形式诠释了对精神家园的理解。

这种现象在中国古代文化中也是如此。从思想史看,"精神家园"较
早出现于汉语词汇是在近代之后。随着西方列强用坚船利炮强行打开古
老中国的大门,西方的文化及其各种思想也和工业商品一同涌入中国,其
中就包括"精神家园"这一外来词汇。在近代中国之前,华夏先民们在辛勤
劳作的同时,对自身的精神生活尤其是道德生活也给予了始终如一的关注
和思考。可以说,在人类文明发展史上,华夏先民们对于自身精神家园的
重视与思索丝毫不逊于西方文明,甚至在道德领域的贡献更为突出。以理
想人格为例,从儒家的"君子""圣人",到道家的"真人""神人",再到佛家的
"菩萨""佛"等,无不证明了华夏先民对"精神家园"这一问题的持久关注。
当然,需要强调的是,华夏先民对人类及自身"精神家园"的关注和理解,主
要体现为对"道德人格""境界"或"精神境界"等的关注和理解。譬如,孔子
的"吾十有五而志于学,三十而立,四十而不惑,五十而知天命,六十而耳
顺,七十而从心所欲不逾矩"(《论语·为政》)的思想历程,以及王国维的

---

① 黑格尔:《哲学史讲演录》第 1 卷,北京:商务印书馆 1959 年版,第 157 页。

"昨夜西风凋碧树。独上高楼,望尽天涯路""衣带渐宽终不悔,为伊消得人憔悴""众里寻他千百度,蓦然回首,那人却在灯火阑珊处"①的"人生三境界"即是典型代表。

　　近现代以来,随着现代意义上的学术研究的兴起和发展,"精神家园"的定义在越来越多的哲人论著或文献典籍中逐渐清晰起来。由于受宗教文化长期影响的缘故,西方哲人在对精神家园概念的理解上或多或少都印刻着一种深沉的宗教情怀。如同黑格尔曾经所表述的一样,海德格尔也以"家园"的比喻诠释着他对"精神家园"定义的理解。在《返乡——致亲人》一文中,他饱含深情地说:"在这里,'家园'意指这样一个空间,它赋予人一个处所,人唯在其中才能有'在家'之感,因而才能在其命运的本己要素中存在。"②正因海德格尔立足于本体论的高度审视精神家园,他才能由衷地发出:人只有首先筹划"本真的向死亡存在"③,方能够最终达到荷尔德林所说的"诗意地栖居"④。在《牛津高阶英汉双解词典》(Oxford Advanced Learner's English-Chinese Dictionary)中,"精神家园"(spiritual home)已经被清晰地界定为"the place where you are happiest, especially a country where you feel you belong more than in your own country because you share the ideas and attitudes of the people who live there"(在精神上认同的某个地方)。⑤这种认同显然更强调思想观念与生活态度的共识,突显出了精神家园较为深层的内涵。在《心灵的境界》一文中,叔本华以"禁欲"和"默认命运所决定的痛苦"的方式实现了对精神家园的独特理解。他指出:"一个彻底否定求生意志的人,从外表看起来,他的确是贫穷、一无所有、既无欢乐又无生趣的人,但心灵则是一片清澄,充满宁静和喜悦。……他们

① 　王国维:《人间词话·人间词》,李科林校注,合肥:安徽人民出版社 2002 年版,第 35—36 页。

② 　[德]海德格尔:《荷尔德林诗的阐释》,孙周兴译,北京:商务印书馆 2000 年版,第 15 页。

③ 　[德]海德格尔:《存在与时间》,陈嘉映等译,北京:生活·读书·新知三联书店 1987 年版,第 311 页。

④ 　[德]海德格尔:《荷尔德林诗的阐释》,孙周兴译,北京:商务印书馆 2000 年版,第 46 页。

⑤ 　《牛津高阶英汉双解词典》,北京:商务印书馆 2004 年版,第 1694 页。

所达到的这种心灵真正的清朗及平静,绝不会被任何人所干扰。"①可见,在叔本华的切身感悟下,精神家园内涵所固有的祥和、宁静的本质属性尽显无遗。

20世纪80年以来,随着思想界"拨乱反正"工作的彻底结束,中国学者们以一种重建民族精神世界的使命感,逐渐开始用一种专业性的学术视野尝试对精神家园的定义进行系统解读,初步达成了较为一致的看法。譬如,学者刘寅生认为,精神家园是人的一种精神"寄托"②。学者黄盛华认为,精神家园就是人的情感。③学者苏荣才认为,精神家园是"由不同层次的精神要素彼此联结、相互作用而成的精神的有机结构系统","既包括情绪、风俗习惯、传统等低层次的要素,又包括政治、法律、道德、宗教、艺术、哲学等属于上层建筑的高层次的精神意识"。④学者邴正认为,精神家园是"人心中的信念和价值观体系"。⑤学者李佑新认为,精神家园是"人的心性结构"。⑥ 学者胡海波认为,"精神家园是人类生命特有的精神性存在,是内化人类生命最为精致、最为丰富和复杂的意义性存在,这种精神性、意义性的特殊存在充满了生命的意蕴"。⑦学者居阅时认为,精神家园是"一个共同依托的精神归属之所"。⑧学者严春友认为,在民族的意义上,精神家园是"该民族在长期的历史传承和发展中所形成的文化体系、文化传统以及在这种文化中所蕴涵的价值向度"。⑨ 学者杨金海认为,精神家园就是一个民族的

---

① 〔德〕叔本华:《叔本华人生哲学》,李成铭等译,北京:九州出版社2008年版,第147页。
② 刘寅生:《王国维沉湖之谜》,《文史杂志》1988年第2期。
③ 黄盛华:《论科学与宗教的互动机制——兼与安希孟同志商榷》,《科学技术与辩证法》1990年第4期。
④ 苏荣才:《共产主义:当代中国青年精神家园的核心内容》,《马克思主义与现实》1991年第3期。
⑤ 邴正:《重建精神家园的呼唤——跨世纪的哲学使命》,《社会科学战线》1995年第4期。
⑥ 李佑新:《现代性的双重意蕴及其实质问题》,《南开学报》2004年第1期。
⑦ 胡海波:《中华民族精神家园的生命精神》,《东北师范大学报》(哲学社会科学版)2008年第3期。
⑧ 居阅时:《人类精神家园的破缺与修整》,《探索与争鸣》2009年第2期。
⑨ 严春友等:《简论当代中国人精神家园的重建》,《北京师范大学学报》(社会科学版)2010年第3期。

"文化本体"或"文化世界"。①学者欧阳康认为,精神家园是指"人的精神支柱、情感寄托和心灵归宿,是人们对生活意义、生存价值和生命归宿的一种精神与文化认同"。②学者李德顺认为,在"实然"的意义上,精神家园可被"看作一片精神的大地、文化的土壤";在"应然"的意义上,它"就是人的精神生命之所",即"我们在精神上来自它,依赖于它,又对它有权利有责任的那么一种存在"。③学者衣俊卿认为,精神家园是指"由那些经验、习俗、习惯、民俗乡约、家法家规等自发的文化要素所构成"或"体现为自觉的文化追求和精神建构,是一个共同体或一个社会自觉地倡导的共同价值追求,普遍的文化认同"。④学者万光侠等认为,精神家园是"人的生命的理智认同、情感寄托与意志安顿之所,是人的存在的意义世界"。⑤ 学者宫丽认为,"精神家园是一个由文化体验、心理状态、情感方式、认知模式、价值观念、理想信念等要素构成的精神文化系统"。⑥

由上可知,在根本性的意义上,精神家园是"人类个体或群体建立在文化认同基础上的"⑦、由"文化体验、认知模式、价值观念、情感方式、理想信念、信仰体系"⑧等要素有机构成的意义世界和价值系统。它既是人类自发实践与传承的结果,也是不同主体自觉追求与建构的产物。

(二)精神家园的特征

精神家园的本真内涵与丰富外延决定了它除了具有人类意识的一般属性之外,还具有主体性、内隐性、系统性、稳定性和历时性等特征。

1. 主体性

"主体"是西方哲学一个历史较为悠久的概念。主体概念的演进历程

---

① 杨金海:《全球化背景下的中华文化复兴》,《贵州社会科学》2010 年第 1 期。
② 欧阳康主编:《民族精神:精神家园的内核》,黑龙江教育出版社 2010 年版,第 5 页。
③ 李德顺:《精神家园的"实然"与"应然"》,《光明日报》2011 年 4 月 18 日第 015 版。
④ 衣俊卿:《家园好像永远征途漫漫》,《光明日报》2011 年 4 月 18 日第 015 版。
⑤ 万光侠等:《人的文化存在与精神家园价值探析》,《山东社会科学》2013 年第 10 期。
⑥ 宫丽:《精神家园建设的双重维度:个体与民族》,《道德与文明》2015 年第 2 期。
⑦ 徐俊等:《精神家园视域下马克思主义大众化的六大原则》,《探索》2016 年第 2 期。
⑧ 欧阳康主编:《民族精神:精神家园的内核》,黑龙江教育出版社 2010 年版,第 5 页。

确证了哲学作为时代精神之精华的独特性,彰显了人类自我意识觉醒与形成的精神规律。①"人类不论是生活或生存在何种空间,始终都没有失去其认识和实践的主体地位。"②主体性是"人在主体与客体关系中的地位、能力、作用和性质","其核心是人的能动性"。③就其根本属性而言,主体性是精神家园的一个重要特征。尽管人的精神家园在酝酿和形成的过程中是基于既定的文化传统及其思想资源,具有一定程度的先验性和传承性,但主体对于自身精神状况的关注以及改变或提升的诉求和努力却是其精神家园形成、发展乃至变革的根本性因素。可以说,任何个体或群体的精神家园在很大程度上都是其积极建构的结果。换言之,一个人的精神家园状况如何,主要取决于其主体性的强弱。主体性强则有助于个体或群体对自身精神家园的坚守和呵护,主体性弱则不利于个体或群体培植或守护自身的精神家园。在现实生活中,那些心理扭曲、道德滑坡、信仰困惑的人通常是由于主体性不强甚或缺失所致,而那些心态良好、责任感强、信仰笃定的人通常得益于有较强的主体性。需要指出的是,主体性太强或太弱都不利于精神家园的培植和守护。主体性太强,容易造成"主观主义"或"盲动主义",使精神家园的培植和建构脱离实际,陷入"人定胜天"的窠臼;主体性太弱,容易导致"悲观主义"或"宿命论",使精神家园的培植和建构失去动力和目标,进而陷入"放任自流"的泥潭。总之,确立并保持张弛有度的主体性,有助于人们坚守与呵护自己的精神家园。

2. 内隐性

精神家园的内隐性有三层含义:一是指内在性,这是由精神家园的主体性所决定的。精神家园属于主体的思想意识,人的大脑及其神经活动是其存在并发挥作用的机制和载体。二是指潜在性,这是由主体思想意识的存在状态所决定的。当主体的思想意识处于平稳或相对静止状态时,其的精神家园通常是以势能积聚的形式而存在,体现为"行不达意";相反,当主

---

① 徐俊:《"主体"概念的演进历程——从阿那克萨戈拉到齐泽克》,《齐鲁师范学院学报》2013年第 5 期。

② 张之沧:《虚拟空间与"人、地、机"关系》,《南京师大学报》(社会科学版)2015 年第 1 期。

③ 夏征农、陈至立主编:《辞海·第六版缩印本》,上海:上海辞书出版社 2010 年版,第 2518 页。

体的思想意识处于流动或运动状态时,其的精神家园则是以动能释放的形式而存在,体现为"喜形于色"。由于人是一种具有理性的情感复杂的高级动物,一般情况下"喜形于色"的现象并不是大多数人的常态,所以这就造成其的精神活动处于隐而不显的状态。三是指延迟性,这是由精神家园形成的能动性决定的。作为一种思想意识,一个人的精神家园并非生而即有的,而是在后天的熏染、积习、培植或自我努力下产生的,这就导致了其精神家园的形成、发展或变革相对落后于先在的实践活动,进而表现出某种程度的滞后性。精神家园内隐性的这三重含义决定了人的精神世界及其活动的复杂性和不可捉摸性。一般情况下,单从主体的外在言行,人们很难准确地判断其具有何种类型的精神家园以及这种精神家园处于哪个层次。譬如,一个善于掩饰或自控力很强的人,是很难让人看出其内在真实的精神世界状况的,这就在一定程度上印证了"人心难测"的道理。当然,对于特定主体而言,其外在的言行举止在一定程度上也能反映出自身的精神家园状态的。这一点我们必须加以肯定,否则在现实生活中就容易导致思想与言行相割裂的形而上学错误。

3. 系统性

一般而言,系统是指"由若干相互联系和相互作用的要素组成的具有一定结构和功能的有机整体","具有整体性、层次性、稳定性、适应性和历时性等特性"。[①]显然,系统性则是指系统本身所具有的各种特性的总称,强调的是关联性、整体性、结构性和功能性。这些内在因子之间的组合情况及其张力结构都会在一定程度上影响该系统自身的稳定和发展,一旦某个因子的变化突破了系统整体所能容纳的最大界限,则可能最终导致整个系统的危机甚或崩溃,进而在根本上瓦解系统性所存在的根基。作为一种有机的意义世界和价值体系,精神家园的系统性是指其内在构成要素以及相互间所存在的张力关系,主要包括横向性和纵向性两个方面。就横向性而言,主要指由文化体验、认知模式、价值观念、情感方式、理想信念、信仰体系等要素及其相互间的张力关系;就纵向性而言,主要指由认知、情感、意

①　夏征农,陈至立主编:《辞海:第六版缩印本》,上海:上海辞书出版社 2010 年版,第 2046 页。

志、行为等要素及其不同发展层次间的张力关系。对于特定主体的精神家园而言，无论是横向性还是纵向性，任何一个层面、任何一个因子的变化，都可能在整体上对精神家园系统产生正向性或负向性的影响。故此，在日常生活中，如果人们要想守护自身的精神家园，就必须确保该精神家园的系统性不至于在变化中被打破；相反，如果人们渴望抛弃既有的精神家园、重建新的精神世界，就必须采取一切有助于打破既有系统性的措施。唯其如此，才能真正使精神家园的变革或建构为人性的完善而服务。

4. 稳定性

精神家园是人的主体意识中最为深沉、最为核心的部分，它一旦形成在很长一段时间内就会保持相对不变。究其原因，在精神家园的多维结构中，起到统摄作用的当属信仰体系。信仰是人"对某种宗教或主义极度信服和尊重，并以之为行动的准则"。[①] 其最为突出的特征就是稳定性，这是由信仰生成的机制及其规律决定的。信仰并非主体天生即有的，它是人们在日常生活实践中基于特定的生存境遇和价值目标而自觉追求的结果。在这一过程中，主体或是因为人生发生了重大变故，或是因为其赖以生存和发展的群体面临生死存亡的考验，抑或是因为自身精神世界陷入极度困顿，等等。为了缓解或消解多重因素给自身心灵上带来的重压，主体会在各种对象中趋近或选择认为对自己最有价值的那一个。一旦选择并确定，只要在后继的生活实践中不发生根本性的偏差或错误，主体就会"信以为真"。正如黑格尔所言："信仰从属于这一实践关系，其主观方面，知者，其原因在于：自我意识在其中不仅从理论上知其对象，而且确信之，犹如确信客观存在者和唯一真者，并从而在这一信仰中扬弃其自为存在。"[②]面对信仰对象，主体会因为相信、崇拜或敬畏而逐渐消弭自己，进而与其信仰对象融为一体。这种"物我不分"的状态会最大限度地激发主体的牺牲精神，即便是身形毁灭也在所不惜。在人类信仰发展史上，甘愿为信仰献身的壮举数不胜数。"砍头不要紧，只要主义真。杀了夏明翰，还有后来人！"可以

---

① 夏征农，陈至立主编：《辞海·第六版缩印本》，上海：上海辞书出版社 2010 年版，第 2123 页。
② ［德］黑格尔：《宗教哲学》，魏庆征译，北京：中国社会出版社 1999 年版，第 163 页。

说,这首就义诗所诠释的义举就是典型例证。当然,除了信仰的统摄、支配作用之外,精神家园的其他构成要素也对其自身的稳定起着重要作用。

5. 历时性

历时性是指"系统的要素及它们之间的相互作用关系随时间的推移而变化,当这种变化达到一定程度时就发生旧系统的瓦解和新系统的建立"。[①] 作为一个系统,精神家园由于其构成要素会随着时间的推移而发生程度不等的变化,毫无疑问它也会呈现历时性的特征。在经受岁月的无情洗礼中,精神家园系统中那些具有鲜明时代性的要素必然会不断发生改变。其中,有些能够体现人类的共性且有助于自身发展的部分可能会作为精神遗产被新的要素所吸收或改造,而那些不具有人类共性且不可传承的部分必然会被新要素所摒弃。如此一来,人类的精神家园在演进的历史长河中,一方面体现为精神实质的一脉相承性,另一方面又体现为具体样态的多元性和差异性。正因如此,才逐渐铸就了人类万紫千红而又内在贯通的文明发展史。当然,就特定类型的精神家园而言,当遭遇到外来文化的毁灭性冲击、自身不可调和的矛盾斗争、时代主题与历史任务的根本性转变等因素时,也可能会导致整个系统的彻底崩溃,从而被新的精神家园所代替。回眸人类精神发展史可知,曾经声名显赫的古巴比伦文明、古埃及文明和古印度文明终因多种因素的影响而中断,进而导致建基其上的精神家园系统也一同湮灭。事实表明,精神家园的历时性并非绝对单一的,相反可能表现为多种可能性。然而,究竟何种可能性能为其带来新的发展机遇,则完全取决于该种精神家园系统能在多大程度上进行自我调适与变革。

二、 精神家园的类型与构成

由于精神家园是一个由不同要素构成的意义世界和价值体系,因而,无论是在类型上还是在构成上都较为复杂。

---

① 夏征农、陈至立主编:《辞海:第六版缩印本》,上海:上海辞书出版社2010年版,第2046页。

(一)精神家园的主要样态

基于不同的划分依据,精神家园可以划分为不同的类型。譬如,以民族文化为划分依据,主要有民族精神家园(本土精神家园)和非民族精神家园(外来精神家园);以时间为划分依据,主要有传统精神家园和当代精神家园;以社会制度为划分依据,主要有原始社会精神家园、封建社会精神家园、资本主义社会精神家园和社会主义社会精神家园;以个体与群体为划分依据,主要有个体精神家园和群体精神家园。在此,笔者仅以最后一种划分作为分析对象,其他留待以后论证需要时再加以阐释。

1. 个体精神家园

个体精神家园是指单个人的意义世界和价值系统,其主要特征是多样性与单一性并存、差异性与同一性并存、阶段性与层次性并存。正如宇宙是由各不相同的物质组成的一样,人类社会在很大程度上也是由先天的秉性、气质、心理以及后天形成的兴趣爱好、思维方式、价值观念等彼此有差异的多元化的个体组成的,这就造成了他们各自在精神家园具体层面的多样化与差异化。由上文可知,精神家园是由文化体验、认知模式、价值观念、情感方式、理想信念、信仰体系等要素构成的有机精神系统,其中任何一个构成因子的变化都可能在一定程度上导致个体在其精神家园具体层面的不同,从而使个体与个体之间在精神家园上呈现多样性与差异性。然而,由于"人的本质不是单个人所固有的抽象物,在其现实性上,它是一切社会关系的总和",①只有生活在群体或族群之中才能确保自身的安全、生存和发展,再加上个体所置身的文化传统的潜移默化影响,因而不同的个体在特殊境遇下其精神家园可能会呈现出某种单一性、同一性,当然,这种单一性和同一性是包含多元性和差异性的单一与同一,并非绝对的单一和同一,主要是就其根本相同点而言的。事实上,这种现象在很大程度上也是自然界的客观规律在人类社会及其主观世界的反映。

唯物辩证法认为,物质世界是运动变化的,任何事物都有始有终。对

---

① 《马克思恩格斯文集》第 1 卷,北京:人民出版社 2009 年版,第 501 页。

此,恩格斯指出:"世界不是既成事物的集合体,而是过程的集合体,其中各个似乎稳定的事物同它们在我们头脑中的思想映象即概念一样都处在生成和灭亡的不断变化中。"①作为宇宙万物之一,由于人类个体的生命及其实践始终都处在不断发展变化中,所以其精神家园的具体状况也必然呈现阶段性和层次性特征。具体而言,作为个体的人,自从他/她有了真正意义上的自我意识开始,由于受不同阶段身心发展、置身的主要环境以及面临的主要问题等因素的影响,其在人生的不同阶段精神家园也会随之发生程度不同的变化,有时甚至是根本性质的改变。对此,冯友兰先生提出的人生"四大境界"可以说是对绝大多数个体精神家园发展阶段和层次的最好概括。在《新原人》中,他指出:"每个人都是一个个体,每个人的境界,都是一个个体底境界。没有两个个体,是完全相同底,所以亦没有两个人的境界,是完全相同底。但我们可以忽其小异,而取其大同。就大同方面看,人所可能有底境界,可以分为四种:自然境界,功利境界,道德境界,天地境界。"②

2. 群体精神家园

群体精神家园,顾名思义,是指两个及其以上人的意义世界和价值系统,其最大特征是共识性。群体精神家虽然是多个人共同具有的意义世界和价值系统,但它并不是不同个体精神家园的简单组合或叠加,而是彼此共同部分的交集和整合,其在地位、层次和功能上都是最核心的部分。可以说,群体精神家园是不同个体的意义世界和价值系统中的精髓与灵魂。这种精神共识一旦式微或丧失,群体精神家园势必会陷入危机乃至解体。依据个体数目的多寡及其制度化的程度,群体精神家园可以划分为族群共有精神家园、团体共有精神家园、阶层共有精神家园、阶级共有精神家园、民族共有精神家园、国家共有精神家园、大众共有精神家园以及全人类共有精神家园等,其中阶级共有精神家园和国家共有精神家园带有鲜明的政治性,族群共有精神家园、团体共有精神家园、阶层共有精神家园、大众共

---

① 《马克思恩格斯文集》第 4 卷,北京:人民出版社 2009 年版,第 298 页。

② 冯友兰:《三松堂全集》(第四卷),郑州:河南人民出版社 1986 年版,第 550 页。

有精神家园和全人类共有精神家园带有明显的非政治性,而民族共有精神家园则同时兼有较为显著的政治性与非政治性。

在不同的历史时期,随着生产力的发展水平状况以及当时所面临的主要矛盾的不同,群体精神家园的不同形态会相继或同时存在于特定时空场域下,倘若不能得到及时有效地协调和整合,就有可能导致既定群体因丧失核心共识而陷入精神困顿的境地,二战之后西方社会民众精神家园的危机实属典型。崇尚理性是西方社会自文艺复兴尤其 17—18 世纪启蒙运动以来典型特征,甚至一度发展为以人类的理性为判断是非的唯一标准的地步。尽管康德曾经告诫"狂妄自大"的理性要为"信仰"留有地盘,但工具理性的膨胀与异化却一再为人类带来史无前例的灾难。据估计,第一次世界大战中"死亡人数为 1000 万,受伤人数为 2100 万,770 万人失踪或被囚禁";第二次世界大战中"死亡人数为 3500～6000 万,其中包括 600 万死于大屠杀的犹太人,在欧洲和东亚有数百万平民受伤和无家可归"。[1]面对人类理性因极度张扬导致的反理性悖论,"二战"之后西方社会陷入了史无前例的精神家园危机。曾经作为凝聚人心与整合社会共识的理性,在战争的发动者与受害者们的深刻反思下,逐渐褪去了昔日笼罩在其上的万能光环。继"上帝死了"[2]之后,"人"也死了[3],留下的是精神世界的混乱、失落与真空,整个社会到处充满了叛逆、抗争与虚无。在此境遇下,西方发达国家纷纷爆发了诸如"五月风暴""嬉皮士运动"等反抗资产阶级主流价值体系的"革命运动",对于资产阶级及其政权造成了重大打击。可见,核心共识的式微乃至丧失,必然会导致特定群体精神家园的危机。

尽管群体精神家园的形成必须以特定的个体精神家园为基础,但是它一旦形成却又会反过来影响甚至左右个体的精神家园。事实上,由于人是一种社会性的高等动物,个体一出生时所面对的即是既成的群体精神家

---

[1] 《不列颠简明百科全书》,北京:人民出版社 2011 年版,第 385—387。

[2] 转引自[德]马丁·海德格尔:《尼采十讲》,苏隆编译,北京:中国言实出版社 2004 年版,第 134 页。

[3] [法]福柯:《词与物:人文科学考古学》,莫伟民译,上海:上海三联书店 2002 年版,第 446 页。

园,所以从整体来看群体精神家园对生命有限个体的影响明显占有绝对优势。当然,在特定群体中,一个富有权威或声望极高的人,其精神家园状况如何对于该群体的精神家园会产生较大的影响,有时甚至会导致群体精神家园的彻底变革。

(二) 精神家园的逻辑结构

作为人的意义世界与价值系统,精神家园具有较为复杂的逻辑结构。其中,个体维度、社会维度与世界维度构成了精神家园的宏观结构,而个体维度的身心之际、社会维度的人己之际与宇宙维度的天人之际则构成了精神家园的微观结构。现就其微观结构加以着重阐述。

1. 个体维度:身心之际

众所周知,社会是人的社会,而人的社会首先是由一个个不同个体组成的人的社会,这就决定了在人的精神家园中处于个体维度的身心关系的前提性和基础性。人作为一个由肉体和精神组成的有机系统,作为精神的"灵"与作为身体的"肉"两者之间的关系如何,会直接影响主体整体精神家园的状况。可以说,一个身体长期遭受病痛折磨或外力摧残抑或精神长期处于困顿与压抑的人,是很难保持有一个积极、健康、和谐的精神家园状态的;相反,可能会导致恶性循环,甚至滑向崩溃的边缘。正如福柯在《精神病院的诞生》一文中描述一位"身体强健的女子"如何患上"歇斯底里症"时所言:"有一名25岁的'身体强健的女子与一名弱不禁风的男子结婚'。婚后,她患上了'一种强烈发作的歇斯底里症,以为自己被魔鬼缠身,这个魔鬼化作各种形状纠缠着她,她有时发出鸟叫的嘈杂声,有时发出凄凉的声音,有时则发出刺耳的哭喊'。"[①]可见,在内外双重压力的挤压下,一个身体十分强健的正常人也可能会最终走向精神家园危机的深渊。因此,身心是否和谐以及和谐的程度,都是决定个体精神家园具体状况的重要因素。

所谓身心和谐,是指身体的状态及其发展有助于个体心理、情感、思

---

① ［法］福柯:《疯癫与文明:理性时代的疯癫史》,刘北成、杨远婴译,北京:生活·读书·新知三联书店2003年版,第238页。

想、观念、理想、信念等精神系统的存续和发展,同时一个结构合理、运行有序、张弛有度的心灵系统也有助于促进个体身体的良性发展。换言之,就是肉身与心灵之间的互为规约和相互支撑。纵观人类精神家园演进史,身心和谐一直是作为个体的人的修身目标和理想境界。然而,由于个体所在不同族群文化差异的缘故,中世纪以来西方人主要借助宗教的外在力量来达到个体身心和谐的理想精神家园状态,而自周朝以来华夏先民则主要借助道德的内在力量来实现个体身心和谐的理想精神家园状态。

譬如,在《新教伦理与资本主义精神》中,马克斯·韦伯就基督教如何形塑个体的精神世界及其行为指出:"因蒙受天恩而得以完善自我的感恩戴德渗透进了中产阶级清教徒的生活态度中,并且在资本主义英雄时代塑造了人们规范刻板、勤劳刻苦和严谨端正的性格的过程中发挥了作用。"[1]但是,"一旦天职的履行不能直接与最崇高的精神和文化价值观相联系,或者从另一方面讲,当它不再需要被感知,而仅仅变成了一种经济强制力时,那么在一般情况下,个人也就根本不会再去费力为其辩护了";其结果则是"专家们失去了灵魂,纵情声色者丢掉了心肝;而这种空壳人还浮想着自己已经达到了一种史无前例的文明高度"。[2]尽管文艺复兴运动以后,宗教在形塑个体精神家园过程中的影响曾一度让位于理性的力量,但以两次世界大战为代表的由人类理性膨胀与异化所导致的全球性灾难却再次把宗教的地位推到一个新的高度。

诉诸道德这种人的内在力量来形塑个体的精神家园乃是中国传统文化的最大特点之一。一般而言,道德对个体精神家园的形塑主要体现在主体对儒家所倡导的"仁""义""礼""智""信"等具体道德规范的遵守和践履上。"仁"乃是中国传统道德的核心与灵魂,是个体立身处世与修身养性的根本原则和理想目标。孔子曾曰:"里仁为美。择不处仁,焉得智?"(《论语·里仁》)其意为"居住在有仁德风气的地方是美好的。选择住所而不择

---

① [德]马克斯·韦伯:《新教伦理与资本主义精神》,马奇炎、陈婧译,北京:北京大学出版社 2012 年版,第 168 页。

② [德]马克斯·韦伯:《新教伦理与资本主义精神》,马奇炎、陈婧译,北京:北京大学出版社 2012 年版,第 184 页。

有仁风的地方,怎么能说是聪明的呢?"①他又曰:"仁者安仁,知者利仁。"
(《论语·里仁》)其意在表达"有仁德的人安于仁道,聪明的人知道行人道
有利于己"。②对于"仁"的关注与倡导,成为孔子一生执着以求的核心目标,
甚至达到"朝闻道,夕死可矣"(《论语·里仁》)的程度。以孔子为代表的儒
家对"仁"的高度重视并不是孤立和片面的,而是将其具体化并贯通于"义"
"礼""智""信"等道德规范之中,形成一个以"仁学"为代表的有机伦理道德
系统。近代以来,虽然以儒家"仁学"为核心的道德体系逐渐分崩离析,但
其中那些具有时代性价值的部分仍然是当下个体培植和建构精神家园的
重要道德资源。

　　总之,身心和谐是个体精神家园的重要组成部分,个体只有首先处理
好这两者之间的关系,方能以平稳的心态、理性的思维面对和处理好自身
所遇到的各种问题,进而为培植和建构人己之间的和谐关系奠定坚实的
基础。

　　2. 社会维度:人己之际

　　"人的本质不是单个人所固有的抽象物,在其现实性上,它是一切社会
关系的总和"。③人的本质属性决定了个体只有在与他人的接触和相处中才
能实现对自身的意义世界和价值系统的建构和守护,而脱离社会关系的个
体长此以往必然会失去做人的资格,属人性的精神家园也只能退化为动物
的简单心理。可见,人的精神家园不仅需要有作为基础性的处于个体维度
的身心关系组成,而且更需要由作为本质属性的处于社会维度的人己关系
的构成。换言之,只有关注和守望人与人之间整体的意义世界和价值系
统,才能确保所建构和存续的精神家园是属于人类社会的精神共识,而不
至于将代表个体利益或局部诉求的精神谋划虚假为整体性的心灵追求。

　　人己之际的精神家园意指作为个体自身的"小我"与包含"小我"在内
的"他者"的"大我"所共享的意义世界和价值系统,它所强调的是人与人之

① 《论语》,陈晓芬译注,北京:中华书局 2016 年版,第 38 页。
② 《论语》,陈晓芬译注,北京:中华书局 2016 年版,第 38 页。
③ 《马克思恩格斯文集》第 1 卷,北京:人民出版社 2009 年版,第 501 页。

间心灵上的相通、情感上的共鸣、行为上的一致。现实生活中,人们常说的"心有灵犀一点通""己欲立而立人,己欲达而达人"等即是精神家园在人己之际的体现。从其本质上来看,人己之际的精神家园,首先强调和关注的是作为社会组成因子的个体意义世界和价值系统的完整性。如前文所述,如果个体精神家园的内在结构陷入激烈的利益冲突而致使关系紧张,那么必然会引发个体精神家园整体的危机,进而会间接导致人与人之间关系的紧张及其精神家园的危机。俗话说"一颗老鼠屎坏锅汤"即这个道理。显然,确保绝大多数个体拥有健康而完整的意义世界和价值系统,是实现自身与他人所共有精神家园健康发展的前提。其次,要突破"小我"之私,在呵护"大我"中实现精神的升华。作为个体的"小我"固然是构成"大我"的先决性条件,但不同"小我"的利益却并不能完全等同于"大我"的利益,更不能完全代表"大我"的利益。所以,为了确保人己之际的精神家园能够代表绝大多数个体的利益,维持和谐有序的健康发展,作为"小我"的个体必须要将"大我"的利益放在第一位,以增进不同个体的心灵共识为主要目标。只有如此,"小我"才是一个能促进"大我"良性发展的有机构件,"大我"也才是具有坚实群众基础且得到"小我"普遍认同的"家园"。再次,要坚持"大我"为"小我"服务的原则。作为人己之际的"大我",其存在和发展并不是目的本身,而是为增进和提升作为个体的"小我"的利益为根本目的的。如果"大我"的存续是对"小我"根本利益的损害,那么这样的"大我"就没有建构和存在的价值。

简言之,作为个体自身的"小我"与作为群体乃至全人类的"大我"构成了主体精神家园社会维度的重要部分,二者之间的关系及其矛盾如何对于培植和构建主体完整意义上的意义世界和价值系统至关重要。只有正确摆正自己的位置、处理好自身与他人之间的关系,才能确保主体整体精神家园的有序运转。也就是说,既要把个体自身看作是构成社会整体的必要构件,关注和守护其根本利益,同时也要把"人己"视为个体的存续可依托的整体。唯其秉持这样的理念,方能建构人人认可的精神家园。

3. 宇宙维度:天人之际

对宇宙的关注和拷问构成了人类有史以来一个永恒话题,它不仅关涉宇宙的本源、规律与终结等根本性问题,而且也关涉人的生命、人的价值、人的归宿等终极性的问题,对这些问题的关注、思考与回答构成了人类精神生活中最为深沉、最为抽象的部分。因此,在人类的精神世界里,不论主体属于何种族群、何种文化传统、何种社会制度,在其意义世界和价值系统中都必然会包含对宇宙及其与人关系的内容,且在层次上居于最高的地位,具有终极性的意义。一般而言,对于天人关系的关注和反思构成了主体精神家园系统中宇宙维度的核心部分。纵观人类社会的精神发展史,无论是西方文化还是东方文化都给予了天人关系持之以恒的关注,它构成了主体精神世界演进过程中的一根红线,贯穿并渗透于人认识世界与改造世界的各个领域,成为衡量不同文明下人们的世界观、人生观和价值观的重要参照系。现仅以西方文化背景下的天人关系为例。

古希腊是西方文明的发源地,也是对天人关系进行最早关注和探究的重要精神发端期。在其间,天人关系的探究首先表现在人们对世界本源及其构成的追问与解答上。譬如,米利都的泰利斯(Thales)认为世界的本源是“水”。“他把水解释成是一切事物由此产生和构成的基质”,并且认为这种基质“具有生命和灵魂”。[1]与泰利斯同时代的阿那克西曼德(Anaximander)将世界的本源归于“无限”($\tau o\alpha\pi\epsilon\iota\rho o\nu$)。他指出:“万物的始基($\alpha\rho\chi\eta$)是无限($\tau o\alpha\pi\epsilon\iota\rho o\nu$),万物由此产生,也必然复归于此。”[2]由此可以推出,天人关系在泰利斯和阿那克西曼德看来应该是浑然一体的。古希腊雅典时期,“智者”运动的代表人物普罗泰戈拉(Protagoras)认为“人是万物的尺度,是存在的事物存在的尺度,也是不存在的事物不存在的尺度”。[3]人之所以有如此能力,普罗泰戈拉认为“最重要的是他借助于自身的神授的理

---

[1]　转引自[德]E・策勒尔:《古希腊哲学史纲》,翁绍军译,济南:山东人民出版社 1992 年版,第 28 页。

[2]　转引自[德]E・策勒尔:《古希腊哲学史纲》,翁绍军译,济南:山东人民出版社 1992 年版,第 29 页。

[3]　转引自[德]E・策勒尔:《古希腊哲学史纲》,翁绍军译,济南:山东人民出版社 1992 年版,第 87 页。

性火花,创造了语言、宗教和国家"。① 显然,天人关系在普罗泰戈拉这里已经演变为人在天的授意下积极有为的阶段。随着苏格拉底"把哲学从天上拉回到人间"②,天人关系发生了根本性的变化,由之前的"本体论"追问转变为"认识论"的审视,由"天人一体"向"天人相分"转变。后来经柏拉图和亚里士多德的进一步改造和发展,"天人相分"的天人关系逐渐显现,成为近代以来西方主客二分观的重要思想来源。总体来看,在中世纪之前,尽管天人疏离的趋势越来越明显,但二者浑然一体的基本格局仍然没有彻底改变。

中世纪以降,天人关系发生了巨大变化。"天"不仅被从原来代表宇宙及世界的崇高地位剥离出来,而且还成为"上帝"的创世产物,这就直接导致了"天"绝对地位的下降,进而沦为与"人"平起平坐的地步。正如中世纪神学与哲学集大成者托马斯·阿奎那所言:上帝"就是一切;方法、真理和生命;世界的灵光……他是国王之王、君主之主,时日之古,没有变化和丝毫改动";"上帝是在我们的心脏、灵魂和肉体中;他充满了天堂和大地,他就在世间,并超越他的创造物";"他就是存在的一切"。③换言之,上帝就是全知、全能、全善、永恒、无限的至高无上的宇宙主宰者,它创造万物并超越万物,是宇宙的第一推动力。据《圣经》记载,上帝创造万物分为三个阶段,共花费了六天时间创造了天、地、人以及世间万物。其中,第一天上帝创造了"天""地",第六天创造了"人"。然而,同为上帝的创世产物,人因秉承上帝的外形并分有其部分智慧而被授予代管自然和人世的权力,致使人的地位在一定程度上高于天的地位。尽管人的这种优越性只是神创论的一种理论性肯定,但却为近代以后人对天(或大自然)的漠视和践踏提供了宗教上的依据。在上帝主宰一切的日子里,因天的地位的降低以及其影响的式微,上帝已经完全占据了人的精神家园,成为其意义世界和价值系统的灵

---

① 转引自[德]E·策勒尔:《古希腊哲学史纲》,翁绍军译,济南:山东人民出版社1992年版,第88页。

② 赵敦华:《西方哲学简史》,北京:北京大学出版社2001年版,第39页。

③ 圣·托马斯·阿奎那:《基督教箴言隽语录》,周丽萍、薛汉喜编译,南昌:百花洲文艺出版社1995年版,第71页。

魂与核心。与此同时，天与人的地位发生了根本性逆转，"天"逐渐成为"人"步入"上帝之城"并与其同在的"阶梯"。

近现代以来，随着神性的渐趋式微与人性的日益张扬，天人相分已成为人类精神发展史的主流观念。在这种观念的指导下，不仅上帝的存在受到质疑、权威遭到挑战，而且天的地位及影响进一步下降，甚至一度沦落为人类的"资源库"和"垃圾场"。继笛卡尔以"我思故我在"客观上解构了"上帝是一切存在的根据"之后，贝克莱又发出了"存在就是被感知"的经验主义呼声。虽然有康德"理性要为信仰留下地盘"的担忧和忠告，有恩格斯"我们不要过分陶醉于我们人类对自然界的胜利"[①]的警告，有尼采"上帝死了，重估一切价值"的宣判，还有福柯"人也死了"的惊世之语，但仍然阻挡不了以黑格尔的"绝对精神"为代表的人类理性自我"神圣化"的道路。"天"的神秘性几乎荡然无存，它对于"人"而言至多以造成不可能完全预测的自然灾害而印证其存在。然而，当至高无上的人类理性因屡屡犯下违背理性的罪恶之后，随之而来的却导致人类对自身理性的质疑、批判与否定，如此一来人类短期内再也无法找到可以终生托付的精神之所。故此，"二战"以来，西方社会普遍陷入精神家园危机的时代困境。21世纪以来，西方社会在经历了一系列天灾人祸之后，对天人关系进行新的认识与思考，天人一体观念的影响似乎再次增强。

天人关系在西方文化中的演变历程表明，人类无论在哪一个历史阶段其意义世界与价值系统都无法回避"天"和"人"的关系问题。究竟是持"天人一体""天人相分"还是既统一又相分，这在某种程度上直接表征人类精神家园演变的具体状态。与此同时，天与人在主体精神家园系统中的权重如何，也在很大程度上揭示了人们在其世界观、人生观与价值观上的变化，从而可以窥见人类言行变化的深层动因。

---

① 《马克思恩格斯文集》第9卷，北京：人民出版社2009年版，第559页。

三、 精神家园的价值功能

精神家园是人的意义世界和价值系统,对于人而言主要起到情感寄托、心灵抚慰、行为支撑、身份认同等重要作用,是人不可或缺的精神食粮。

(一)情感寄托

情感是人"对外界刺激肯定或否定的心理反应,如喜欢、愤怒、悲伤、恐惧、爱慕、厌恶等"。①相对于情绪的自然性、情景性、短暂性和外显性而言,"情感则与人的社会性需要有关,是人类特有的高级而复杂的体验,具有较大的稳定性和深刻性"。②现代西方心理学家普遍认为,情感连同情绪对人们的知觉、学习和记忆以及个性发展都有重要的影响。③可以说,情感是人类特有的身心"调适剂"和"润滑剂",尽管非人类的动物也具有简单的情绪和情感。对于人而言,正因为有了情感的存在,在面临保全生命与维持正义的两难选择时,才能毅然做出舍生取义的壮举;也正因为有了情感的存在,在遭遇家仇与国恨的抉择时,才能坦然放弃前嫌共赴国难。纵观人类社会发展史,情感在人类自由和正义事业的推进中始终起着举足轻重的作用。宋代著名文学家、思想家和政治家范仲淹在《灵乌赋》中誓言:"宁鸣而死,不默而生!"④同样,1775 年在美国建国前的自由斗争中,帕特里克·亨利(Patrick Henry)也慷慨言辞:"不自由,毋宁死。"(Give me liberty, or give me death.)⑤相反,对于那些不讲情感的人,人们通常将其谴责为"禽兽不如"。事实表明,正因情感的缘故,人才能称其为人,人类社会也才能有别于一般动物群体。情感之于人的重要性,犹如鸟之两翼不可或缺。然而,情感也如同花草一样,它需要持续的呵护与滋养,需要一个可以依托的

---

① 《现代汉语词典:第 6 版》,北京:商务印书馆 2012 年版,第 1061 页。
② 夏征农、陈至立主编:《辞海·第六版缩印本》,上海:上海辞书出版社 2010 年版,第 1521 页。
③ 参见《不列颠简明百科全书》,北京:人民出版社 2011 年版,第 1378 页。
④ 转引自胡适:《中国人的人格》,北京:中国工人出版社 2012 年版,第 40 页。
⑤ 转引自胡适:《中国人的人格》,北京:中国工人出版社 2012 年版,第 40 页。

港湾。如果情感在产生之后长期得不到物质、信息与能量的补充,必然会随着岁月的流逝而枯萎。在人的思想意识中,由于精神家园是由文化体验、认知模式、价值观念、情感方式、理想信念、信仰体系等要素有机构成的意义世界和价值系统,它不仅天然地把情感包含在了其固有内容之中,而且还以其多元、立体的逻辑结构为情感提供了安全可靠的栖息之所。因此,只有在精神家园系统中,人的情感才能得以寄托,人的情绪才能得以平静。

(二)心灵抚慰

心灵是指"内心、精神、思想等",如"幼小的心灵"。[1]抚慰则指"安慰",如《警世通言·杜十娘怒沉百宝箱》:"自此每谈及往事,公子必感激流涕,亦曲意抚慰。"[2]心灵抚慰组合起来则意指人的内心、精神、思想等得到安慰,不仅强调的是情感上的肯定和支持,更突出的是信念或信仰等深层次的慰藉。如果说人类也像一般动物那样需要满足进食、性交、休息等基本生理需求的话,那么人类高于一般动物的地方就在于它需要更高层次的心灵慰藉。人是一种需要过灵性生活的动物,简单的物质满足和生理需求只能解决其自然属性层面的问题,而唯有充实的精神生活才能根本解决作为人的本质属性层面的问题。精神家园作为人的一种意义世界和价值系统,它不仅源于主体丰富多彩的实践活动,与客观世界具有直接或间接的关系,而且也是人的主观世界及其活动结果的浓缩与升华,本真地反映和契合了人类对灵性生活的需要。显然,精神家园的确立和保持不仅能够抚平人心灵上的空虚、创伤和无奈,而且也能够消除心灵上的迷雾和困惑给人以希望。精神家园的这种功能可以从马克思主义经典作家对宗教功能的论述中得到一定程度的佐证。在《〈黑格尔法哲学批判〉导言》里,马克思指出:"宗教里的苦难既是现实的苦难的表现,又是对这种现实的苦难的抗议。宗教是被压迫生灵的叹息,是无情世界的情感,正像它是无精神活力

---

① 《现代汉语词典:第6版》,北京:商务印书馆2012年版,第1446页。
② 夏征农,陈至立主编:《辞海:第六版缩印本》,上海:上海辞书出版社2010年版,第534页。

的制度的精神一样。"①在《社会主义和宗教》中，列宁指出："被剥削阶级由于没有力量同剥削者进行斗争，必然会产生对死后的幸福生活的憧憬，正如野蛮人由于没有力量同大自然搏斗而产生对上帝、魔鬼、奇迹等的信仰一样。对于辛劳一生贫困一生的人，宗教教导他们在人间要顺从和忍耐，劝他们把希望寄托在天国的恩赐上。对于依靠他人劳动而过活的人，宗教教导他们要在人间行善，廉价地为他们的整个剥削生活辩护，向他们廉价出售进入天国享福的门票。"②在《悼念列宁》中，斯大林指出："千百年来，劳动者数十次数百次地企图推翻压迫者，使自己成为自己生活的主宰。但是他们每一次都遭到失败，受到侮辱，不得不退却，不得不把委屈和耻辱、愤怒和绝望埋在心里，仰望茫茫的苍天，希望在那里找到救星。"③宗教从反面鲜活地印证了精神家园的慰藉功能。

（三）行为支撑

天地之间人为贵，之所以如此，是因为人不仅有一般动物所无法媲美的思想和观念，更是因为人还要想方设法把这种思想和观念付诸实践。在《资本论》中，马克思指出："蜜蜂建筑蜂房的本领使人间的许多建筑师感到惭愧。但是，最蹩脚的建筑师从一开始就比最灵巧的蜜蜂高明的地方，是他在用蜂蜡建筑蜂房以前，已经在自己的头脑中把它建成了。"④不仅如此，在《关于费尔巴哈的提纲》中，马克思又指出："哲学家们只是用不同的方式解释世界，问题在于改变世界。"⑤这里尽管马克思是针对费尔巴哈忽视人的主观能动性进行的批判，但他却揭示了人不仅能认识世界而且还能利用认识世界所掌握的客观规律对世界进行改造。然而，世界始终是一个复杂的矛盾体，当人在积极将主观认识付诸实践的过程中，必然会遭遇各种阻力或困难，有时甚至是面临根本性的挑战，这就要求人类必须借助强大、持

---

① 《马克思恩格斯文集》第 1 卷，北京：人民出版社 2009 年版，第 4 页。
② 《列宁全集》第 12 卷，北京：人民出版社 1987 年版，第 131 页。
③ 《斯大林全集》第 6 卷，北京：人民出版社 1956 年版，第 43 页。
④ 《马克思恩格斯文集》第 5 卷，北京：人民出版社 2009 年版，第 208 页。
⑤ 《马克思恩格斯文集》第 1 卷，北京：人民出版社 2009 年版，第 502 页。

久的精神动力作为支撑,方能克服重重困难,进而达到预期目的。对此,马克思曾经以"有目的的意志"为人类劳动的意义做了说明。他指出:"除了从事劳动的那些器官紧张之外,在整个劳动时间内还需要有作为注意力表现出来的有目的的意志,而且,劳动的内容及其方式和方法越是不能吸引劳动者,劳动者越是不能把劳动当做他自己体力和智力的活动来享受,就越需要这种意志。"①从本真意义来说,当"有目的的意志"以更高的层次表现出来的时候,便成为人的意义世界和价值系统,即主体的精神家园。如前文所述,精神家园是由文化体验、认知模式、价值观念、情感方式、理想信念、信仰体系等要素构成的有机系统,它对于人的行为起到引领、规约与激励的作用,是其战胜艰难险阻的深沉动力。毫不夸张地说,正是因为人类有了精神家园,才能使各种不可能之事成为可能。纵观人类文明史,不仅有诸如"精卫填海""夸父追日""孟姜女哭倒长城"等感天动地的神话传说,而且还有诸如"鉴真东渡""玄奘西游""红军二万五千里长征"等为之叹服的鲜活事例,这些无不彰显了精神家园对于人认识世界和改造世界的引领与支撑作用。

(四)身份认同

根据《辞海》的解释,"认同"主要有三层意思:(1)"共同认可;一致承认。"(2)"在社会学中泛指个人与他人有共同的想法。"(3)"亦称'自居'。精神分析理论术语。个体通过潜意识模仿某一对象而获得心理归属感的过程。可分为个体把外界某人或某群体的特征和性质内化进自己人格中的发展认同,和视别人或团体所具有的优点和荣誉为自己所具有的知觉认同两种。后者是一种防御机制,个体把自己模仿、比拟成某个成功的或优秀的人,以减少挫折导致的焦虑或获得满足。"②认同的本质就是强调个人对自身、个人对他人或他人对自身在思想、情感、经验、地位等方面的认可、分享和尊崇,具有一致性、共同性和共鸣性等特征。身份认同包括个体对

① 《马克思恩格斯文集》第5卷,北京:人民出版社2009年版,第208页。
② 夏征农,陈至立主编:《辞海:第六版缩印本》,上海:上海辞书出版社2010年版,第1567页。

自身的认同和对群体的认同。其中,前者主要指个体对自己的身心状况、知识结构、社会地位、生命意义、人生价值等方面的认可和尊崇,后者主要指个体对所属群体的价值观念、精神品质、行为模式、社会地位等方面的认可、分享和尊崇。身份认同是精神家园的一种基本功能,这是由精神家园的独特逻辑结构所致。如前所述,精神家园是由文化体验、认知模式、价值观念、情感方式、理想信念、信仰体系等要素有机构成的意义世界和价值系统,这些精神要素在很大程度上构成了主体的世界观、人生观和价值观,并对其行为产生决定性的牵引、规约和支撑作用。精神家园一旦形成便代表着人类对其自身以及外界的一种认知模式,体现着人类对其指称对象的一种肯定与认可。当人类特定个体选择某一种精神家园时,便意味着他或她接受了这种精神家园为其所设定的身份;相反,而当其抛弃了原有的精神家园重新选择时,便意味着他或她放弃了原有的身份。换言之,当主体面临不同精神家园时,其所做出的任何一种选择都代表着一种身份认同,这种选择能使其在这套精神系统中获得他人的尊重和认可,进而能获得一种"在家"的安全感和归属感。正是因为精神家园具有这种身份认同功能,所以人们一旦选定某种精神家园就不会轻易放弃。恰如毛泽东在 1926 年 1 月 18 日国民党第二次全国代表大会上所言:"如果怕声明自己是共产主义者,也绝不是真正共产党员了。"①

---

① 《毛泽东著作专题摘编》(下),北京:中央文献出版社 2003 年版,第 2092 页。

精神家园视域下马克思主义
大众化的深刻意涵

　　精神家园是人类心灵的沃土、生命的根基,是包含"文化体验、认知模式、价值观念、情感方式、理想信念、信仰体系等要素"①在内的意义世界和价值系统。就人的本质属性而言,人的一生其实永远是处于对某种精神家园的不断追寻、实践与守望之中。近代以来,马克思主义正是契合了灾难深重的中华民族渴望民族独立、人民解放、国家富强的心灵诉求而日渐融入其精神家园的,在此过程中马克思主义的大众化整体遵循着由先进分子(精英)到政党(国家)再到普通民众这一发展逻辑。据此,我们便可以从认识论、实践论和本体论三个层面对马克思主义大众化的深刻意涵展开解读。

一、 马克思主义大众化的认识论意涵

　　从认识论层面来看,马克思主义大众化就是马克思主义与中国的具体国情相结合并不断被广大民众所理解、掌握、接受和应用的过程。在此过程中,马克思主义通过广泛传播使广大人民群众的精神生活不断得到满

---

① 欧阳康:《民族精神:精神家园的内核》,哈尔滨:黑龙江教育出版社 2010 年版,第 5 页。

足、精神家园不断得到充实和升华。

(一)去精英化:马克思主义的认知普及化

众所周知,马克思主义大众化的逻辑起点是精英化,这是符合真理生成与传播规律的,但是去精英化则是马克思主义大众化的必然要求。究其原因,一种思想理论体系要实现大众化就必须跨越被少数精英所垄断的窠臼,进而变成广大群众共同参与的理论分享盛会。这一点对于马克思主义的大众化实践而言同样也是如此。当然,实现马克思主义的大众化同样也离不开少数先进分子为代表的精英阶层的不断努力与持续推动。纵观马克思主义发展史可知,俄国十月革命后,为推动马克思主义在中国大地广泛传播,一方面需要少数以先进知识分子为主体的精英人士进行译介、阐发和宣传,以便用来指导处于水深火热之中的中国的革命实践;另一方面马克思主义的译介和传播也满足了当时少数革命人士立志报效祖国、实现人生价值的精神诉求。这是因为少数饱读诗书、立志实现民族复兴的先进知识分子,受中国传统精神家园"为天地立心,为生民立命,为往圣继绝学,为万世开太平"价值追求的影响,自近代以来长期苦于找不到救国救民的真理而陷入迷惘、困顿之中。在此境遇下,十月革命一声炮响,马克思主义如二月春风般从红色的北方拂面而来,虽略有凉意但如甘露般沁人心脾,不仅令人精神大振,而且还让人预感到了黎明的曙光即将照亮黑暗的中国。在救国救民强烈使命的感召下,先进知识分子们在为找到马克思主义信仰而感到兴奋的同时,也希望能将这种科学的真理和崇高的信仰介绍给更多的人,以便他们也能在认识和接受这种真理的过程中实现精神家园的历史性变革。后来,经过一个个先进知识分子的不断努力,他们把马克思主义与中国的具体现实相结合,通过对马克思主义的中国化、时代化的改造,逐步使越来越多的民众认识和了解了马克思主义。在此过程中,马克思主义不仅取得了阶段性的大众化成果,而且广大民众也在逐步接触、认识、了解以及接受马克思主义的实践中实现了以往意义世界和价值系统的彻底性变革。

　　近代以来中国的革命史表明,去精英化既是马克思主义传播的理论要求,也是马克思主义大众化在中国的发展逻辑。李大钊是中国第一位马克思主义者,在他的努力下,马克思主义的影响不断扩大,并实现同中华优秀传统文化的初步结合,后经陈独秀、周恩来、李达等人的共同努力得到进一步传播。1921 年 7 月中国共产党诞生后,以毛泽东、澎湃、艾思奇等为代表的共产党人,积极主张用马克思主义理论教育和武装广大农民。从 1927 年"八一"南昌起义到 1936 年红军长征结束,随着马克思主义与中国具体实际的进一步结合,越来越多的中国民众开始理解、接受并认可马克思主义,马克思主义的大众化达到了一个新的阶段。在这一时期,马克思主义不仅指引中国共产党成功跨过了生死存亡关头,完成了人类有史以来最为艰难的二万五千里长征,而且也在取得一个又一个伟大胜利过程中吸引和坚定了越来越多民众对马克思主义的信仰。从新中国成立至"文化大革命"结束,随着社会主义革命的胜利以及社会主义建设初步探索成就的取得,马克思主义成为社会主义中国的主流意识形态,进一步深入人心,涌现出了一大批"学哲学,用哲学"的大众典范。党的十一届三中全会之后,伴随着中国改革开放不断取得一个又一个历史性成就广大民众经过正反对比和理性思考,在切实体悟到获得感、幸福感和安全感有实实在在增强的过程中,越来越发现马克思主义理论及其价值的巨大魅力。

(二) 去抽象化:马克思主义的认知通俗化

　　去抽象化是马克思主义实现大众化的理论逻辑,这既是马克思主义理论本身发展的需要,也是马克思主义满足时代发展的需要。一方面,马克思主义只有摆脱抽象晦涩的语言表达形式,才能在被一般群众所了解和运用的过程中汲取更多的丰富养料,不断实现对自身的更高超越。另一方面,随着信息社会的到来、主体意识的增强、舆论自由的提高以及精神需求的多样化,各种社会思潮和思想观念如雨后春笋般涌现,它们通常以一般民众生活化的语言表征自己的价值观,由此对马克思主义在民间的话语权构成了严重挑战。在此境遇下,马克思主义需要在正视和反思自身话语表达形式不足之处的同时，还应该以更加开放、包容的姿态对待各种社会思潮和思想观念的出现，通过与它们不断的交流、交锋和碰撞而获得新的话语表达形式。进而言之，马克思主义应该在适应广大民众自主选择意识和能力都增强的过程中实现自身的大众化，也应该在多元化的社会思潮和思想观念碰撞中创造更加有利于社会发展又符合广大民众语言表达风格的话语体系过程中实现自身的大众化。科学社会主义理论诞生以来的理论斗争和革命实践表明，马克思主义是人类有史以来最伟大的创造，"在人类思想史上，就科学性、真理性、影响力、传播面而言，没有一种思想理论能达到马克思主义的高度，也没有一种学说能像马克思主义那样对世界产生了如此巨大的影响。这体现了马克思主义的巨大真理威力和强大生命力，表明马克思主义对人类认识世界、改造世界、推动社会进步仍然具有不可替代的作用"。[①] 马克思主义所具有的独特理论品质，使它能够成为广大民众建构自己精神家园的重要素材。然而，正如"金银天然不是货币"[②]一样，马克思主义尽管天然就是真理，但它并不天然就是广大民众的精神家园。如果要实现马克思主义由真理向一般民众精神家园角色的转变，首先就必须完成话语形式由抽象化向通俗化的转换。

纵观马克思主义的大众化史可知，马克思主义刚传入中国时，其话语体系比较抽象晦涩，只有少数先进知识分子才能看懂，这的确给当时那些没有接受文化知识教育的一般民众了解马克思主义增加了困难。然而，那些矢志为驱除鞑虏、恢复中华而奋斗终身的先进知识分子们，从俄国十月革命的胜利中看到了马克思主义的真理力量，但他们却并不满足于仅仅自身从这种科学理论中获得认识世界和改造世界的力量，而是更加希望用这种科学真理去解放和武装更多的民众，使他们在推动世界观、人生观和价值观的根本性变革中实现自身的解放和自由。为此，这些先进知识分子们在积极推动自身由民主主义革命者向马克思主义者转变的同时，不遗余力地创造马克思主义在工人、农民、知识分子等广大民众中传播的有利条件。

---

① 习近平：《深刻认识马克思主义时代意义和现实意义 继续推进马克思主义中国化时代化大众化》，《人民日报》2017 年 09 月 30 日 01 版。
② 《马克思恩格斯文集》第 5 卷，北京：人民出版社 2009 年版，第 108 页。

在此过程中,马克思主义信仰者们坚持运用马克思主义的立场、观点和方法,针对当时中国的具体国情以及不同对象接受能力的差异情况,创造性地推动了马克思主义由抽象化向具象化、通俗化的成功转变。比如,用富有中国特色的语言表达习惯和风格诠释马克思主义的阶级斗争理论、社会主义革命理论和社会主义建设理论;通过在工人、农民、小私有者等基层民众中物色人选撰写宣传马克思主义的通俗易懂的小册子;等等。经过不同时期马克思主义者的持续努力,不仅掌握了在中国推动马克思主义大众化的基本规律和方法,而且也使马克思主义大众化的理论成果愈加符合中国老百姓的话语表达形式。尤其是党的十八大以来,马克思主义在由抽象化向具象化、通俗化转变的同时相继形成了一系列新的话语,比如"中国梦""精神之钙""打虎""金山银山""人类命运共同体""新时代"等词语,这些新的话语不仅贴近普通百姓的理解能力和表达习惯,而且还很容易与他们的世界观、人生观和价值观相契合,从而大大增加了马克思主义被其内化吸收为自己精神家园的可能性。

(三)去单一性:马克思主义的认知多样化

人类的生存和发展需要精神力量的支撑和指引,而精神家园的生成正是迎合了广大民众追求更好生存与发展的现实需要。当然,人的精神家园的生成路径并非单一的,这就要求我们在促进自身及他人生成积极健康的精神家园过程中必须寻求多样化的手段和途径,否则单靠一种方式方法则很难实现预期的目标。原因在于,广大民众的知识水平和接受能力存在多层次化的特征,如果在精神家园的建构上仅采用一种方式,那么则可能犯"用一种药治一万种病"的荒唐错误。此外,手段运用的多样化不仅仅是由大众的理解能力和接受能力决定的,而且也是由精神家园丰富而深刻的价值意蕴决定的。可见,完全依靠单一的认知手段来发挥较大的实际成效是不现实的,尤其对于要在首先通过基本掌握那些比较艰涩理论体系精神实质的基础上建构对这种理论体系价值的精神信仰则更是如此。作为一种真理体系,马克思主义既是指导广大民众建构精神家园的指导思想,又是构成广大民众积极健康的精神家园的一个重要组成部分。但是，作为一种来自西方的晦涩难懂的理论体系，要广大民众对其的核心要义与根本立场有一个全面彻底的了解和把握，单纯依靠某一种手段或方法则很难实现。这就要求我们在向广大民众宣传、介绍马克思主义的时候必须敢于打破原有的线性思维方式，在创造、丰富认知载体的同时，积极呈现多价值维度的马克思主义理论"面相"，从而便于有不同认知背景的人选择适合自己精神需要的"马克思主义"。纵观马克思主义在中国的大众化史可见，马克思主义在融入广大民众精神世界的过程中所依靠的传播手段，已经由最初的纸质媒介、口头宣讲、调查研究等形式向采用广播、电视、互联网、移动自媒体以及 QQ、微博、微信、BBS 等多样性、信息化手段转变，条条道路通往马克思主义的认知态势已经形成。

此外，实现马克思主义认知多样化不仅仅是生成精神家园的需要，也是回应马克思主义本身发展和社会现实需要的要求。一方面，随着现代科学技术的发展，网络信息的传播速度加快，信息的透明度和公开度也达到了史无前例的高度，不仅信息的传播能超越时空的界限，而且人与人之间的交流也更加方便快捷。同时，由于信息的快速更新，瞬间产生的信息量浩瀚无垠，但是人的接收、消化能力却是相对有限的，只能在千变万化的信息面前选择自己感兴趣的信息进行加工吸收。在此境遇下，如果主体的信息检索和接收能力不高，则可能导致他们在浩瀚无垠的信息量面前不知所措，或者选择的信息与自己需要的信息相差甚大，由此导致判断失误。另一方面，现代社会的发展也带来诸多问题，尤其表现为心态更加浮躁、世界观、人生观和价值观渐趋低俗化、意识形态非主流化等，这导致人们在纷繁复杂的信息面前被导向信息选择的偏激化和低俗化。显然，现代社会更需要充满正能量的思想占领群众的精神世界，但是在宣传教育群众时却不能不考虑社会信息化的发展特点和人们心理变化的趋势，如果仍然采用过去那种单一、线性的方法显然已经不合时宜了。变化了的社会形势表明，为了加强广大民众对马克思主义的认知，只有不断创新方式方法、丰富传播载体，才能全方位、多角度地宣传马克思主义，进而才能实现在乱花渐欲迷人眼的信息过量社会抓住更多人的注意力。换言之,只有坚持不断对宣传渠道进行拓宽、对宣传内容进行分类处理,才能使马克思主义跟上时代发展的潮流、满足广大民众日益增长的多样化精神需求进而最终实现大众化的目的。

二、 马克思主义大众化的实践论意涵

在《关于费尔巴哈的提纲》中,马克思曾指出:"人的思维是否具有客观的真理性,这不是一个理论的问题,而是一个实践的问题。人应该在实践中证明自己思维的真理性,即自己思维的现实性和力量,自己思维的此岸性。"[①]马克思的阐述表明,实践才是检验真理的唯一标准。在马克思主义走向广大民众精神家园的心路历程中,马克思主义逐渐被一般民众所认识这只是迈向大众化的第一步,更高的一个层次还应该上升到主体实践的层面,即要落实到广大民众的日常行动中。近代以来马克思主义内化为不同民众精神家园的事实也表明,对马克思主义大众化的理解,不仅要立足于一般认识论的层面给予深刻的理论解读,也要置身于近代以来中华民族的革命、建设和改革的伟大实践中进行审视,这是马克思主义由认识论向实践论跨越的必然性选择。纵观马克思主义的精神家园化历程,主要经历了少数精英阶层主导的救亡图存实践、国家主导下的民族复兴实践以及不同社会阶层主动参与的共同富裕实践三个阶段。

（一）救亡图存:马克思主义的精英化实践

"一八四〇年鸦片战争以后,由于西方列强入侵和封建统治腐败,中国逐步成为半殖民地半封建社会,国家蒙辱、人民蒙难、文明蒙尘,中华民族遭受了前所未有的劫难。为了拯救民族危亡,中国人民奋起反抗,仁人志士奔走呐喊,进行了可歌可泣的斗争。太平天国运动、洋务运动、戊戌变法、义和团运动接连而起,各种救国方案轮番出台,但都以失败告终。孙中

---

① 《马克思恩格斯选集》第 1 卷,北京:人民出版社 2012 年版,第 134 页。

山先生领导的辛亥革命推翻了统治中国几千年的君主专制制度,但未能改变中国半殖民地半封建的社会性质和中国人民的悲惨命运。中国迫切需要新的思想引领救亡运动,迫切需要新的组织凝聚革命力量。"①正当以少数有识之士为代表的精英阶层们陷入救国无策的绝望之中时,俄国十月革命一声炮响让他们看到了马克思主义指导革命实践的真理力量。从此,以马克思主义信仰者为核心的精英阶层们不但学会用马克思主义观察世界,更为重要的还是将马克思主义用于指导中国的民主主义革命实践。正如胡绳在《中国共产党的七十年》一书中所阐述的那样:"中国的先进分子一开始就不是把马克思主义当作单纯的学理来探讨,而是把它作为观察国家命运的工具加以接受的。尽管理论准备并不充分,他们一旦学得了马克思主义基本原理,就以此为指导,积极投身到群众斗争中去。"②随着1919年"五四运动"的爆发及其深入,以李大钊、陈独秀、周恩来、毛泽东等为代表的马克思主义者们逐渐在推动马克思主义传播的实践中发现了对包括广大爱国学生在内的工人阶级进行科学理论武装的重要性。在此思想的指导下,马克思主义者们开始将马克思主义与中国具体国情相结合的伟大实践,相继在中华大地开展了反压迫、求解放的爱国民主运动,马克思主义开始被越来越多的先进分子所委触和认识,中华民族整体的精神家园逐步发生变化。

以马克思主义信仰者为核心的精英阶层们不懈努力,同时注意到工人阶级在反帝反封建英勇斗争中所显现出来的巨大力量,他们根据救亡图存斗争形势的需求,战略性地做出将马克思主义基本原理与中国工人运动相结合的创造性实践,从而开启了由以中国共产党为核心的民族精英领导中国革命伟大实践的新的历史征程。中国共产党的诞生标志着马克思主义的大众化取得了阶段性的历史性成就,也标志着马克思主义已经开始成为一个拥有无限发展潜力的政治集团的共有精神家园,这也是中华民族几千年来未曾有过之大变动,不仅改变了中华民族实现救亡图存以往依靠少数

---

①　《中共中央关于党的百年奋斗重大成就和历史经验的决议》,北京:人民出版社2021年版,第3—4页。

②　胡绳:《中国共产党的七十年》,北京:中共党史出版社1991年版,第18页。

先进分子单打独斗、孤军奋战的不利态势，也改变了中华民族精英阶层长期依赖统治阶级而求生存与发展的从属、被动的地位。"建立工人阶级政党来领导中国人民的斗争，已经成为中国最觉悟的革命者的共同要求，是客观形势发展的产物。"①"中国产生了共产党，这是开天辟地的大事变，中国革命的面貌从此焕然一新。"②可以说，中国共产党的诞生，预示着中国精英阶层的个人抱负与民族的发展实现了真正的统一，预示着中国精英阶层与马克思主义信仰者在革命实践中的完全统一，还预示着中华民族的精神家园已经开启了由量变到部分质变的转变过程。从此，中国共产党的奋斗史就是中华民族精英阶层的奋斗史，中国共产党的革命实践就是马克思主义的大众化实践。总之，近代以来尤其是"五四运动"以来，一部中华民族救亡图存史在很大程度上就是主要由不同历史时期的精英阶层为实现个人的精神家园诉求而推动的马克思主义大众化实践史。

（二）民族复兴：马克思主义的国家化实践

1949 年中华人民共和国的成立标志着中华民族由近代以来的救亡图存向实现民族复兴伟大目标的转变，也标志着马克思主义由作为中国共产党的指导思想和精神家园向作为以工农联盟为基础的人民民主专政的新生国家的共有精神家园的跨越，还标志着马克思主义的大众化实践由以中国共产党为核心的精英阶层推动阶段向由新生政权推动的国家化阶段迈进。从此，实现中华民族的伟大复兴就成为马克思主义大众化实践的根本目标与神圣使命。为了完成这一神圣使命，以毛泽东同志为核心的党的第一代中央领导集体，立足于满目疮痍、百废待兴、阶级斗争形势严峻的国情以及两大阵营对峙、帝国主义封锁禁运的世情等的实际情况，带领全党全国人民进行了中华民族发展史上未曾有过的极为艰辛、曲折而富有创造性的社会主义革命和建设道路的伟大探索。在相继完成了肃清国民党反动残余、土地改革等民主革命遗留任务以及抗美援朝取得伟大胜利的基础

---

① 胡绳：《中国共产党的七十年》，北京：中共党史出版社 1991 年版，第 28 页。
② 《中共中央关于党的百年奋斗重大成就和历史经验的决议》，北京：人民出版社 2021 年版，第 4 页。

上,党适时提出了由新民主主义社会向社会主义社会过渡的总路线,并于1956年底基本完成了对农业、手工业和资本主义工商业的社会主义改造任务、建立了社会主义制度,宣告了中华民族几千年来孜孜以求的"大同理想"开始逐步变为现实。在此背景下,马克思主义由社会主义革命时期的主导意识形态和部分群众的精神家园转变为社会主义建设时期的主导意识形态与主流意识形态相统一以及绝大多数群众的精神家园的新阶段,马克思主义的大众化实践在新生政权的推动下在社会各领域都取得了丰硕成果。其中,尤其值得一提的是,以毛泽东同志为主要代表的中国共产党人在继续将马克思主义与中国的具体实际相结合,先后创造性地推出了《论十大关系》《关于正确处理人民内部矛盾的问题》等马克思主义中国化的最新理论成果,并在全党全国人民当中产生了强烈的反响。

在 1957 年下半年至 1978 年十一届三中全会召开这一长达 20 多年的历史进程中,尽管党在探索社会主义建设道路问题上经历了较为严重的曲折,在党内外以及国际上造成了一些不良影响,但党在集中国家之力围绕实现民族复兴这一历史任务过程中所实施的一系列举措却使马克思主义的大众化实践达到了一个新的阶段。譬如,1956 年 4 月毛泽东在中共中央政治局扩大会议上做了关于"百花齐放,百家争鸣"问题的讲话后,全国文艺界、科学界掀起了学习马克思列宁主义和毛泽东思想的高潮。1957 年 4 月开展的新中国成立后第一次大规模整风运动,使全党的马克思主义理论水平得到进一步提高,广大人民群众对马克思列宁主义、毛泽东思想的认识得到逐步统一。1959 年 5 月中共中央在印发关于教育工作的十个文件的通知后,全国教育界掀起了学习马克思主义的热潮。1960 年 3 月邓小平在中共中央天津会议上做了关于"正确宣传毛泽东思想"的讲话后,割裂马克思列宁主义学习毛泽东思想的庸俗化现象基本得到纠正,全面、系统学习马克思主义的现象在全党全国人民中逐步得到展开。1963 年 4 月中共保定地委率先在全国开展社会主义教育的"四清"工作,马克思主义在广大农村的影响进一步扩大。1964 年 3 月《人民日报》编辑部和《红旗》杂志编辑部共同发起针对"苏共"的"赫鲁晓夫修正主义"的公开论战,此举进一步捍卫了马克思列宁主义的观点,同时也使马克思主义在人民群众中的影响得到进一步加强。1978 年率先由学界发起后由以邓小平同志为主要代表的中国共产党人在全国范围内掀起的真理标准问题大讨论,进一步肃清了"两个凡是"错误思潮的影响,重新恢复了解放思想、实事求是的思想路线,使广大民众从对马克思列宁主义、毛泽东思想的庸俗、僵化、教条的理解下解放出来,马克思主义的大众化实践重新步入理性而有序的新的历史阶段。从此,中华民族在党的正确思想路线的指引下,围绕实现民族伟大复兴这一奋斗目标,将马克思主义的大众化实践由以阶级斗争为中心转变为以经济建设为中心,充分利用国家的各种宣传教育机器积极营造广大民众接触、学习和运用马克思主义的思想舆论氛围,从而使马克思主义的影响更加深入人心。

(三)共同富裕:马克思主义的社会化实践

实现民族伟大复兴是近代以来中华民族梦寐以求的理想,而实现"均贫富"则是中华民族几千年来孜孜以求的历史夙愿。在社会主义制度下,中华民族"均贫富"的历史夙愿则主要体现为对"共同富裕"的追求,这既是社会主义的本质特征之一,也是社会主义的根本原则。对此,马克思主义经典作家及其后继者们曾做过系统性的论述。

1847 年 10 月恩格斯在《共产主义原理》一文中指出:"由社会全体成员组成的共同联合体来共同地和有计划地利用生产力;把生产发展到能够满足所有人的需要的规模;结束牺牲一些人的利益来满足另一些人的需要的状况;彻底消灭阶级和阶级对立;通过消除旧的分工,通过产业教育、变换工种、所有人共同享受大家创造出来的福利,通过城乡的融合,使社会全体成员才能得到全面发展,——这就是废除私有制的主要结果。"[1] 1918 年 1月列宁在《怎样组织竞赛?》一文中指出:"工人和农民们,被剥削劳动者们!土地、银行、工厂已经变成全体人民的财产了! 大家亲自来计算和监督产品的生产和分配吧,这是唯一走向社会主义胜利的道路,社会主义胜利的

---

[1] 《马克思恩格斯文集》第 1 卷,北京:人民出版社 2009 年版,第 689 页。

保障,战胜一切剥削和一切贫困的保障!"① 1950 年毛泽东在《国家的工业化和人民生活水平的提高》一文中指出:"直到现在,中国劳动人民的生活水平和世界许多先进国家比较起来,还是很低的。他们还很穷困,他们迫切地需要提高生活水平,过富裕的和有文化的生活。这是全国最大多数人民最大的要求和希望,也是中国共产党和人民政府力求实现的最基本的任务。"②党的十一届三中全会后,邓小平多次强调了社会主义要消灭贫穷、逐步实现共同富裕。1979 年 11 月 26 日邓小平在会见美国不列颠百科全书出版公司副主席吉布尼和加拿大迈吉尔大学东亚研究所主任林达光时指出:"社会主义特征是搞集体富裕,它不产生剥削阶级。"③ 1985 年 4 月 15日邓小平在会见坦桑尼亚联合共和国副总统姆维尼时指出:"从一九五八年到一九七八年这二十年的经验告诉我们:贫穷不是社会主义,社会主义要消灭贫穷。"④ 1986 年 3 月 28 日邓小平在会见新西兰总理朗伊时指出:"我们坚持走社会主义道路,根本目标是实现共同富裕,然而平均发展是不可能的。过去搞平均主义,吃'大锅饭',实际上是共同落后,共同贫穷,我们就是吃了这个亏。"⑤ 1992 年 1 月 18 日至 2 月 21 日邓小平在《在武昌、深圳、珠海、上海等地的谈话要点》中指出:"社会主义的本质,是解放生产力,发展生产力,消灭剥削,消除两极分化,最终达到共同富裕。"⑥ 1995 年 9 月28 日江泽民在《正确处理社会主义现代化建设中的若干重大关系》时再次指出:"我们必须坚持允许和鼓励一部分地区一部分人先富起来,最终实现共同富裕的政策。"⑦ 2005 年 2 月 19 日胡锦涛在省部级主要领导干部提高构建社会主义和谐社会能力专题研讨班上的讲话中指出:"要坚持把最广大人民根本利益作为制定和贯彻党的方针政策的基本着眼点……使全体

---

① 《列宁专题文集:论社会主义》,北京:人民出版社 2009 年版,第 57—58 页。
② 《建国以来重要文献选编》第 1 册,北京:中央文献出版社 2011 年版,第 455 页。
③ 《邓小平文选》第 2 卷,北京:人民出版社 1994 年版,第 236 页。
④ 《邓小平文选》第 3 卷,北京:人民出版社 1993 年版,第 116 页。
⑤ 《邓小平文选》第 3 卷,北京:人民出版社 1993 年版,第 155 页。
⑥ 《邓小平文选》第 3 卷,北京:人民出版社 1993 年版,第 373 页。
⑦ 《江泽民文选》第 1 卷,北京:人民出版社 2006 年版,第 470 页。

人民共享改革发展成果，使全体人民朝着共同富裕的方向稳步前进。"①
2022 年 2 月 25 日习近平在中共中央政治局第三十七次集体学习时强调：
"我们保障人民民主权利，充分激发广大人民群众积极性、主动性、创造性，
让人民成为人权事业发展的主要参与者、促进者、受益者，切实推动人的全
面发展、全体人民共同富裕取得更为明显的实质性进展。"②马克思主义诞
生以来尤其是中国共产党诞生以来的奋斗史表明，实现共同富裕始终是社
会主义的本质特征和根本原则。

在此思想的指导下，马克思主义的大众化在继续立足于精英化、国家
化层面深入展开的同时，坚持以实现广大人民群众的共同富裕为社会化实
践的主要切入点，通过不断提升广大人民群众的获得感、幸福感、安全感和
归属感，再一次在广大民众中掀起了普及化的浪潮。总之，在实践论意蕴
上，马克思主义大众化的本质内涵就是以救亡图存、民族复兴、共同富裕为
主题，先后主要由少数先进分子、国家政权和人民大众所推动的普及化与
社会化过程。在此过程中，马克思主义既要满足人民大众的整体利益诉
求，也要满足社会进步和发展的需求。

三、 马克思主义大众化的本体论意涵

本体论是关于存在本身的学问，是以存在为核心的逻辑体系，是对我
们生活其中的世界（宇宙及其万物）做出的陈述或描述。在中国古代哲学
中，本体论叫作"本根论"，是探究天地万物形成、发展、变化的根本原因和
根本依据的学说。马克思主义本体论不仅包括自然观而且还涉及历史观，
可以说辩证唯物主义和历史唯物主义构成了马克思主义本体论的核心思
想。纵观马克思主义大众化史，马克思主义在指导中国革命、建设和改革
取得一个又一个伟大胜利的同时，也充分彰显了马克思主义在本体论之维

---

① 《胡锦涛文选》第 2 卷，北京：人民出版社 2016 年版，第 291 页。
② 《习近平在中共中央政治局第三十七次集体学习时强调 坚定不移走中国人权发展道路 更
好推动我国人权事业发展》，《人民日报》2022 年 02 月 27 日 01 版。

对个人、社会、国家和宇宙的精神家园关怀。换言之,从精神家园建构的意义上而言,马克思主义在中国的大众化进程也就是马克思主义在个体层面对修齐治平人生抱负的追求、在国家层面对共产主义理想的追求、在终极关怀层面对天人合一境界的追求依次推进的过程。

(一) 修齐治平:马克思主义的个体化关怀

修齐治平出自《礼记·大学》,原句为"古之欲明明德于天下者,先治其国;欲治其国者,先齐其家;欲齐其家者,先修其身;欲修其身者,先正其心;欲正其心者,先诚其意;欲诚其意者,先致其知,致知在格物。物格而后知至,知至而后意诚,意诚而后心正,心正而后身修,身修而后家齐,家齐而后国治,国治而后天下平"。其意是指"古代那些想要在天下弘扬光明正大品德的人,先要治理好自己的国家;想要治理好自己的国家,先要管理好自己的家庭和家族;想要管理好自己的家庭和家族,先要修养自身的品性;想要修养自身的品性,先要端正自己的心思;想要端正自己的心思,先要使自己的意念真诚;想要使自己的意念真诚,先要使自己获得知识;获得知识的途径在于认识、研究万事万物的道理。通过对万事万物道理的认识、研究后,才能获得知识;获得知识后,意念才能真诚;意念真诚后,心思才能端正;心思端正后,才能修养品性;品性修养后,才能管理好家庭和家族;管理好家庭和家族后,才能治理好国家;治理好国家后,天下才能太平"。①从古至今,修齐治平始终是中华民族的仁人志士所立志实现的远大人生抱负,已经化为他们终生为之奋斗的精神家园。

在现实世界里,每个人自从生命诞生开始就面临着一个共同的问题,即如何才能使自己的生命更具有意义。对此,马克思主义从运动变化的社会实践来揭示人类个体的终极关怀尤其是对生命意义及其价值的探寻,得出"人的本质不是单个人所固有的抽象物,在其现实性上,它是一切社会关系的总和"②,因而人的生命价值也应建立在人类整体的自由而全面发展

---

① 《大学·中庸》,王国轩译注,北京:中华书局 2016 年版,第 7—8 页。
② 《马克思恩格斯选集》第 1 卷,北京:人民出版社 2012 年版,第 135 页。

上。换言之,人类个体生命价值的实现应该建立在人类整体利益不断发展的基础上,强调了为了人类整体利益而首先应牺牲奉献的本体论意义。这些观念净化了人们的心灵,提升了其信仰者的思想境界和品德修为,使得其信仰者的集体观念得以升华,同时弱化了个人功利本性和自私自利的心理。此外,马克思主义又从本体论出发进一步分析了资本主义社会造成主体异化、人性扭曲、精神家园危机的根源,在此基础上又系统地揭示了人类社会的发展规律,从而为无产阶级以及广大劳苦大众指明了资本主义必然灭亡、共产主义必然实现的光明前景。纵观马克思主义的大众化史可知,它从一开始就给先进的知识分子带来了精神上的强烈震撼,不仅促使他们在追求修齐治平的远大人生抱负中实现了世界观、人生观和价值观的根本性变革,而且还更加坚定了他们为实现国家富强、民族振兴、人民幸福的中国梦的信仰追求。

究其精神实质而言,马克思主义孕育于古希腊以来以人文主义为重要特征的终极关怀中,其中蕴藏着以实现人的自由而全面发展为终极目标的丰富的精神资源。说到底,马克思主义就是关于人的解放的学说,其出发点是现实的人、落脚点是自由的人。在《资本论》中,马克思全面陈述了自由人联合体的思想,他特别强调了人需要自由全面发展进而成为自然界和自己本身的主人的条件。"让我们换一个方面,设想有一个自由人联合体,他们用公共的生产资料进行劳动,并且自觉地把他们许多个人劳动力当作一个社会劳动力来使用。……只有当实际日常生活的关系,在人们面前表现为人与人之间和人与自然之间极明白而合理的关系的时候,现实世界的宗教反映才会消失。只有当社会生活过程即物质生产过程的形态,作为自由联合的人的产物,处于人的有意识有计划的控制之下的时候,它才会把自己的神秘的纱幕揭掉。但是,这需要有一定的社会物质基础或一系列物质生存条件,而这些条件本身又是长期的、痛苦的发展史的自然产物。"①可见,马克思主义是最彻底的、最高的人道主义。从其理论实质来看,历史唯物主义及其唯物史观就是研究人的科学方法,不仅强调人在历史活动中的

_____

① 《马克思恩格斯选集》第 2 卷,北京:人民出版社 2012 年版,第 126—127 页。

作用,而且还强调要把人的生存及其价值置于认识世界和改造世界的鲜活的实践中加以诠释。正是因为马克思主义含有深厚的人文关怀,以少数先进分子为代表的社会精英才愿意选择信仰马克思主义。近代以来,当以追求修齐治平为人生远大理想抱负的少数先进分子几近陷入精神家园崩塌的绝境之时,马克思主义以十月革命胜利的典范重新为他们实现人生的终极关怀开启了新的希望。从此,马克思主义开始以一种崭新而充满魔力的精神家园形态逐步融入越来越多中华民族先进个体的心灵世界。

(二)共产主义:马克思主义的国家化关怀

人类的精神家园演进史表明,人类个体需要一种强大的精神信仰作为生存与发展的动力;同样,人类的特定群体以及整体也需要一种强大的共有的精神信仰作为存续与发展的精神支撑,而共产主义对于中华人民共和国而言就充当了这个神圣的角色。众所周知,共产主义思想源远流长,早在马克思主义诞生之前16世纪的一些空想社会主义者的著作中就形成了共产主义的直接思想资源,经过3个世纪的发展,共产主义成为马克思主义思想三大来源之一的社会思潮。在马克思主义看来,共产主义社会就是这样一种社会,即"代替那存在着阶级和阶级对立的资产阶级旧社会的,将是这样一个联合体。在那里,每个人的自由发展是一切人的自由发展的条件"①。具体而言,共产主义就是要消灭生产资料私有制,建立一个没有剥削、没有压迫、人人平等、物质财富极大丰富、人们精神境界极大提高的理想社会。这种理想社会并非马克思恩格斯等少数人的主观臆测和美好愿望,而是以坚持辩证唯物主义和历史唯物主义为出发点、以深刻剖析资本主义社会的根本矛盾为依据、以科学发现无产阶级和广大劳动人民的磅礴力量与历史的推动者为基础,基于对资本主义社会必然灭亡、共产主义社会必然胜利的历史发展趋势的正确揭示而得出的科学结论。正如马克思主义创始人在《共产党宣言》中所指出的:"共产党人不屑于隐瞒自己的观点和意图。他们公开宣布:他们的目的只有用暴力推翻全部现存的社会制

---

① 《马克思恩格斯选集》第1卷,北京:人民出版社2012年版,第422页。

度才能达到。让统治阶级在共产主义革命面前发抖吧。无产者在这个革命中失去的只是锁链。他们获得的将是整个世界。"①总之，马克思主义并不是发明了"共产主义"，而是发现了"共产主义"这一人类社会最终的发展状态，同时也揭示并证实了共产主义只有通过无产阶级专政的民主主义国家建立起高度发达的生产力和生产关系、创造出巨大的物质财富和精神财富才能最终消灭阶级及其斗争的产物——国家——而达至人类大同，即共产主义。

　　伴随着 1949 年 10 月 1 日中华人民共和国的诞生，马克思主义正式开启了由国家充当主要动力和核心角色追求并实践共产主义的精神家园关怀之旅。对于新中国而言，横亘在迈向共产主义康庄大道中的最大障碍一是社会生产力极端落后，二是广大人民群众的科学文化素质比较低。为此，党中央在逐步巩固新生国家政权的同时，通过没收官僚资本归新民主主义国家所有、在新解放区实行土地改革、顺利推进社会主义三大改造、实施第一个国民经济发展五年计划、开展人民公社化运动等社会主义革命和建设措施，逐步使近代以来持续遭受战争重创与破坏的、已陷入崩溃边缘的社会经济结构重新焕发出了生机。其间尽管经历了十年"文化大革命"的浩劫，但截至党的十一届三中全会召开我国已经建立了独立的、比较完整的工业体系和国民经济体系，从而为改革开放以来我国经济社会的高速发展创造了条件。与此同时，针对新中国成立后我国广大人民群众科学文化水平比较低的问题，党中央通过发挥人民民主专政国家集中力量办大事的优势，先后通过兴办各种类型的教育机构、举办各种类型的扫盲班、夜校、夜大、函授等中短期学习班等综合措施，短短在几十年内就使我国近上亿人摆脱了文盲、半文盲，进而使国民综合素质显著提高。党的十一届三中全会后，随着社会主义中国的改革开放逐步向全方位、宽领域、多层次阶段的迈进，"我国实现了从生产力相对落后的状况到经济总量跃居世界第二的历史性突破，实现了人民生活从温饱不足到总体小康、奔向全面小康

_____

① 《马克思恩格斯选集》第 1 卷，北京：人民出版社 2012 年版，第 435 页。

的历史性跨越,推进了中华民族从站起来到富起来的伟大飞跃"①。党的十八大以来,"以习近平同志为核心的党中央领导全党全军全国各族人民砥砺前行,全面建成小康社会目标如期实现,党和国家事业取得历史性成就、发生历史性变革,彰显了中国特色社会主义的强大生机活力,党心军心民心空前凝聚振奋,为实现中华民族伟大复兴提供了更为完善的制度保证、更为坚实的物质基础、更为主动的精神力量。中国共产党和中国人民以英勇顽强的奋斗向世界庄严宣告,中华民族迎来了从站起来、富起来到强起来的伟大飞跃"②。

总之,在以中国共产党领导的人民民主专政国家政权的强力推动下,经过几十年的社会主义革命、建设和改革的伟大实践,共产主义所描绘的未来社会的美好蓝图逐步得到了阶段性的实现,马克思主义的大众化也开启了一片新的天地。

(三) 天人合一:马克思主义的终极化关怀

天人合一是中华民族自古以来在处理人与社会、人与宇宙关系过程中所追求的一种理想状态,它既是一种执政理念和社会理想,也是一种终极关怀形态。在中国传统精神家园发展历程中,从古至今有无数著名思想家在其论著中都对这一命题进行了不同程度地探究,提出了一系列充满睿智而又富有哲理的观念或洞见。

战国末年著名政治家吕不韦在《吕氏春秋》中提出"是法天地"和"因则无敌"两个响亮的口号,其特点主要从"抹杀天人差别进而主张天人合一"③。汉代大儒董仲舒在《春秋繁露·阴阳义》中指出"天亦有喜怒之气,哀乐之心,与人相副。以类合之,天人一也",其特点是"以天人同类证明天

---

① 《中共中央关于党的百年奋斗重大成就和历史经验的决议》,北京:人民出版社 2021 年版,第 22 页。
② 《中共中央关于党的百年奋斗重大成就和历史经验的决议》,北京:人民出版社 2021 年版,第 61—62 页。
③ 任继愈主编,孔繁等撰:《中国哲学发展史·秦汉》,北京:人民出版社 1985 年版,第 34 页。

人合一,以同类相动作为天人感应的重要依据"。① 宋代大儒张载在《正蒙·大心篇》中指出:"大其心则能体天下之物。物有未体,则心为有外。世人之心,止于闻见之狭。圣人尽性,不以闻见梏其心。其视天下,无一物非我。孟子谓尽心则知性知天以此。"其特点是"注重于除我与非我之界限而使个体与宇宙合一"。② 明代心学大家王阳明在对理学大师程颢的"仁者以天地万物为一体"思想继承与发展的基础上提出了不同于程朱理学的"天人合一"思想,"他认为人与天地万物一气流通,'原是一体',天地万物的'发窍之最精处'即是'人心一点灵明'……"(王阳明:《传习录》)其特点是使"人与天地万物之间达到更加融合无间的地步。"③明清时期著名思想家王夫之在《读四书大全说》中指出:"天人之蕴,一气而已";"不离人而别有天"。其特点是强调"天与人不同而相通"④,即"天有与人异形离质,而所继者惟道也"。(王夫之:《尚书引义》)现当代著名哲学家冯友兰先生在《三松堂全集》中从"道德境界"和"天地境界"两个层面诠释了"天人合一"思想的精髓。在"道德境界"层面,人的"行为是'行义'底",是"对于人之性已有觉解","他了解人之性是涵蕴有社会底"。在"天地境界"层面,人的"行为是'事天'底",不仅"了解于社会的全之外,还有宇宙的全";"他已完全知性,因其已知天","他已知天,所以他知人不但是社会的全的一部分,而并且是宇宙的全的一部分";"不但对于社会,人应有贡献;即对宇宙,人亦应有贡献"。⑤综合古往今来思想大师对"天人合一"思想的理解大致包含有三个层面的意思:首先,人是宇宙万物的一部分;其次,宇宙万物具有自身的客观规律;最后,人应在尊重客观规律基础上注重发挥自己的主观能动性。

"天人合一"思想作为中华民族五千多年的智慧结晶,对于指导人们正确处理人与社会、人与自然(宇宙)等方面始终具有重要的指导意义,这也

① 任继愈主编,孔繁等撰:《中国哲学发展史·秦汉》,北京:人民出版社1985年版,第338—339页。
② 冯友兰:《中国哲学史》(下),上海:华东师范大学出版社2010年版,第182页。
③ 张世英:《境界与文化——成人之道》,北京:人民出版社2007年版,第319页。
④ 张世英:《境界与文化——成人之道》,北京:人民出版社2007年版,第320页。
⑤ 冯友兰:《三松堂全集》第4卷,郑州:河南人民出版社1986年版,第552—553页。

是任何外来思想文化传入并扎根于中国必须要正确处理的一个根本性问题。对于马克思主义而言,尽管它是诞生于西方文化背景下的一种真理体系,但它却继承并发展了人类有史以来不同思想文化的精华,其中就包含了"天人合一"思想在内的中华优秀传统文化。事实上,这也是马克思主义在近代中国多元外来思潮竞争中能够被先进中国知识分子关注并被接纳的一个重要原因。在马克思主义的鸿篇巨制中,类似于中国传统"天人合一"思想的表述不胜枚举,其中最具代表性的即恩格斯在《自然辩证法》中关于人与自然辩证关系的论述。在《劳动在从猿到人的转变中的作用》一节中,他指出:"事实上,我们一天天地学会更正确地理解自然规律,学会认识我们对自然界习常过程的干预所造成的较近或较远的后果。……而这种事情发生得越多,人们就越是不仅再次地感觉到,而且也认识到自身和自然界的一体性,那种关于精神和物质、人类和自然、灵魂和肉体之间的对立的荒谬的、反自然的观点,也就越不可能成立了……"①同时,恩格斯还告诫人类只要违背人与自然和谐相处的规律必然会招致自然界的报复。"我们每走一步都要记住:我们决不像征服者统治异族人那样支配自然界,决不像站在自然界之外的人似的去支配自然界——相反,我们连同我们的肉、血和头脑都是属于自然界和存在于自然界之中的;我们对自然界的整个支配作用,就在于我们比其他一切生物强,能够认识和正确运用自然规律。"②正是具有这种与中国传统"天人合一"思想在精神实质上相契合的本质特性,马克思主义自近代传入中国以来不仅迅速得到少数以先进知识分子为核心的精英阶层以及广大无产阶级的认可与信仰,而且也逐步得到越来越多普通大众的肯定与相信,成为愈来愈多人可以安顿疲惫与困顿心灵的精神之所。正如习近平总书记在《在纪念马克思诞辰 200 周年大会上的讲话》中所指出的那样:"马克思的思想理论源于那个时代又超越了那个时代,既是那个时代精神的精华又是整个人类精神的精华。"③

---

① 《马克思恩格斯文集》第 9 卷,北京:人民出版社 2009 年版,第 560 页。
② 《马克思恩格斯文集》第 9 卷,北京:人民出版社 2009 年版,第 560 页。
③ 习近平:《在纪念马克思诞辰 200 周年大会上的讲话》,《人民日报》2018 年 5 月 5 日 02 版。

第
三
章

精神家园视域下马克思主义
大众化的发展历程

如前文所述，精神家园是人类个体或群体建立在文化认同基础上的意义世界和价值系统，其本质是一种以信仰为核心的意识形态。信仰是指人们"对某种宗教或主义极度信服和尊重，并以之为行动的准则和指导"[①]，具有精神支撑、情感寄托、价值导引、整合凝聚等的功能，是个人安身立命之所、民族团结和睦之魂、国家繁荣昌盛之基、人类命运共同体建构之系。全面审视近代以来中国社会的精神家园演进史可知，马克思主义正是在不同历史时期满足了精英、国家、大众等不同群体的信仰需求而渐渐实现其大众化的。在此意义上，马克思主义的大众化，就是不断实现向精英的人生信仰、国家的政治信仰和民众的生活信仰等角色转变的精神家园建构过程。

一、 人生信仰：以精英为信仰主体的阶段

精英，顾名思义，是一个社会中思想最敏锐、活力最充沛、志向最远大、行为最果敢的代表群体，他们的人生信仰状况往往是该社会变革与发展的

---

① 夏征农，陈至立：《大辞海·哲学卷》，上海：上海辞书出版社 2015 年版，第 672 页。

风向标。近代以来,一批以"振兴中华"为己任的民族精英,站在时代变革的最前沿,经过对比、反思与初步实践,先后选择并信仰了马克思主义。由此,马克思主义以充当近代中华民族精英的人生信仰为标志,全面开启了其大众化的心路历程。

(一) 人生信仰:马克思主义精英化的价值精髓

"人生信仰就是对人生价值理想或人生最高价值的确认,其确认的认识论基础无论是经验的还是先验的,都来自对人生重大问题的形上的体悟和思考。"①作为一种最高价值目标,人生信仰成了人类精神生命和人生幸福的最终精神依托。丹麦哲学家克尔凯郭尔曾评论到:"信仰是人心中最高的情感。也许,在每一世代中……没有一个人超越它。"②人生有了信仰,就具有了克服困难、战胜挫折的强大精神动力。美国实用主义大师詹姆士曾说:"人生是一种冒险,全要有勇气有信心,才可以得到胜利,达到成功";"没有信仰的人,终究是要被有信仰的人驱逐到墙角里去的"。③人生有了信仰,也极易在利他助人、奉献社会中达到身心的和谐与心灵的宁静。一般而言,人生信仰在不同的人那里,可以表现为不同的层次和境界。对此,哲学家克尔凯郭尔将其分为审美、道德和信仰三个层次;而我国清末学者王国维则借用唯美的词句表达了三种不同的境界:第一种境界——"昨夜西风凋碧树,独上高楼,望尽天涯路"([宋]晏殊:《蝶恋花·槛菊愁烟兰泣露》);第二种境界——"衣带渐宽终不悔,为伊消得人憔悴"([宋]柳永:《蝶恋花·伫倚危楼风细细》);第三种境界——"众里寻他千百度,蓦然回首,那人却在,灯火阑珊处"([宋]辛弃疾:《青玉案·元夕》)。④ 人生信仰的多层次性因其可以满足不同人的精神需要,而彰显出巨大的精神能量,成为指引人勇往直前的精神灯塔。

---

① 魏长领:《人生信仰与道德信仰》,《吉首大学学报》(社会科学版)2009 年第 5 期,第 7 页。
② [丹麦]克尔凯郭尔:《〈恐惧与颤栗〉跋》,转引自《西方思想宝库》,长春:吉林人民出版社 1988 年版,第 561 页。
③ 转引自贺麟:《文化与人生》,北京:商务印书馆 1988 年版,第 91 页。
④ [清]王国维:《人间词话·人间词》,李科林校注,合肥:安徽人民出版社 2002 年版,第 35—36 页。

近代以来，古老的中华帝国在西方列强坚船利炮的进攻之下，逐渐丧失了领土主权，成为半殖民地半封建社会。面临亡国灭种的危险，中华民族的有识之士将实现人生信仰的志向融入于救国救民的革命实践中，抛头颅、洒热血，积极探寻并尝试能够拯救民族于水深火热之中的道路。然而，从"建立人间天国"的太平天国运动和"自强求富"的洋务运动，到"扶清灭洋"的义和团运动与推行政治改良的戊戌变法，再到废除封建帝制的辛亥革命，这一切皆以失败而告终。在尝试了各种救国方案之后，以少数先进知识分子为代表的民族精英们，又重新陷入了报国无望与人生迷茫的境地之中。然而，时隔不久，十月革命的一声炮响给正处于迷惘困惑中的精英们送来了马克思主义。他们不仅从俄国社会的巨大变革中感受到了马克思主义的真理力量，而且也从马克思主义与以往救国方案的差别中看到了实现自己"救民报国"人生信仰的希望。从此，以早期先进知识分子为代表的民族精英们，在经过内部的一系列分化重组之后，一部分义无反顾地选择并确立了马克思主义信仰，将自己的人生信仰升华为中华民族的精神家园，矢志不渝地守护、实践和发展。正如毛泽东同志所说的那样："我一旦接受了马克思主义是对历史的正确解释以后，我对马克思主义的信仰就没有动摇过。"①

（二）全面发展：马克思主义精英化的信仰取向

追求完满是人之为人的最大特征，也是人类执着于信仰追求的深层动力。个体生命的有限性，决定了人不但要关心死后世界的生存状况，更要关心有生之年的身心发展。人在选择和皈依某种人生信仰的过程中，其实已将个人的全面发展作为优先条件考虑进去了。追求完满或全面发展是一个历史性的范畴，在不同的文化背景下或同一文化背景的不同历史时期具有不同的内涵。在马克思主义对全面发展进行科学概况之前，关于人的发展问题即已受到了高度的关注。苏格拉底认为，人的理想发展状态就是"知行合一，真善一体"。奥古斯丁指出，人的完美发展就是通过热爱并信

---

① ［美］埃德·加斯诺：《红星照耀中国》，童乐山译，北京：新华出版社 1984 年版，第 136 页。

仰上帝,自觉、充分地认识和接受"真理",从而获得意志自由。卢梭认为,人的全面发展即是促进人的自由、理性、善良等自然天性的发展。在中国传统文化中,由于受儒释道思想影响的缘故,关于人的发展问题则更侧重于道德境界及其实践能力的完善和发展。儒家所倡导的"内圣外王"、道家所崇尚的"至人无己"、佛家所推崇的"顿悟成佛",皆是对个体在道德领域获得理想发展状态的典型表述。在对以往有关人的发展观的批判继承的基础上,马克思指出,人的全面发展应是"人以一种全面的方式,就是说,作为一个完整的人,占有自己的全面的本质"。① 具体表现为人的才能与品质、社会关系、个性自由等方面的充分自由发展。马克思的全面发展观,不仅实现了人类关于自身发展问题的质变,也使正处于人生发展定位迷茫期的民族精英们重新找到了精神航标。

受"学而优则仕"传统观念的影响,早期民族精英们绝大多数都将个人的发展定位为"穷则独善其身,达则兼济天下",严格遵循"修身、齐家、治国、平天下"的人生发展路径,力争实现"内圣外王"的理想状态。然而,西方列强的殖民入侵,晚清政府的腐败无能,救国救民方案的先后失败,等等,这一系列重大政治事件的发生彻底打乱了民族精英们既有的人生发展规划,动摇了传统"修、齐、治、平"的实践路径,使他们陷入了一种前所未有的价值坐标混乱或迷惘的状态。以鲁迅和毛泽东为例。在辛亥革命失败之后的几乎十年内,鲁迅主要"以读佛经、拓碑刻、抄嵇康来派遣时日"。② 1918 年前后,毛泽东则处于"自由主义、民主改良主义、空想社会主义等思想的大杂烩"阶段,既"憧憬'19 世纪的民主'、乌托邦主义和旧式的自由主义",又明确反对军阀和帝国主义。③十月革命之后,随着马克思主义在中国的广泛传播,越来越多的精英们开始接触、学习和了解马克思主义,在对比与反思中逐渐接受了马克思主义关于未来社会及其人的发展的观点。正如李大钊在《我的马克思主义观》一文中所发出的感慨那样:"不改造经济组织,单求改造人类精神,必致没有效果。不改造人类精神,单等改造经济

① 《马克思恩格斯文集》第 1 卷,北京:人民出版社 2009 年版,第 189 页。
② 李泽厚:《中国现代思想史论》,天津:天津社会科学出版社 2003 年版,第 2 页。
③ [美]埃德加·斯诺:《红星照耀中国》,童乐山译,北京:新华出版社 1984 年版,第 129 页。

组织,也怕不能成功。我们主张物心两面的改造,灵肉一致的改造。"①与李大钊一样,一大批民族精英们在选择并坚守马克思主义信仰的过程中,看到了一个自由而全面发展的人类共同体。

(三)救亡图存:马克思主义精英化的信仰践履

信仰与其他意识形态相区别的最大特点就是,它一旦形成必然会以不可阻挡之势在主体身上体现出来。以李大钊、陈独秀、毛泽东等为代表的马克思主义者,在真正接受并皈依马克思主义信仰之后,积极投身于中国的民主革命和解放事业中,用一腔热血和铮铮铁骨践行了马克思主义的人生信仰,使马克思主义更加深入人心。

一方面,他们通过撰写文章、参与论战、成立研究团体等方式宣传和扩大马克思主义的影响。李大钊是中国最早热情歌颂和宣传俄国十月革命胜利与马克思主义的第一人。他从 1918 年 6 月开始先后撰写了《法俄革命之比较观》《庶民的胜利》《Bolshevism 的胜利》《我的马克思主义观》等文章介绍和宣传马克思主义。他指出:"俄罗斯之革命,非独俄罗斯人心变动之显兆,实二十世纪全世界人类普遍心理变动之显兆。"②"由今以后,到处所见的,都是 Bolshevism 战胜的旗。到处所闻的,都是 Bolshevism 的凯歌的声。人道的警钟响了! 自由的曙光现了! 试看将来的环球,必是赤旗的世界!"③继李大钊之后,以杨匏安、李汉俊、陈独秀、李达等为代表的先进知识分子们也撰写了讴歌和宣传俄国十月革命与马克思主义的文章,大大推动了马克思主义大众化的心路历程。比如,1919 年 11 月至 12 月期间,杨匏安在《广东中华新报》前后共 19 次发表了介绍马克思主义的文章。他指出:"自马克斯氏出,从来之社会主义,于理论及实际上,皆顿失其光辉,所著《资本论》一书,劳动者奉为经典,而德国社会民主党,且去来查尔而归于马氏,在近世社会党中,其为最有势力者无疑矣。马氏以唯物的史观为经,以

---

① 中国李大钊研究会:《李大钊文集》第 3 卷,北京:人民出版社 1999 年版,第 35 页。
② 中国李大钊研究会:《李大钊文集》第 2 卷,北京:人民出版社 1999 年版,第 219 页。
③ 中国李大钊研究会:《李大钊文集》第 2 卷,北京:人民出版社 1999 年版,第 246 页。

革命思想为纬,加之以在英法观察经济状态之所得,遂构成一种以经济的内容为主之世界观,此其所以称科学的社会主义也。"①据不完全统计,五四时期有 200 多篇介绍马克思主义的文章被不同报刊刊载。从 1919 年下半年开始,以李大钊为主将的马克思主义者们,先后发动了与改良主义、无政府主义、工团主义、新村主义等资产阶级、小资产阶级社会思潮之间的论战。譬如,1920 年 11 月 15 日恽代英在《少年中国》第二卷第五期发表的文章《论社会主义》中就强调:"社会主义的一个名词,向来在中国是干犯法律骇人听闻的。其实许多人还没有明白社会主义是个甚么东西,中间包含几多派别,大家以讹传讹,便硬指一切暗杀革命是社会主义,一切社会主义是暗杀革命,因此一听见社会主义四个字,便联想到许多破坏事业的危险与恐怖起来。其实所谓社会主义这名词,本体便向来没有甚么很精确的界说。高到安那其、布尔塞维克,低到安福系王揖唐所称道,都有些可以合于通行所谓社会主义的意义。我在这一篇中,不想把通行所谓社会主义的派别与意义叙述出来,我宁想就我自己的意见,综括以叙社会主义应当的旨趣,供一般所谓社会主义者乃至非社会主义者的讨论。"②1922 年 7 月 1 日陈独秀在《新青年》第九卷第六号上刊发的文章《马克思学说》中向世人阐释道:"马克思社会主义所以称为科学的不是空想的,正因为他能以唯物史观的见解,说明资本主义的生产方法和资本主义的社会制度所以成立所以发达所以崩坏,都是经济发展之自然结果,是能够在客观上说明必然的因果,不是在主观上主张当然的理想,这是马克思社会主义和别家空想的社会主义不同之要点。"③通过这些论战,不仅澄清了人们对马克思主义的误解、肢解或歪曲,扩大了马克思主义的影响力,而且也更加坚定了以早期马克思主义者为代表的民族精英们对马克思主义的人生信仰。

另一方面,他们通过建立革命组织、组织和发动罢工、开展武装斗争、

① 中共中央文献研究室 中央档案馆:《建党以来重要文献选编》第 1 册,北京:中央文献出版社 2011 年版,第 438 页。
② 中共中央文献研究室 中央档案馆:《建党以来重要文献选编》第 1 册,北京:中央文献出版社 2011 年版,第 477 页。
③ 陈独秀:《陈独秀文集》第 2 卷,北京:人民出版社 2013 年版,第 239 页。

根据地建设等形式不断实践和发展马克思主义。随着马克思主义大众化心路历程的逐步推进，以李大钊、陈独秀、毛泽东等为代表的初步具有马克思主义思想的先进分子们，日益发现成立类似苏俄的布尔什维克党充当革命的组织者和领导者的必要性和迫切性。为适应革命形势的需要，经过认真筹备，从 1920 年 5 月至 10 月，陈独秀和李大钊先后率先在上海和北京两地发起成立共产主义小组。之后，董必武、毛泽东、谭平山、王尽美等主要领导人也分别在武汉、长沙、广州、济南等地发起成立了共产主义小组。截至 1921 年春，中国国内先后建立起 6 个共产主义小组，其成员也逐步得到发展。各地共产主义小组成立之后，开展了一系列宣传和建设马克思主义的实践活动。一是通过在《新青年》《共产党》《大公报》等刊物上发表文章和译著，介绍马、恩、列等人的生平事迹及其理论观点，宣传世界各地的革命发展形势；二是通过创办《劳动界》《劳动者》通俗刊物以及开办工人夜校、识字班、劳动补习学校等在工人中进行宣传和组织工作；三是积极吸收先进青年学生建立青年团组织。①在各地共产主义小组的共同努力下，他们1921 年 7 月 23 日在上海召开了中国共产党全国代表大会，宣告了中国共产党的诞生。从此，以马克思主义者为代表的民族精英们，将个人的信仰追求与远大抱负整合、升华为中国共产党的精神诉求，经过长达 28 年的艰苦卓绝的民族解放战争，终于推翻了"三座大山"的剥削和压迫，实现了民族的独立、人民的解放和中华人民共和国的诞生，彻底改变了近代以来中国人民和中华民族任人宰割、遭受践踏的悲惨命运，中华民族的发展实现了新的历史性飞跃。诚如习近平总书记在庆祝中国共产党成立 100 周年大会上的讲话中所指出的那样："为了实现中华民族伟大复兴，中国共产党团结带领中国人民，浴血奋战、百折不挠，创造了新民主主义革命的伟大成就。我们经过北伐战争、土地革命战争、抗日战争、解放战争，以武装的革命反对武装的反革命，推翻帝国主义、封建主义、官僚资本主义三座大山，建立了人民当家作主的中华人民共和国，实现了民族独立、人民解放。新

---

① 盖军主编：《中国共产党八十年历史纪事》，武汉：湖北人民出版社 2001 年版，第 12—15 页。

民主主义革命的胜利,彻底结束了旧中国半殖民地半封建社会的历史,彻底结束了旧中国一盘散沙的局面,彻底废除了列强强加给中国的不平等条约和帝国主义在中国的一切特权,为实现中华民族伟大复兴创造了根本社会条件。中国共产党和中国人民以英勇顽强的奋斗向世界庄严宣告,中国人民站起来了,中华民族任人宰割、饱受欺凌的时代一去不复返了!"①可以说,五四运动以来的中国现代史,就是一部中华民族的精英们对马克思主义信仰的辉煌践行史。

在民族危亡与山河破碎的年代,以少数先进分子为代表的民族精英们,怀抱"天下兴亡、匹夫有责"的爱国情怀和宏伟志向,以马克思主义作为人生信仰和斗争武器,积极投身于民族独立、人民解放的伟大事业中,不仅实现了人生的价值和信仰的追求,而且也在建党与建国的历史伟业中推进马克思主义信仰向国家层面的政治信仰跃升。

二、 政治信仰:以国家为信仰主体的阶段

1949 年 10 月 1 日中华人民共和国的成立,宣告了马克思主义大众化的心路历程由主要充当民族精英的人生信仰阶段向主要充当国民的政治信仰阶段迈进。这是马克思主义继俄国十月革命胜利之后第二次在一个东方大国实现理论形态的实践转向,对于壮大世界和平力量、推动人类最终实现"大同理想"具有里程碑式的意义。从此,一切拥护新生的人民政权、赞成党的领导的人,开始在满目疮痍的战争废墟上通过不断探索和建设新社会而将马克思主义信仰的国家化推向深入。

(一) 政治信仰:马克思主义国家化的精神实质

何谓政治?对其的解释可以说是莫衷一是。譬如,伟大的民主革命先行者孙中山先生就曾把政治理解为管理众人的事情。他在对黄埔军官学

---

① 习近平:《在庆祝中国共产党成立 100 周年大会上的讲话》,北京:人民出版社 2021 年版,第 4 页。

校告别词《革命成功个人不能有自由团体要有自由》中指出:"大家知道革命本是政治的变动,说到政治究竟是做些什么事呢? 就政治两个字讲,政者众人之事也,治者管理众人之事也,管理众人的事情,就是政治。换言之,管理众人的事,就是管理国家的事。"①尽管这种解释不免有失偏颇之嫌,但却反映了政治与民众的关系。然而,不论人们去怎样界定政治的概念,其目的都是为了有利于表达和维护自己的集团利益。一种政治制度或体制要想达到长期稳固,其中最为关键的则是要实现向政治信仰身份的转变。一般而言,政治信仰是指"人们对于某种政治观念、政治理想及其所建构的美好政治蓝图的信奉和尊崇,其外延可以将人们对政治领袖、政党、政治制度、政治行为及其政治文化的信仰涵盖在之内"。②政治信仰与人生信仰既有联系,又有区别。政治信仰是特定个体人生信仰的重合点,也是同一群体或不同群体共同意志的最高集中表现。在特殊情况下,为保全政治信仰的权威地位不受动摇,个体的人生信仰可以无原则地做出让步甚或牺牲。政治信仰与人生信仰都只是主体信仰的一种形态,在本质上都是人类对宇宙与人生及其关系进行终极追问的结果,二者统一于人的精神家园之中。政治信仰是马克思主义超越精英的人生信仰、迈向大众的生活信仰的必经阶段,在完成这一历史性转变的过程中马克思主义的国家化具有根本性的意义。

所谓国家化,就是指马克思主义由个体或部分群体所接受和认同发展为全体国民所认同与信仰的过程,其本质就是由国家充当行为主体将马克思主义确立为一种政治信仰的过程。应当承认,马克思主义的国家化经历了一个长期的准备过程。1921 年 7 月中国共产党的诞生是马克思主义国家化的标志性事件,从这个时候开始马克思主义就不仅仅是少数民族精英们的人生信仰,更是无产阶级先锋队及其政党的政治信仰。尽管每一个人除了人生信仰之外,还可以拥有个人的政治信仰,但作为一个政党信仰的马克思主义已远远超出了个体层面的意义,它已经成为中国共产党的精神

① 曹锦清编选:《民权与国族——孙中山文选》,上海:上海远东出版社 1994 年版,第 293 页。
② 徐俊:《信仰播撒与权力博弈——当代中国马克思主义信仰传播研究》,南京:南京理工大学 2011 年度博士论文,第 34 页。

灵魂和身份标识,也成为一种集体行动的价值标杆和最终达到的理想目标。1931 年 11 月 7 日中华苏维埃第一次全国代表大会的召开,是马克思主义在迈向国家化的历程中又一标志性的事件。此次大会成立了中华苏维埃共和国临时中央政府,制定并通过了《中华苏维埃共和国宪法大纲》,规定"中国苏维埃政权所建设的是工人和农民的民主专政的国家。苏维埃全部政权属于工人、农民、红军兵士及一切劳苦民众的"。① 尽管中华苏维埃在成立和发展的过程中受到了当时"左"倾教条主义的严重影响,但它却是中国近现代历史上第一个以马克思主义作为政治信仰而立国的人民政府,对于推动马克思主义的国家化有着不可磨灭的历史功绩。抗日战争时期,以陕甘宁边区为代表的各革命根据地政权的建设,对于推动马克思主义的国家化意义更加不凡。其中,最具代表性的实例就是按照"三三制"的原则对抗日民主政权进行建设。对此,毛泽东指出:"根据抗日民族统一战线政权的原则,在人员分配上,应规定为共产党员占三分之一,非党的左派进步分子占三分之一,不左不右的中间派占三分之一。"②"三三制"的成功实施,再一次彰显了马克思主义的真理性,大大增强了马克思主义信仰在抗日军民心目中的权威性,为最后实现国家化的转变奠定了基础。

(二) 中国化的求索:马克思主义国家化的历程

一个国家需要有共有的精神家园才能实现国民的团结、政权的稳固和国运的昌盛。随着 1949 年 10 月 1 日中华人民共和国的成立,建构国民共有精神家园的紧迫任务被提上日程。由于新中国是由工人阶级领导的、以工农联盟为基础的人民民主专政的国家,因而要建构的国民的共有精神家园必然是以马克思主义为核心内容的一种全新的精神家园形态。在此背景下,马克思主义的大众化自然就进入了国家化的阶段,即马克思主义大众化的推动者由少数先进知识分子及其政党转变为无产阶级领导下的新

---

① 中共中央文献研究室 中央档案馆:《建党以来重要文献选编》第 8 册,北京:中央文献出版社 2011 年版,第 649—650 页。

② 中共中央文献研究室 中央档案馆:《建党以来重要文献选编》第 17 册,北京:中央文献出版社 2011 年版,第 170 页。

民主主义国家、马克思主义大众化的对象由少数精英转变为广大人民群众。纵观马克思主义大众化的国家化发展历程，主要可以分为五个阶段，其中每一个阶段都具有代表性的理论成果。

从中华人民共和国成立至 1978 年党的十一届三中全会的召开是马克思主义大众化的国家化的第一个阶段。在这一阶段，马克思主义的大众化主要围绕"什么是社会主义社会的主要矛盾，怎样解决社会主义社会的主要矛盾"核心问题展开，通过利用恢复国民经济、剿匪反特、土地革命、抗美援朝、三大改造、人民公社化运动、"文化大革命"等社会主义革命和建设方法，取得的主要理论成果有《论十大关系》《关于正确处理人民内部矛盾的问题》《党在过渡时期的总路线》《实践是检验真理的唯一标准》等，取得的实践成就主要是马克思主义大众化的覆盖面更加广泛，但不足之处存在较为严重的教条主义、僵化主义、"左"倾主义等问题。

从十一届三中全会到 1992 年 2 月邓小平南方谈话是马克思主义大众化的国家化的第二个阶段。在这一阶段，马克思主义的大众化主要围绕"什么是社会主义，怎样建设社会主义"核心问题展开，通过拨乱反正、改革开放、经济建设、反对资产阶级自由化等方法，取得的主要理论成果是邓小平建设有中国特色的社会主义理论，取得的主要实践成果是马克思主义的大众化在人民群众理性、客观的认识下进一步得到推进，但面临的主要问题是马克思主义的大众化遭受诸如个人主义、功利主义、拜金主义以及各种宗教、封建迷信、资产阶级自由化思潮等思想意识形式的冲击和挑战。

从邓小平南方谈话到 2002 年 11 月党的十六大召开前，是马克思主义大众化的国家化的第三阶段。在这一阶段，马克思主义的大众化主要围绕"建设什么样的党，怎样建设党"核心问题展开，采用反对资产阶级自由化、申请加入 WTO、建立社会主义市场经济体制、加强党的建设等途径，取得的主要理论成果是"三个代表"重要思想，取得的主要实践成果是马克思主义经受住了以"苏东剧变"为代表的世界共产主义运动严重危机的冲击，马克思主义在意识形态领域的主导地位进一步得到巩固，但面临的主要问题是马克思主义如何在全球化影响日益深入、西方社会思潮全方位渗透、各种宗教信仰迅速蔓延的背景下牢牢把握意识形态领域的话语主导权和精神生活领域的心灵慰藉权等。

从党的十六大到 2012 年 11 月党的十八大召开前是马克思主义大众化的国家化的第四个阶段。在这一阶段,马克思主义的大众化主要围绕"实现什么样的发展,怎样发展"核心问题展开,通过继续解放思想、坚持改革开放、推动科学发展、促进社会和谐、全面建设小康社会等途径,取得的主要理论成果是"科学发展观",取得的主要实践成果是"在十分复杂的国内外形势下,党和人民经受住严峻考验,巩固和发展了改革开放和社会主义现代化建设大局,提高了我国国际地位,彰显了中国特色社会主义的巨大优越性和强大生命力,增强了中国人民和中华民族的自豪感和凝聚力"①,但面临的主要问题是马克思主义如何在着手解决诸如可持续发展、环境保护、收入差距、道德失范、诚信缺失、贪污腐败等突出问题中进一步扩大自己的影响力和引领力。

从党的十八大以来是马克思主义大众化的国家化的第五个阶段。在这一阶段,马克思主义的大众化主要围绕"坚持和发展什么样的中国特色社会主义、怎样坚持和发展中国特色社会主义,建设什么样的社会主义现代化强国、怎样建设社会主义现代化强国,建设什么样的长期执政的马克思主义政党、怎样建设长期执政的马克思主义政党等重大时代课题"核心问题展开,采取政府机构改革和职能转变、全面深化改革、全面推进依法治国、制定"十三五"规划、全面从严治党、脱贫攻坚、全面建成小康社会等途径,取得的主要理论成果是"习近平新时代中国特色社会主义思想",取得的主要实践成果是"提出一系列新理念新思想新战略,出台一系列重大方针政策,推出一系列重大举措,推进一系列重大工作,解决了许多长期想解决而没有解决的难题,办成了许多过去想办而没有办成的大事,推动党和国家事业发生历史性变革"②,但面临的主要问题是马克思主义如何在新时

---

① 中共中央党史和文献研究院:《十八大以来中央文献选编》(上),北京:中央文献出版社 2014 年版,第 5 页。

② 习近平:《决胜全面建成小康社会 夺取新时代中国特色社会主义伟大胜利——在中国共产党第十九次全国代表大会上的报告》,《人民日报》2017 年 10 月 18 日。

代我国社会主要矛盾发生转变的背景下增强广大人民群众的获得感、幸福感、安全感和归属感中进一步扩大自己的影响力、凝聚力和引领力。

（三）反右更要反"左"：马克思主义国家化的反思

反右更要反"左"，这是一百多年来中国共产党在推动马克思主义大众化、建构中华民族共有精神家园过程中总结出来的一条基本经验，也是任何时期我们促进马克思主义大众化向更广泛领域、更深入层次发展的一个重要规律，否则马克思主义的大众化不仅面临举步维艰的困境，也会面临迷失方向、走入歧途的危险。纵观马克思主义的大众化史，从 1921 年 7 月中国共产党成立到 1949 年 10 月新民主主义革命胜利，反右更要反"左"始终都是我党在推动马克思主义大众化过程中十分重视的问题，也是我们党在不断加强和改进自身建设的伟大实践过程中所形成的优良传统。

在新民主主义革命过程中，我们党在对待"反右更要'左'"这一问题上有过血的教训。在大革命时期，由于担任总书记的陈独秀在革命领导权和武装斗争问题上犯了右倾投降主义错误，反对武装斗争的必要性，把革命领导权拱手让给了国民党，结果导致国民党叛变革命时中国共产党只能任人宰割。针对以陈独秀为首的右倾机会主义严重错误给中国共产党和中国革命造成的重大损失，同时为彻底肃清右倾机会主义思想毒瘤的影响，1927 年 8 月 7 日中共中央在汉口召开了紧急会议。"这次会议在中国革命的紧急关头，坚决地纠正和结束了陈独秀的右倾机会主义错误，确定了实行土地革命和武装反抗国民党反动派屠杀政策的总方针。"①

在土地革命战争时期，以李立三、博古、王明等为代表的"左"倾主义者照搬照抄共产国际指示和俄国革命经验，在各革命根据地推行"左"倾教条主义长达数年，导致第五次"反围剿"失败，中国工农红军被迫长征。正如《中共中央政治局向六届四中全会的报告》中所指出的那样："党要反对'左倾'的脱离群众脱离实际的关门主义，尤其在立三路线揭发之后，更加要反

---

① 中共中央文献研究室 中央档案馆：《建党以来重要文献选编》第 4 册，北京：中央文献研究室 2011 年版，第 385 页。

对右倾机会主义的退却路线、尾巴主义、黄色倾向、富农路线以及实际工作中的机会主义。"①

在抗日战争时期,针对建立抗日民族统一战线及其反抗日本法西斯问题,以毛泽东为首的中国共产党人基于以往血的教训明确提出了要警惕犯右倾机会主义和"左"倾冒险主义的错误。"我们党在民众运动中,有严重的关门主义、高慢的宗派主义和冒险主义的传统倾向,这是一个妨碍党建立抗日民族统一战线和争取多数群众的恶劣的倾向。在每一个具体的工作中肃清这个倾向是完全必要的。……陈独秀尾巴主义的复活是不能容许的,这是资产阶级改良主义在无产阶级队伍中的反映。降低党的立场,模糊党的面目,牺牲工农利益去适合资产阶级改良主义的要求,将必然引导革命趋于失败。"②

新民主主义革命史表明,反右更要反"左"从来都是马克思主义大众化不容回避的重要问题。新中国成立以来,马克思主义的大众化开始进入了由国家政权充当主要推动力量的国家化阶段,其间相继发生的诸如"大跃进""人民公社化运动""文化大革命""两个凡是"等"左"倾问题再次说明我们在注重反右倾机会主义的同时更要注重反对"左"倾主义。对此,新中国成立以来以毛泽东、邓小平、江泽民、胡锦涛和习近平为主要代表的历届中国共产党领导集体都继承并坚持了这一优良传统。

1950 年 5 月 6 日,朱德在中央直属系统党、政、军、群各级党的纪律检查委员会联席会议的讲话中针对右倾、享乐、贪污腐化等问题强调:"这些根深蒂固的坏东西,不但在目前,而且在以后相当长的时期内,还可以通过各个方面来不断地影响、侵袭和腐蚀我们。这就是我们在胜利局面下所处的客观环境。如果我们不能很好地战胜它、克服它,那它反过来就会影响我们。"③1958 年 9 月 19 日中共中央、国务院关于教育工作的指示强调:

---

① 中共中央文献研究室 中央档案馆:《建党以来重要文献选编》第 8 册,北京:中央文献研究室 2011 年版,第 11 页。

② 《毛泽东选集》第 1 卷,北京:人民出版社 1991 年版,第 264 页。

③ 中共中央文献研究室:《建国以来重要文献选编》第 1 册,北京:中央文献研究室 2011 年版,第 204 页。

"正确地领导教育工作,坚持党的教育工作的方针,反对右倾思想和教条主义,调动一切积极因素……"①

1981 年 6 月 27 日在中国共产党第十一届中央委员会第六次全体会议一致通过的《中国共产党中央委员会关于建国以来党的若干历史问题的决议》中指出:"由于我们党领导社会主义事业的经验不多,党的领导对形势的分析和对国情的认识有主观主义的偏差,'文化大革命'前就有过把阶级斗争扩大化和在经济建设上急躁冒进的错误。"② 1982 年 9 月 1 日胡耀邦在中国共产党第十二次全国代表大会上所作的报告中指出:"'文化大革命'和它以前的'左'倾错误,影响很深广,危害很严重。……十一届三中全会的伟大历史功绩,就在于从根本上冲破了长期'左'倾错误的严重束缚"。③ 1983 年 10 月 12 日邓小平在中国共产党第十二届中央委员会第二次全体会议上指出:"只提反'左'不提反右,这就走到软弱涣散的另一个极端。"④1987 年 4 月 30 日邓小平在会见西班牙工人党副总书记、政府副首席格拉时指出:"几十年的'左'的思想纠正过来不容易,我们主要是反'左','左'已经形成了一种习惯势力。"⑤1992 年春邓小平在南方谈话中指出:"右可以葬送社会主义,'左'也可以葬送社会主义。中国要警惕右,但主要是防止'左'。"⑥

党的十三届四中全会以来,尽管党的历代领导集体处于不断地调整中,但对于"反右更要反'左'"这一条基本经验始终给予了高度关注和深刻警醒。1992 年 10 月 12 日江泽民在中国共产党第十四次全国代表大会的报告中指出:"改革开放要探索和开辟新的道路,突破束缚生产力发展的体制和观念,阻力主要来自'左'。现在明确要警惕右但主要是防止'左',目

① 中共中央文献研究室:《建国以来重要文献选编》第 11 册,北京:中央文献研究室 2011 年版,第 424 页。
② 中共中央文献研究室:《三中全会以来重要文献选编》(下),北京:中央文献出版社 2011 年版,第 132 页。
③ 中共中央文献研究室:《十二大以来重要文献选编》(上),北京:中央文献出版社 2011 年版,第 7 页。
④ 邓小平:《邓小平文选》第 3 卷,北京:人民出版社 1993 年版,第 38 页。
⑤ 邓小平:《邓小平文选》第 3 卷,北京:人民出版社 1993 年版,第 228 页。
⑥ 邓小平:《邓小平文选》第 3 卷,北京:人民出版社 1993 年版,第 375 页。

的在于使全党同志特别是领导干部深刻吸取历史教训……"① 2003 年 2 月
26 日胡锦涛在中共十六届二中全会第二次全体会议上的讲话中指出："由
于'左'倾错误的影响,由于经验不够和制度不健全,在十年内乱期间,我国
社会主义民主法制受到严重破坏,给党和国家事业带来了重大损失,教训
是十分深刻的。"② 2016 年 1 月 18 日习近平在省部级主要领导干部学习贯
彻党的十八届五中全会精神专题研讨班上的讲话中指出："上世纪 50 年代,
国家建设取得显著成效。后来,由于在指导思想上出现了'左'的错误,还
发生了'文革'那样的十年浩劫,加上我们对社会主义建设规律认识不够深
入,大规模工业化建设未能顺利持续下去。"③

总之,党在推动马克思主义大众化、建构国民共有精神家园的过程中,
始终要以党的历史经验教训为镜鉴,既要警惕犯右的错误,又要将重点放
在防止"左"的错误上。唯其如此,马克思主义的大众化才能更好地凭借国
家之力开创一个新的境界。

三、 生活信仰:以阶层为信仰主体的阶段

生活信仰是主体对自己现在生活以及未来生活的期许,是其安身立命
的终极关怀,也是其对描述未来生活的一种思想、理论或行为模式的确信。
在马克思主义大众化的一百多年历程中,马克思主义作为一种精神家园已
相继主要充当了精英阶层的人生信仰、政党及其国家的政治信仰,对于少
数先进知识分子的成长、国家的繁荣稳定都曾发挥了重要精神支撑与引领
作用。党的十八大以来,随着中国特色社会主义建设事业进入了新时代,
马克思主义的大众化除了继续在个体与国家层面发挥着人生信仰、政治信
仰的价值功能外,积极推动自身与不同社会阶层的意义世界和价值系统相
融合进而逐渐化为他们的生活信仰就成为首要任务,这也是马克思主义大
众化在新形势下开辟新局面的必然选择。

---

① 江泽民:《江泽民文选》第 1 卷,北京:人民出版社 2006 年版,第 223 页。
② 胡锦涛:《胡锦涛文选》第 2 卷,北京:人民出版社 2016 年版,第 30 页。
③ 习近平:《习近平谈治国理政》第 2 卷,北京:外文出版社 2017 年版,第 246—247 页。

（一）日常生活：马克思主义的价值源泉与旨归

"日常生活是日常的认识活动、交往活动和各种各样旨在维持个体生存的活动的总称。"①日常生活是人类从事诸如政治、科学、艺术、哲学等自觉的类活动的基础和前提，离开了日常生活人类的一切自觉的类活动也将变得毫无意义。正如恩格斯在马克思墓前所说的那样："正像达尔文发现有机界的发展规律一样，马克思发现了人类历史的发展规律，即历来为繁芜丛杂的意识形态所掩盖着的一个简单事实：人们首先必须吃、喝、住、穿，然后才能从事政治、科学、艺术、宗教等等。"②可以说，马克思主义创始人的学术研究自始至终都关注于人类现实生活本身，尤其是无产阶级和广大劳动人民的日常生活，并由此发展了一整套认识和实践的方案。这套方案改变了一个多世纪的人类生活，并对整个人类的思维方式产生了巨大影响，进而引发了世界无产阶级和广大劳动人民日常生活的"哥白尼变革"。作为马克思、恩格斯终生呕心沥血的智慧结晶，马克思主义庞大而严密的理论体系中始终贯穿着它对于日常生活的关注和理解。

首先，劳动是日常生活的核心。在《劳动在从猿到人的转变中的作用》一文中，恩格斯指出："劳动是整个人类生活的第一个基本条件，而且达到这样的程度，以致我们在某种意义上不得不说：劳动创造了人本身。③"进而言之，劳动不仅创造了人本身，而且也创造了人类的日常生活及其形式。在阶级社会，尽管劳动会给人报偿，使人能享受劳动成果带来的精神满足感，但劳动的结果却造成了与其初衷相背离的异化现象。在《1844 年经济学哲学手稿》中，马克思曾指出："通过异化劳动，人不仅生产出他对作为异己的、敌对的力量的生产对象和生产行为的关系，而且还生产出他人对他的生产和他的产品的关系，以及他对这些他人的关系。"④经马克思的探索找到了解决异化的办法，即进行无产阶级革命进而逐步实现共产主义。其

---

① 衣俊卿：《日常生活批判刍议》，《哲学动态》1989 年第 4 期，第 12 页。
② 《马克思恩格斯文集》第 3 卷，北京：人民出版社 2009 年版，第 601 页。
③ 《马克思恩格斯文集》第 9 卷，北京：人民出版社 2009 年版，第 550 页。
④ 《马克思恩格斯文集》第 1 卷，北京：人民出版社 2009 年版，第 165 页。

次,历史必然性为人类揭示了日常生活的意义。在《共产党宣言》中,马克思指出:"代替那存在着阶级和阶级对立的资产阶级旧社会的,将是这样一个联合体,在那里,每个人的自由发展是一切人的自由发展的条件。"①这是人类历史发展的必然趋势,但这种历史必然趋势却是建基于不同时空条件下广大劳动人民所从事的具体的生产与生活之上的。如果缺失了人类日常生活的支撑与衔接,人类及其社会关系也将不复存在,人类的历史也彻底终结。再次,马克思主义在当代日常生活中仍具有生命力,即劳动和利他行为在日常生活中的基本价值仍然存在。虽然劳动产生异化,但普通劳动者的生活状况在技术发展和财富增长的情况下大大改善了。劳动价值论仍然是理解本世纪日常生活普遍改善的有效理论。

马克思主义关于日常生活观的阐述主要集中于劳动观,或者说人类实践。真理来源于实践,并用于实践。马克思主义的价值源泉来源于生活,最终旨归也用于生活。马克思主义创造了丰富的实践成果,它指导世界无产阶级以及一切被压迫劳动人民创造了更加丰富的物质生活,争取了更多的民主自由。人的日常生活不仅仅是停留在物质层面上,人的精神需求同样是日常生活中很重要的一部分,甚至是主要部分。马克思主义指出了人的存在价值与意义,为人类社会发展指明了正确的方向和前途。马克思主义的实践观揭示了任何理论都来源于实践,同时实践也随着理论的发展而改变。理论要反映实践并为实践服务,就是解决人们生活方方面面的问题。如果理论只停留在学理层面,那么就失去了其存在的价值。马克思主义注重实践观,即意识到其理论存在的价值——既可以用来指导实践、改善人们的生活环境,也可以满足人们的精神追求。当然,真理并不是主观臆测的产物,它是人们基于日常生活对人类生存和发展价值的思索而提炼总结出来的理论结果,这也说明了它能够被运用于指导实践活动的原因所在。如果马克思主义失去了指导日常生活的价值,那么也就失去了存在的根基。然而,正是因为马克思主义孕育于日常生活并且以改变日常生活为旨归,它才能在由广大人民群众所构成的"汪洋大海"中经受时空浪潮的洗

①　《马克思恩格斯文集》第 2 卷,北京:人民出版社 2009 年版,第 53 页。

礼而茁壮成长，才能在"乱花渐欲迷人眼"的众多思潮中脱颖而出并且能永远立于人类先进思想的"桥头堡"。

简言之，正是因为马克思主义具有关注且回应日常生活的理论品质，所以其大众化才真正具有深刻的理论基础和厚实的群众基础。

（二）生活信仰：马克思主义阶层化的信仰取向

从其实践意义上来说，马克思主义之所以能够逐步实现大众化，与其以关照和改造我国无产阶级和广大劳动人民的日常生活为旨归是分不开的。从其大众化的发展史来看，对于少数先进分子而言，近代以来他们正是在不断追求并实践马克思主义的过程中才实现了人生信仰的升华与日常生活的根本变革；对于工人和农民而言，正是因为他们通过不断接触、认识并运用马克思主义认识和改造悲惨的现实境遇才逐步重塑了继续生活和创造未来美好生活的信心；对于以青年学生为代表的广大青年知识分子而言，正是因为他们认识和了解到了马克思主义追求人的自由而全面发展以及社会的全面进步才逐步接受并信仰马克思主义的。换言之，究其根本原因而言，马克思主义之所以能够满足不同社会阶层的精神生活需求，主要是由于马克思主义是契合广大人民群众的日常生活的思想体系。它并不只是某一特定社会阶层才能信奉的理论，而是将理论进步的大门始终敞开于广大劳动人民的日常生活。马克思主义大众化一百多年所取得的巨大成就表明，马克思主义不仅是放之四海而皆准的真理体系，也是适合无产阶级和广大劳动人民及其不同社会阶层精神生活需求的价值系统。一言以蔽之，正是由于马克思主义在不断发展的过程中充分展示了能够满足不同社会阶层精神家园建构的理论品质，马克思主义的大众化才不断取得新的胜利。

生活信仰是人的一种精神活动，它不仅是个体对人的生活目的及其意义的终极追问，更是个体对社会发展的追问与意向的统一。换言之，生活信仰就是对自己生活状态、生活环境、生活取向的一种理论追问，也是对自己生活状态的一种价值依靠和精神寄托，还是对自己生活目标的一种认同。当然,不同的人对生活的认识是不同的,对生活的处理方式也是不同的。我们探讨的不是微观层面上人们对日常生活见解的差异性,而是宏观层面上人们对日常生活本质认识的一致性。我们追求的是个体对社会发展的追问与意向的统一,是在宏观层面上对所达成的价值共识的认同。就其精神实质而言,马克思主义具有为不同社会阶层的日常生活提供理论指导和价值支撑的独特品质。一方面,马克思主义的实践观肯定了人的实践活动在全部社会生活中的地位和作用,肯定了人的思维的现实性和强大力量。这对于不同社会阶层的人,尤其是那些处于社会底层的弱势群体来说,是一种精神激励,既能够增强他们改变现状、改善生活的勇气和决心,也能够使他们在深陷日常生活的困境中依然对美好的未来充满信心。另一方面,马克思主义的发展观肯定了人能够在不断认识和改造日常生活的实践中实现自由而全面的发展。马克思主义认为,历史首先是个人从事日常生产和生活的历史,而人的自由和全面发展也是在这一历史进程不断实现的。由于人们所从事的日常生产和生活是具体的,因而人们在推动历史进步的长河中所实现的自由和全面发展的状态也是具体的与多样的。这种发展观既能契合人们积极向上的内心期盼,又能符合现代社会人们对追求自由个性的需求。总之,以生活信仰为价值取向的马克思主义,不仅植根于广大人民群众的日常生活之中,而且也将在不断服务于广大人民群众的日常生活中拓宽新的影响空间。

(三)化民成俗:马克思主义信仰生活化的路径

《礼记·学记》曰:"君子如欲化民成俗,其必由学乎。"其意为"君子如果想要教化人民并形成良好的风俗,就必须从办学校、兴教育入手"。① 由此可见,"化民成俗"意指教化人民以形成良好的风俗。100 多年前孙中山在《香港兴中会章程》中指出:"故特联结四方贤才志士,切实讲求当今富国强兵之学、化民成俗之经,力为推广,晓谕愚蒙。"②作为一种外来的思想理

---

① 《礼记·孝经》,胡平生等译注,北京:中华书局 2016 年版,第 131 页。

② 孙中山:《孙中山文集》下册,孟庆鹏编,北京:团结出版社 1997 年版,第 929 页。

论和价值体系,马克思主义要想走入寻常百姓的日常生活成为他们的信仰对象就必须化民成俗,否则它永远只能成为一种与百姓日常生活相距甚远的抽象的理论体系,即便它是放之四海而皆准的客观真理也无济于事。换言之,马克思主义要进一步推动其大众化,就必须通过化民成俗实现向普通百姓的生活信仰的转变,即实现马克思主义信仰的生活化。所谓马克思主义信仰的生活化,其主要是指把马克思主义作为广大民众的精神家园,使其不仅仅停留在精神层面上,还要使其运用于日常生活并且改变日常生活,进而使绝大多数人都能从中受益。

　　然而,对于中国这个人数众多的大国来讲,尤其是国民整体文化知识水平仍然不高的条件下,让每个人都学习并接受马克思主义基本原理并不是很现实。显然,在这条道路上我们无法顺利通行。但由于中国的传统文化博大精深、中国的民俗风情千姿百态,不管是全国性的还是地方性的,都与广大民众的日常生活息息相关,所以对于这些民俗风情广大民众无需外在强制力的约束就会自觉地接受和认可,并且还会在日常生活中积极身体力行。可见,深受广大民众认可和欢迎的民风民俗不仅在古代可以被统治阶级用来教化民众、巩固政权,就是在当下也同样能被我们用来实施社会主义意识形态宣传和教育。民俗民风所具有的这些特性,决定了它可以成为马克思主义信仰生活化的重要切入点。近代以来,中国马克思主义者正是发现了民俗民风的特性,所以从一开始就十分重视将马克思主义的大众化与积极利用中国传统文化尤其是民风民俗结合起来。对此,毛泽东在《中国共产党在民族战争中的地位》中指出:"共产党员是国际主义的马克思主义者,但是马克思主义必须和我国的具体特点相结合并通过一定的民族形式才能实现。……洋八股必须废止,空洞抽象的调头必须少唱,教条主义必须休息,而代之以新鲜活泼的、为中国老百姓所喜闻乐见的中国作风和中国气派。"[1]

　　纵观马克思主义的大众化史可知,自 1917 年俄国十月革命以来马克思主义在某种意义上正是借助了中国传统文化特别是民风民俗才逐渐走入

---

[1]　毛泽东:《毛泽东选集》第 2 卷,北京:人民出版社 1991 年版,第 534 页。

了广大民众的心灵世界的。其中，极具代表性的案例之一则是中国民主革命伟大先行者孙中山先生借用中国传统文化及其风俗来诠释马克思主义。1911 年 12 月 30 日在《社会主义可因时制宜》一文中，孙中山指出："考诸历史，我国固素主张社会主义者。井田之制，即均产主义之滥觞；而累世同居，又共产主义之嚆矢。足见我国人民之脑际，久蕴蓄社会主义之精神，宜其进行之速，有一日千里之势也。"①1924 年 1 月 21 日在《关于民生主义之说明》演讲中孙中山又指出："至共产主义之实行，并非创自俄国，我国数十年前，洪秀全在太平天国已经实行，且其功效较俄国尤大。"②在马克思主义传播的初期，借用中国传统文化及其风俗习惯进行比附式译介马克思主义理论，让广大民众产生了似曾相识的文化亲近感，从而使马克思主义在理论上更容易被理解、在情感上也更容易被接受。

就其精神实质及其功能而言，民俗风情是中国传统文化中的重要组成部分，其作用主要是通过环境熏陶而产生潜移默化的影响。对于既定的人而言，从其一出生开始他就置身于过去遗留下来的风俗民情之中，不仅要在有意识或无意识中受其全方位熏陶，而且还要在由各种风俗民情所形成的有形或无形的巨大压力下自愿或被迫身体力行。由于中国传统文化本身就包含民俗风情，而民俗风情又与百姓的日常生活紧紧联系在一起的，所以马克思主义在不断大众化的过程中要真正实现化民成俗就必然要借助中国传统文化的力量。事实上，马克思主义在中国的大众化史表明，在中华民族悠久的民俗风情的强大影响力和渗透力下，马克思主义已经并且正在成为越来越多人的精神家园。"实践证明，马克思主义的命运早已同中国共产党的命运、中国人民的命运、中华民族的命运紧紧连在一起，它的科学性和真理性在中国得到了充分检验，它的人民性和实践性在中国得到了充分贯彻，它的开放性和时代性在中国得到了充分彰显！"③

---

① 孙中山：《孙中山文集》上册，孟庆鹏编，北京：团结出版社 1997 年版，第 326 页。
② 孙中山：《孙中山文集》上册，孟庆鹏编，北京：团结出版社 1997 年版，第 59 页。
③ 习近平：《在纪念马克思诞辰 200 周年大会上的讲话》，《人民日报》2018 年 5 月 5 日 02 版。

精神家园视域下马克思主义
大众化的价值意蕴

　　中华民族的伟大复兴需要强大的物质力量作为基础和保证,也需要强大的精神力量作为支撑和引领。这是因为"没有先进文化的积极引领,没有人民精神世界的极大丰富,没有民族精神力量的不断增强,一个国家、一个民族不可能屹立于世界民族之林"[①];"实现我们的发展目标,不仅要在物质上强大起来,而且要在精神上强大起来"[②];"只有物质文明建设和精神文明建设都搞好,国家物质力量和精神力量都增强,全国各族人民物质生活和精神生活都改善,中国特色社会主义事业才能顺利向前推进"[③]。历史已经并将继续证明,马克思主义不仅是中国共产党在革命、建设、改革中领导中国人民实现精神家园的划时代变革并屡创人间奇迹的重要法宝,而且在中国特色社会主义新时代的今天乃至未来仍然是继续推动中国共产党和中国人民砥砺奋进、再创辉煌的精神力量。

① 习近平:《论党的宣传思想工作》,北京:中央文献出版社 2020 年版,第 96 页。
② 中共中央文献研究室:《习近平关于实现中华民族伟大复兴的中国梦论述摘编》,北京:中央文献出版社 2013 年版,第 37 页。
③ 习近平:《论党的宣传思想工作》,北京:中央文献出版社 2020 年版,第 14 页。

一、 构建具有强大感召力的社会主义核心价值观的需要

一个国家、一个民族只有具备强大感召力的核心价值观，才能把全体国民和本民族紧紧团结凝聚起来，否则这个国家和民族就会是一盘散沙，四分五裂，近代的中国就是一个典型例证。然而，一个核心价值观的感召力强弱与否，不但取决于这个核心价值观能否契合大多数人的利益诉求，而且更取决于这个核心价值观背后所依托的理论体系的科学性与价值性。作为一种核心价值观，社会主义核心价值观是中国精神的集中体现，也是马克思主义的基本原理及其价值诉求在当代中国的集中展现，因此，今天我们要构建具有强大感召力的社会主义核心价值观，就必须把马克思主义不断融入广大人民群众的精神家园中并引领其繁荣发展。

（一）社会主义核心价值观的价值在于其具有强大的感召力

社会主义核心价值观具有强大的向心力。正如马克思所强调的："我们的出发点是从事实际活动的人"①，一切现实活动的主体都是现实的人。社会主义核心价值观与资本主义的价值观念具有本质上的区别，它不仅主张在维护社会主义集体利益的过程中满足主体人的利益诉求，而且强调以获得幸福和发展而非物质利益作为人生的价值目标。具体而言，社会主义核心价值观倡导的"富强、民主、文明、和谐"的价值目标是为了契合人民群众生存与发展需要的国家环境；"自由、平等、公正、法治"的价值取向是为了给予人民群众追求向往的理想社会；"爱国、敬业、诚信、友善"的价值准则是为了促进人民群众发展为时代新人的需要。由此可见，社会主义核心价值观的价值不仅在于精神领域的突显，而且注重关注主体人的多方面诉求，因为"'思想'一旦离开'利益'，就一定会使自己出丑"。② 因此，社会主义核心价值观始终坚持人民主体地位的价值立场，不仅彰显了广大人民群

---

① 《马克思恩格斯选集》第 1 卷，北京：人民出版社 2012 年版，第 152 页。
② 《马克思恩格斯文集》第 1 卷，北京：人民出版社 2009 年，第 286 页。

众的根本意愿,而且有利于在潜移默化的过程中统一全体社会成员的思想观念,进而使自身以超强的感召力实现深入人心的目的。

社会主义核心价值观具有强大的吸引力。在中华五千年的历史长河中,传统文化以其独特的魅力,通过各种方式深深地嵌入了中国人民的价值观念和行为方式之中。正如习近平总书记所说,"博大精深的中华优秀传统文化是我们在世界文化激荡中站稳脚跟的根基"①,它无疑是社会主义核心价值观的养分来源。中华优秀传统文化不仅将儒家、道家、佛家、墨家等流派的思想主张汇聚成为一个统一的思想文化体系,更重要的是,它在此基础上将其蕴含的重民生、讲仁义、知廉耻、求平等、守诚信等思想精华进行了合理的传承。正是因此,社会主义核心价值观在诸多方面都深刻体现着中华优秀传统文化的思想内涵,如富强、民主、文明、和谐等价值理念都可以从中华优秀传统文化中找到相应的思想根基和方法启示。可见,社会主义核心价值观对于中华民族的全体成员有着不可抗拒的吸引力,这是因为它既不是脱离于中华民族的文化基因而随意拼凑起来的,也不是游离于中国人民的精神需要而凭空产生的。

社会主义核心价值观具有强大的指引力。任何时代的价值体系都来源于该时代的具体实践,并反过来指导该时代的社会实践。从本质上来看,社会主义核心价值观是根据中国特色社会主义建设的需要应运而生的产物,是对我国政治、经济、文化等方面的关系在价值观上的综合反映;社会主义核心价值观作为一种价值观念,能够为中国特色社会主义实践提供价值导向和精神指引。回顾中国特色社会主义的实践过程,中国共产党带领中国人民不仅坚定维护中华民族的核心利益,而且积极主动地参与到全球的各种互动中去,为新形势下社会主义核心价值观的提出奠定了更加富有逻辑的起点、增添了更加宽阔的视野、实现了理论成果的现代化转化。更为重要的是,社会主义核心价值观立足于马克思主义的思想高度,不仅赋予了自身以社会主义的内涵,而且与资本主义所提倡的价值理念形成了

---

① 中共中央文献研究室:《习近平关于社会主义文化建设论述摘编》,北京:中央文献出版社2017年版,第108页。

鲜明对比。因此,社会主义核心价值观之所以对广大民众具有强大的感召力,就是因为它既没有局限于中华民族的历史传统,也没有倾向于资本主义的错误倾向,更没有照搬马克思主义的思想成果,而是立足于中国特色社会主义实践而形成的思想结晶。

(二) 社会主义核心价值观强大的感召力源于人们对马克思主义的信仰

马克思主义信仰契合了近代以来中国人民对富强、民主等国家理想的诉求。马克思主义科学地阐述了人类社会发展的客观规律,并在揭示资本主义剥削本质的基础上,赋予了无产阶级作为资本主义掘墓人和社会主义建设者的历史使命。在中国共产党诞生以前,近代中国政治舞台上担任救国救民时代重任的主要是资产阶级和地主阶级,但由于他们并不是先进力量的真正代表,因而无法广泛凝聚起广大民众的力量、无法承担起挽救民族危亡的历史重任。由马克思主义科学理论武装起来的中国共产党是广大劳动人民利益的真正代表,因而马克思主义逐渐成为中国人民共同的理想信念和精神支柱。在马克思主义信仰的指引下,长期遭受各种势力联合压迫和剥削的旧中国,终于迎来了焕然一新的改变。所以,在经历了艰难历程的中国,马克思主义信仰的真理性不仅得到了更多人的认同,而且以马克思主义为指导思想的社会主义核心价值也自然对广大民众产生了强大的感召力。

马克思主义信仰契合了近代以来中国人民对自由、公正等社会理想的诉求。列宁曾指出:"马克思主义这一革命无产阶级的思想体系赢得了世界历史性的意义,是因为它并没有抛弃资产阶级时代最宝贵的成就,相反却吸收和改造了两千多年来人类思想文化发展中一切有价值的东西。"[1]古往今来,每一个伟大的民族都具有蕴含了自身理想追求的价值观,而价值观的性质和发展状况直接影响着该民族的发展状况。在马克思主义信仰尚未获取广大民众的普遍认同以前,我国旧社会只是小农经济的封建文化

---

[1] 《列宁选集》第 4 卷,北京:人民出版社 1995 年版,第 299 页。

价值体系,随着时代的不断向前发展,它已经不再适应当时社会的发展形势。马克思主义信仰的出现,为中国共产党人成功带领中国人民致力于改造社会的崇高理想提供了强大的精神支撑。新的历史时期,中国共产党人基于推进马克思主义大众化的需要,其提出的社会主义核心价值观不仅使中华民族具有了统一的基本道德规范,而且为广大民众的信仰追求指引了正确方向。正是因此,以马克思主义为指导思想的社会主义核心价值观具有其他价值观所缺乏的科学性和先进性,因而具有其他价值观无法比拟的强大感召力。

马克思主义信仰契合了近代以来中国人民对修身、治国等人格理想的诉求。信仰是人的本能需要,需要科学信仰是人与生俱来的特性。马克思主义不仅代表了最广大人民群众的根本利益,而且为人们提供了认识世界和改造世界的方法论武器。可以说,历史上从来没有哪一种理论像马克思主义这样与工人阶级等劳动人民的命运紧密联系在一起。因而,在当代中国,解决个人信仰问题的唯一出路就是坚定对马克思主义的信仰。马克思主义信仰作为一个多义词,既可以指人们对待马克思主义理论的态度,也可以指人们对待马克思主义的态度,还可以指人们实践马克思主义的态度。不论是其中哪种含义,树立和坚定对马克思主义的信仰,是促使人们真正理解共产主义的精神实质,进而从中汲取精神力量的重要前提和基础。而社会主义核心价值观作为马克思主义中国化的思想成果,自然能产生一种精神动力和价值导向的作用,为塑造人们的精神家园、凝聚人们的精神力量发挥积极的作用。

(三) 构建具有强大感召力的社会主义核心价值观要求马克思主义必须在精神家园层面被更多人接受

马克思主义是社会主义核心价值观的哲学基础。习近平总书记曾说过:"每个时代都有每个时代的精神,每个时代都有每个时代的价值观念。"①因

---

① 中共中央文献研究室:《习近平关于社会主义文化建设论述摘编》,北京:中央文献出版社 2017年版,第113页。

此,社会主义核心价值观作为我国当下积极倡导和培育的主流核心价值观,必然与作为其指导思想的马克思主义有着内在的联系。经过历史与实践的检验,马克思主义的科学性已经毋庸置疑,其突出优势不仅在于它是确保我们党和国家各项事业始终朝着正确方向前进的根本保证,而且它能够作为一种强大的思想武器来给予人们以精神力量。进入新的历史时期,应运而生的社会主义核心价值观是中国共产党坚持历史唯物主义基本原则的伟大创造,它不仅与我国当代社会发展的客观现实相适应,而且与我国各族人民的精神追求和价值目标相契合。但是,社会主义核心价值观作为一种上层建筑,它不可能被广大民众自发地接受,也不可能凭借国家的政治手段来强制民众的认同。因此,在社会价值取向日益多元化的背景下,构建具有强大感召力的社会主义核心价值观,必须通过合理的教化方式来进一步巩固马克思主义主流意识形态的一元指导地位,使马克思主义在精神家园的层面被广大民众所自发地掌握、接受和认同,进而不断增强社会主义核心价值观对广大民众的感召力。

人的自由而全面发展是马克思主义与社会主义核心价值的共同价值追求。伟大的革命导师马克思曾说过:"我们的出发点是从事实际活动的人"①,可见马克思关于价值的相关论述都是以现实人的价值作为出发点予以揭示和阐述的。而相对于人的价值而言,由于个体在认知水平、道德素质、所处环境等方面上的差异,对于同一事物往往会形成不同的价值观念。除此之外,每个时代、每个民族、每个国家的价值观也各有不同。正如习近平总书记所说:"一个民族、一个国家的核心价值观必须同这个民族、这个国家的历史文化相契合,同这个民族、这个国家的人民进行的奋斗相结合,同这个民族、这个国家的需要解决的时代问题相适应。"②从某种意义上来说,马克思主义关注的核心问题就是全人类的发展问题,而将马克思主义作为指导思想的社会主义核心价值观所始终坚持的也正是以人为本的基本原则。因此,马克思强调的"必须推翻使人成为被侮辱、被奴役、被遗弃

---

① 《马克思恩格斯文集》第 1 卷,北京:人民出版社 2009 年版,第 525 页。
② 中共中央文献研究室:《习近平关于社会主义文化建设论述摘编》,北京:中央文献出版社 2017 年版,第 116—117 页。

和被蔑视的东西的一切关系"①,进而实现人的自由而全面发展,这既是马克思主义的最高价值目标,也理应是社会主义核心价值观的根本价值追求。由此可见,构建具有强大感召力的社会主义核心价值观,不仅需要致力于全人类自由而全面的发展,更需要使马克思主义在精神家园层面上成为更多人的共同信仰。

社会主义核心价值观是马克思主义当代价值的集中体现。回顾历史,中国共产党之所以能在各种敌对势力的联合绞杀中愈加强大,且赢得了最终胜利,就是因为中国共产党人有着坚定的马克思主义信仰;立足当下,面对当今世界政治多极化、经济全球化、网络信息化、文化多样化等的复杂态势,各国之间的激烈竞争早已超出科学技术、经济水平、军事力量等硬实力的范围,对于文化软实力的潜在竞争反而愈演愈烈。这正如马克思所言:"批判的武器当然不能代替武器的批判,物质力量只能用物质力量来摧毁;但是理论一经掌握群众,也会变为物质力量。"②这说明,精神力量是不可忽视的,而由国家主导的核心价值观是否具有强大的生命力和感召力也是极其重要的。社会主义核心价值观的凝练来源于我们党对马克思主义中国化、时代化的深刻理解,其表述来源于我们党对中国特色社会主义建设的重要思考。可以说,抓住了社会主义核心价值观的精神实质,就是抓住了广大民众的精神血脉,也就是抓住了当代中国发展的时代脉搏。对于中国这样一个多民族国家来说,要将全国各族人民的力量汇聚成一个强大的有机整体,就必须通过对社会主义核心价值观的构建来将广大民众统一于马克思主义的精神旗帜之下,使当代中国马克思主义迸发出更加强大的生机与活力。

由上可知,正因为社会主义核心价值观与马克思主义存在着密不可分的内在逻辑关系,所以要构建具有强大感召力的社会主义核心价值观就必须在精神家园层面深入推进马克思主义大众化的同时,不断激发广大人民群众对马克思主义的亲近感和认同感。

---

① 《马克思恩格斯选集》第 1 卷,北京:人民出版社 2012 年版,第 10 页。
② 《马克思恩格斯选集》第 1 卷,北京:人民出版社 2012 年版,第 9 页。

二、 实现人民精神生活共同富裕的需要

物质生活和精神生活的共同富裕不仅是中国共产党人不忘初心、牢记使命的责任担当,而且是马克思主义真理理论与价值理论的现实映照。在精神家园的视域下,我们党必须在坚持马克思主义作为共同富裕思想的根本指导的同时,不断推进马克思主义的大众化来为人民的精神家园增添新的时代内涵。

(一)共同富裕是社会主义的本质特征

共同富裕是社会主义价值内核的体现。由于社会经济地位的差异性,共同富裕既不可能是社会财富在社会成员之间的平均分配,也不是社会成员在时间上的同步富裕和在程度上的同等富裕。中国的具体国情决定了共同富裕理想目标的实现必须通过"先富带后富"的形式,必须走符合中国特色社会主义实际的发展道路。新中国成立以来,以毛泽东同志为主要代表的中国共产党人,无论是倡导走农村合作化的道路,还是在特殊历史时期提倡吃大锅饭的平均主义,都是在建国初期内忧外患的背景下对如何协调人与社会共同发展所进行的思考。党的十一届三中全会之后,以邓小平同志为主要代表的中国共产党人,把共同富裕提升为社会主义的本质特征,其中那些看似有失公平的分配理念,其实是对新环境下社会主义按劳分配原则的最好诠释和对劳动者权利与尊严的极大尊重。党的十八大以来,以习近平同志为主要代表的中国共产党人,把人民对美好生活的向往作为党的奋斗目标,通过创造性地提出一系列新理念新思想新论断,进一步丰富和发展了党的共同富裕思想。事实表明,中国共产党始终是致力于实现广大人民群众的共同富裕的,这也是我们党领导人民走社会主义道路的根本价值目标。

共同富裕是社会主义伦理诉求的体现。中国共产党的共同富裕思想不仅继承了古今中外人类有关理想社会的思想精髓,而且将中国人民的现

实需求作为其政治伦理的基本出发点和最终归宿，诠释了社会主义对公平、正义、幸福等内容的伦理诉求。在当代中国社会，共同富裕语境中的公平不仅关乎维护和实现社会的公平正义，而且是我国社会主义制度的本质要求。只有切实维护和实现社会的公平正义，人们才会感到精神上的舒畅，进而各方面的社会关系才能得到更好的协调。随着当前人们对生活质量要求愈来愈高，人们对幸福的追求已经成了个人生活以及社会生活的主题，幸福感、幸福指数也逐渐被纳入政府评价体系之中，用来评估和衡量政府有所作为的程度。在价值观取向日益多元化的当下，不同主体对幸福的定义有所不同，人们追求幸福的态度或者是对幸福的认知在一定程度上不仅决定了自身的价值目标和行为取向，而且共同幸福也蕴含着国家层面上的终极价值追求。简言之，共同富裕作为社会主义伦理诉求的重要体现，推动共同富裕的实现对于塑造新时期的价值体系和道德体系具有深远影响。

　　共同富裕是社会主义基本分配原则的体现。在奴隶社会、封建社会以及资本主义社会，都普遍存在着阶级剥削和压迫，进而造成严重的贫富两极分化。对于资本主义内部贫富两极分化的现象，马克思曾经做过强烈的批判："在一极是财富的积累，同时在另一极，即在把自己的产品作为资本来生产的阶级方面，是贫困、劳动折磨、受奴役、无知、粗野和道德堕落的积累"，"第一种人积累财富，而第二种人最后除了自己的皮以外没有出卖的东西"。① 由此可见，两极分化与阶级分化是联系在一起的，它能够体现该社会的本质。正是因为意识到了两极分化可能导致的严重后果，邓小平同志认为"社会主义的特点不是穷，而是富，但这种富是人民共同富裕"②，因而他坚定不移地把实现共同富裕作为建设中国特色社会主义的重要内容，并强调指出："只要我国经济中公有制占主体地位，就可以避免两极分化。"③总之，党中央通过不断深化对共同富裕思想的认识，不断调整和完善我国的收入分配制度，确保了我国始终朝着共同富裕的总目标稳步前进。

---

① 《马克思恩格斯选集》第 2 卷，北京：人民出版社 2012 年版，第 289—291 页。
② 《邓小平文选》第 3 卷，北京：人民出版社 1993 年版，第 265 页。
③ 《邓小平文选》第 3 卷，北京：人民出版社 1993 年版，第 149 页。

因此，共同富裕思想通过对收入分配制度的合理制定，不仅体现了自身的社会主义特征，而且保障了中国特色社会主义建设的正确方向。

（二）精神生活共同富裕是社会主义共同富裕的固有内容

精神生活共同富裕是中国共产党长期积累的宝贵经验。中国共产党人历来重视发挥精神力量的能动作用。在革命战争时期，中国共产党就曾通过调动最广大人民群众的精神力量来为中国革命注入不竭的精神动力。伟大领袖毛泽东同志曾指出："在大混乱的现局之下，只有积极口号积极精神才能领导群众。党的战斗力的恢复也一定要在这种积极精神之下才能有可能。"①改革开放初期，邓小平同志也曾指出："革命精神是非常宝贵的，没有革命精神就没有革命行动。"②并且，他还强调过，在建设物质文明的同时，"还要建设社会主义的精神文明，最根本的是要使广大人民有共产主义的理想"。③不仅如此，在新的历史时期，习近平总书记也强调指出，我们党必须"把精神文明建设贯穿改革开放和现代化全过程、渗透社会生活各方面，紧密结合培育和践行社会主义核心价值观，大力倡导共产党人的世界观、人生观、价值观，坚守共产党人的精神家园"。④通过回顾中国共产党百年来的光辉历程可见，重视对精神力量的挖掘和发挥不仅是中国共产党一以贯之的重要任务，而且是我国革命、建设和改革的固有内容。

精神生活共同富裕是满足人民日益增长的美好生活需要的重要任务。党的十九大报告曾做出了我国社会主要矛盾已经发生变化的重大判断，并且党的十九届六中全会再次强调要着力解决现阶段我国社会发展不平衡不充分的问题。据此，用高质量发展来破解人民日益增长的美好生活需要和不平衡不充分的发展之间的矛盾，就成为新时代党和国家各项工作的重要出发点和落脚点。但是，美好生活的需要是多层面的，它既包括物质方面的内容，也包括精神方面的内容；既要求量的丰富，也要求质的提升。随

---

① 《毛泽东文集》第 1 卷，北京：人民出版社 2013 年版，第 54 页。
② 《邓小平文选》第 2 卷，北京：人民出版社 1994 年版，第 146 页。
③ 《邓小平文选》第 3 卷，北京：人民出版社 1993 年版，第 28 页。
④ 习近平：《人民有信仰民族有希望国家有力量》，《人民日报》2015 年 3 月 1 日 01 版。

着人民生活水平的普遍提升,广大人民较之以往更加向往美好的精神生活。因此,在满足人民群众物质生活需要的基础上,我们党必须充分认识精神生活共同富裕的重要意义,把实现精神生活高质量发展作为当前工作的重要内容之一,不断用多样化、多层次、多方面的精神内容来满足人民群众的美好生活需要,坚持不懈地推动马克思主义对人们精神家园的滋养引领。

精神生活共同富裕是建设社会主义现代化强国的题中应有之义。习近平总书记曾强调指出:"实现中国梦,是物质文明和精神文明均衡发展、相互促进的结果……是物质文明和精神文明比翼双飞的发展过程。"①因此,建设社会主义现代化强国和实现中华民族伟大复兴的中国梦,既需要强大的物质力量作为坚实基础,也需要强大的精神力量作为动力支撑。进入新的历史征程,提升人民群众的精神文明水平、推动人民群众的精神生活共同富裕同样不可或缺。这是因为,精神生活共同富裕不仅是衡量社会主义现代化强国建设的重要方面,而且能够为社会主义现代化强国的建设提供强有力的价值引导力、文化凝聚力和精神推动力。当然,精神生活共同富裕虽然是一项长期性的复杂工程,但它并不是遥遥无期。只要全体民众始终坚持中国共产党的核心领导,等到 21 世纪中叶,当富强民主文明和谐美丽的社会主义现代化强国基本建成之时,全体人民的共同富裕将基本实现、中国人民精神生活的共同富裕也将基本实现。

(三)实现人民精神生活共同富裕要求马克思主义必须在精神家园层面被更多人接受

马克思主义揭示了实现人民精神生活共同富裕的一般物质前提。综观我国古代的大同理想和近代西方的乌托邦式构想可知,实现广大人民群众的共同富裕是全人类自古以来的共同理想。尽管如此,在马克思主义出现以前,人们关于共同富裕的理想只不过是一种美好的幻想而已。马克思

---

① 中共中央文献研究室:《习近平关于社会主义文化建设论述摘编》,北京:中央文献出版社
2017 年版,第4—5 页。

主义第一次揭示了人类实现共同富裕的一般物质前提,即社会物质生产力的不断发展。对于人类社会而言,物质生产力及其发展具有十分重要的意义,因为物质生产活动是人类最基本和最重要的实践活动,人类从事物质生产活动的最终目的就是为了获得一定的物质利益。对此,马克思曾强调指出:"人们为之奋斗的一切,都同他们的利益有关。"①随着经济社会的不断发展,实现精神生活的共同富裕已经成为人民群众的重要诉求。人民群众精神生活的富裕与否可以通过受教育的程度、情感需要的满足程度、文化生活的质量、价值观念的取向等方面来衡量。然而,我国在这些方面的发展都最终取决于社会生产力的发展水平。因此,实现人民精神生活的共同富裕,首先需要坚持马克思主义关于物质范畴的基本观点,将发达的社会生产力作为充实人民精神生活的物质基础。

马克思主义揭示了实现人民精神生活共同富裕的历史必然性。马克思主义经过剖析资本主义的本质,深刻揭示了人类社会最终走向共同富裕的社会主义社会和共产主义社会的历史必然性。在《资本论》的序言中,马克思曾指出:"本书的最终目的就是揭示现代社会的经济运动规律。"②换言之,这个规律就是关于资本主义社会的基本运行规律,即资本主义生产方式产生、发展和最终走向灭亡的规律。为了揭示这个规律,马克思从生产的社会化同生产资料的资本主义私人占有制之间的这一基本矛盾出发,从资本的直接生产过程、资本的流通过程以及资本主义生产的总过程等三个维度,深刻揭示了由资本主义基本矛盾而造成的社会矛盾和危机。根据马克思主义的基本观点可知,在资本主义经济制度的条件下,无论采取何种分配方式,都无法真正地消除资本主义生产方式对贫富差距日渐扩大的不利影响。③ 因此,要想真正实现人民精神生活的共同富裕,只有通过对马克思主义大众化的推进,使人民群众在高度信仰马克思主义的基础上,建立社会主义和共产主义的生产方式和经济制度。

马克思主义揭示了实现人民精神生活共同富裕的阶段性特征。马克

---

① 《马克思恩格斯全集》第 1 卷,北京:人民出版社 1995 年版,第 187 页。
② 《资本论》第 1 卷,北京:人民出版社 2004 年版,第 10 页。
③ 《马克思恩格斯选集》第 2 卷,北京:人民出版社 2012 年版,第 290—291 页。

思主义深刻地揭示了实现共同富裕的历史渐进性,从而揭示了从阶级分化到共同富裕的过渡性。在《哥达纲领批判》中,马克思不仅将共产主义社会分为"共产主义社会第一阶段"和"共产主义社会高级阶段"两个阶段,而且全面分析了这两个阶段的收入分配原则和由此形成的劳动者在富裕程度上的关系和差异。① 根据马克思的论述可知,由于第一阶段"在各方面,在经济、道德和精神方面都还带着它脱胎出来的那个旧社会的痕迹"②,所以它仍然存在着一定的个人消费资料分配和占有上的差别,并不是一种绝对的平均主义。根据马克思的理解,只有当物质财富的个人占有失去了过去所具有的意义,即只有共产主义社会的高级阶段,才是一个真正意义上的全社会所有成员共同富裕的社会。③ 由此可见,马克思主义的共产主义理论不仅清晰地阐明了共产主义社会两个阶段的共同富裕的不同含义,而且从侧面上反映了精神生活共同富裕对于构建和谐精神家园和推进共产主义事业的重要意义。

简言之,实现人民精神生活共同富裕是社会主义共同富裕的本质体现和固有内容,更是马克思主义所追求的科学共产主义及其价值目标的重要体现。这就表明,只有让马克思主义在精神家园层面被越来越多人接受和认可,人民精神生活共同富裕的价值诉求和奋斗目标才有可能得到实现。

三、 增强人民精神力量的需要

增强人民群众的精神力量,是促使我们党从胜利到取得更大胜利的根本途径所在。要唤醒和振奋广大人民群众,就必须用马克思主义来对其进行思想涵养和精神塑造,使其在中国特色社会主义建设的过程中切实发挥历史创造者的主体作用。

---

① 《马克思恩格斯文集》第 3 卷,北京:人民出版社 2009 年版,第 435 页。
② 《马克思恩格斯文集》第 3 卷,北京:人民出版社 2009 年版,第 434 页。
③ 《马克思恩格斯文集》第 3 卷,北京:人民出版社 2009 年版,第 435—436 页。

（一）人民只有具备强大的精神力量才能发挥历史创造者的作用

人民群众创造社会物质财富需要强大的精神力量。人类社会赖以存在和发展的基础是物质资料的生产方式，而广大的劳动群众是物质资料生产活动的真正主体。人民群众不仅创造了物质生活所必需的生活资料，还创造了从事政治、科学、艺术等社会活动所必需的物质前提。值得注意的是，人民群众若没有强大的精神力量作为支撑，那社会物质财富的创造势必会受到一定的影响。这是因为强大的精神力量不仅能够促进人类精神文明的发展，而且能够促进人们认知水平的提升。这样一来，当人民群众普遍具有强大的精神力量作为精神支撑和发展动力之时，不仅能够为社会培育出大量需要的科技人才、管理人才等人力资源，为社会物质财富的创造奠定坚实的人才基础和技术支持，而且能够有效提升人们的思想觉悟和道德品质，为社会物质财富的创造打造出一个和谐的社会大环境。由此说明，强大的精神力量能够为人民群众创造社会物质财富提供重要的思想保证和智力支持。

人民群众创造社会精神财富需要强大的精神力量。物质生产活动的主体是人民群众，那么，精神生产活动的主体当然也是人民群众。人民群众的物质生产实践是一切精神财富、精神产品形成和发展的源泉，因而人民群众通过物质生产实践为创造社会精神财富提供了必要的物质条件。并且，人民群众还直接或间接地参与了社会精神财富的创造，比如人民群众中的知识分子通过个人的智慧创作、劳动模范通过个人的辛勤劳动等，都为人类社会创造了不可胜计的社会精神财富的成品。习近平总书记曾对于人民群众对精神谱系的不断丰富表示过极大的肯定："广大劳模以平凡的劳动创造了不平凡的业绩……丰富了民族精神和时代精神的内涵，是我们极为宝贵的精神财富。"①因此，人类社会在历史实践过程中形成和积淀下来的各种民族精神、革命精神和时代精神等，都是人民群众宝贵的精

---

① 中共中央文献研究室：《习近平关于实现中华民族伟大复兴的中国梦论述摘编》，北京：中央文献出版社 2013 年版，第 37 页。

神财富。并且这些精神力量和精神财富可以构成一种相辅相成的关系，共同为激发人民群众的潜力、创造新的、类型多样的社会精神财富提供强大的精神动力。

人民群众变革社会需要强大的精神力量。人民群众在创造社会财富的同时，也创造并改造着社会关系。生产关系的变革、社会制度的更替虽然都最终取决于社会生产力的发展，但并不会随生产力的发展而自发的实现，它们必须借助人民群众的力量。这正如毛泽东所言："人民，只有人民，才是创造世界历史的动力。"[①]在特定的社会环境中，人民群众作为社会革命的主力军，能够通过推动生产力的发展而不断改进生产关系，进而为变革社会奠定必要的前提和基础。但是，人民群众对社会的改造和变革并不是一种简单的加减过程，它不仅需要强大的物质基础和精神力量作为支撑，更需要物质力量和精神力量的相互协调及配合。因为社会变革往往首先发生在思想文化领域，实现社会变革必须首先破除旧思想和旧观念的严重束缚。可以说，科学的思想理论和理想信念本身蕴含着强大的精神力量，能够对人民群众产生吸引力和感召力，进而为变革社会的实践活动奠定坚实的群众基础。

（二）对马克思主义的信仰是人民精神力量永不枯竭的力量源泉

与宗教的超现实性不同，马克思主义信仰是建立在人类发展客观规律基础上的科学信仰。首先，马克思主义信仰是科学的信仰，这表现在马克思主义本身有着科学的基础和来源，是人类文明的思想结晶和升华。对此，列宁曾明确指出："马克思学说是人类在19世纪所创造的优秀成果——德国的哲学、英国的政治经济学和法国的社会主义的当然继承者。"[②]其次，马克思主义信仰是科学的世界观，它以辩证唯物主义和历史唯物主义理论为哲学基础，根据世界的本来面目来认识世界，最终达到改造世界的根本目的，这与宗教信仰的那种唯心的、超验的世界观完全不同。再次，马克思

---

① 《毛泽东选集》第3卷，北京：人民出版社1991年版，第1031页。

② 《列宁选集》第2卷，北京：人民出版社2012年版，第309—310页。

主义信仰具有理性的一面,这不仅表现在它是以马克思主义对人类社会发展规律尤其是资本主义社会运行规律的科学研究和根本揭示为基础而得出的结论,而且表现在马克思主义对资本主义本质的批判并不是一种纯粹道义上的谴责,而是一种理性的、客观的深刻剖析。总而言之,人民群众只有始终坚持对马克思主义的信仰,才能保证自身思想观念、政治立场的正确方向,从而永葆精神力量的绵延不绝。

马克思主义信仰是广大无产阶级开展实际斗争和解放自身的现实需要。首先,无产阶级作为先进生产力的代表,其历史地位和历史使命要求它在科学理论的指导下,按照世界的本来面目去认识世界,并严格地按照社会历史发展的客观规律去改造世界。不仅如此,马克思主义信仰还能够为无产阶级提供科学的世界观和方法论。无产阶级在马克思主义信仰的旗帜下,不仅明确了自身肩负的历史使命,而且激励了自身为实现人类解放理想的奋斗精神。其次,马克思主义信仰与以往的信仰不同,即过去的信仰大多否认物质利益和个人享受,而马克思主义信仰则把自己建立在物质利益的基础上来强调无产阶级对现实利益的追求。再次,马克思主义信仰不像宗教那样将世界划分为尘世和来世,把理想王国寄托于现实世界中并不存在的天堂,而是强调通过对现实世界的科学认识来指明人类社会发展的方向。因此,人民群众对马克思主义的坚定信仰,能够转化为一种改造世界的现实力量,进而为推动世界历史进程贡献智力支持。

马克思主义信仰的与时俱进性使其能在时代的变迁中不断契合人民群众的根本需要。恩格斯曾经说过:"很可能我们还差不多处在人类历史的开端,而将来会纠正我们的错误的后代,大概比我们有可能经常以十分轻蔑的态度纠正其认识错误的前代要多得多。"[①]正是这种精神,马克思主义在实践中产生,又在实践中不断丰富和发展,日益显示出了强大的生命力。首先,马克思主义理论存在着与时俱进、不断创新和发展的内在自觉。马克思主义经典作家从不把马克思主义看作一成不变的教条,而把它当作不断发展和不断创新的理论,使马克思主义在历史长河中得以经久不衰。

---

① 《马克思恩格斯选集》第 3 卷,北京:人民出版社 2012 年版,第 462 页。

其次,马克思主义是随着实践发展而发展的科学,社会实践是马克思主义的基础。譬如,俄国革命要求突破马克思主义,而中国革命则要求突破俄国革命的模式,这些具体革命实践的需要决定了马克思主义的动态发展特性。再次,马克思主义理论体系的开放性也决定了马克思主义信仰的与时俱进。因为,马克思主义是一个多层次的理论,它不仅仅是唯物史观、政治经济学和科学社会主义的有机统一,而且是社会历史和时代精神的逻辑统一。因此,马克思主义不是一成不变的固定模式,而是一种能够始终切合人民群众根本需要的科学信仰,进而为人民群众提供生生不息的精神力量。

(三) 增强人民精神力量要求马克思主义必须在精神家园层面被更多人接受

马克思主义要以信仰的身份化为广大人民群众的共有精神家园。对个体而言,没有精神家园的人如同行尸走肉;对群体而言,没有精神家园的群体就没有活力和前途。信仰属于精神层次的内容,信仰的作用就是精神的作用,它能够满足人的精神需要、坚定人的理想追求、指导人的精神生活。信仰作为一种终极关怀,不仅象征着人生最高的价值目标和理想追求,而且能够促使人把自己的毕生精力全部投入到追求这个最高目标的过程之中,从而找到人生存在和发展的价值。可以说,小到个人,大到国家,都离不开科学的信仰。这是因为,个人对高尚人格的追求需要科学信仰的激励和引导,而国家对肩负使命的胜任也同样需要通过科学信仰来凝聚人心、积蓄力量。马克思主义不仅是一种科学理论,更是一种科学信仰。当马克思主义被广大人民群众普遍掌握、认同和信仰之时,它就会成为他们的共有精神家园,从而使人民群众的精神力量有了更加坚实的思想基础。因此,要想增强人民群众的精神力量,必须积极推进马克思主义大众化的进程,使马克思主义在精神家园的层面成为广大人民群众的坚定信仰。

马克思主义要以信仰的身份充当人们思维活动的精神支柱。信仰是知、情、意、行的高度融合,它能够给人带来精神生活上的满足。对于个人来说,马克思主义信仰是人们对理想的意义世界的向往,它能够通过影响人的意志、感情和理想来振奋人的精神,使人在思想上更富有信心、在行动上更加坚决,最终朝着实现崇高的人生价值而奋斗不息;对于国家和政党来说,马克思主义信仰更是他们思维活动的重要精神支柱,它不仅能够促进党和国家的精神面貌焕然一新,而且能够永葆无产阶级政党的先进性和纯洁性。关于信仰对人思维活动的重要性问题,习近平总书记也曾做出过强调:"近现代以来,一代又一代仁人志士为了改变半殖民地半封建社会的地位,为了追求民族独立和人民解放,不惜流血牺牲,靠的就是一种信仰,为的就是一个理想。"①简言之,信仰问题不仅关系着人的道德素养和思想境界,而且深刻影响着信仰受众的一言一行。鉴于此,我们党必须加快对信仰建设工作的推进力度,使更多民众真正确立和坚定对马克思主义的崇高信仰,进而得以增强精神力量,为中国特色社会主义建设提供精神上的支持。

马克思主义要以信仰的身份发挥中华民族凝聚力核心要素的功能。信仰是人们对最高理想的坚信,这种坚信会使社会成员形成一种内在的精神力量,从而保持民族作为共同体的生机与活力。一个民族所具有的凝聚力源于共同信仰、文化传统、文化心理、价值取向等多种因素,其中,共同信仰是最为核心的要素。因为共同信仰能够把民族生存与发展的内在要求融入整个民族的情感、意志和行为之中,并在民族的历史发展过程中孕育出一种现实的力量,使民族内部的团结和统一成为民族生存与发展的根本保证。譬如,曾经无比灿烂辉煌的四大文明古国创造了古老的先进文明,但除了中国,古印度、古埃及、古巴比伦都先后消失在了世人的眼前。那么,为何只有中国仍然在续写中华文明的光辉历史,并以世界大国的身份屹立于东方而不倒呢?究其实质而言,中华民族不仅拥有共同的信仰追求,而且不断将这种信仰追求转化为有益于国家和民族发展的力量。在新的历史时期,中华民族更需要将全体社会成员的精神力量进行有效整合,

---

① 中共中央文献研究室:《习近平关于实现中华民族伟大复兴的中国梦论述摘编》,北京:中央文献出版社 2013 年版,第 33 页。

并使其转化为促进社会进步与发展的物质力量。而要做到这一点，就必须确保广大人民群众的精神力量始终具有最坚实、最可靠的动力源泉，也就是确保马克思主义在精神家园的层面获得更多人的认同和信仰。

简言之，近代以来中国人民的奋斗史表明，增强人民精神力量是中国共产党团结带领中国人民攻坚克难、创造辉煌的重要法宝之一；然而，人民精神力量的增强必须是在中国共产党的领导下通过不断推进马克思主义的大众化来保证，否则增强人民精神力量就将是痴人说梦。

四、 建设社会主义现代化强国的需要

众所周知，一个强大的国家不仅拥有雄厚的物质基础，而且还必须拥有强大的精神力量。在构成精神力量的诸要素之中，精神家园因其所具有的特殊性而处于核心要素的地位。作为一个高举马克思主义精神旗帜的国家，我们要建设的社会主义现代化强国的最显著特征就是要确保作为其核心要素之一的精神家园始终处于马克思主义的指导、滋养和引领之中。这是社会主义中国的本质使然，更是建设社会主义现代化强国的需要。

（一）社会主义现代化强国要求硬实力和软实力都必须强

从具体形态看，国家硬实力是有形的，而国家软实力是无形的。对于国家硬实力来说，构成其核心要素的自然资源、经济实力、科技实力和军事力量等都可以被直接估量；但国家软实力不同，它更像是一种看不见摸不着的精神力量，构成其主要来源的思想文化、价值观念、国家战略等则很难被直接量化。从我国实际情况来看，我国近些年的经济总量、国防能力、科技力量、资源占有总量、文化影响力都得到了明显的提升，且一些方面已经逐渐居于世界前列的水平。但仍需要注意的是，目前我国不仅在硬实力方面面临着人均资源十分有限、经济发展方式有待优化、人才储备有待提升等不足之处，而且在软实力方面也面临着核心价值观引领多元文化能力不

足、文化产业满足市场需求不够、文化产品影响不强等困境。因此,建设社会主义现代化强国既需要努力培育硬实力,更需要广泛展现软实力。对此,习近平总书记也强调指出:我们"既要有硬实力,也要有软实力,既要切实做好中心工作、为意识形态工作提供坚实物质基础,又要切实做好意识形态工作、为中心工作提供有力保障;既不能因为中心工作而忽视意识形态工作,也不能使意识形态工作游离于中心工作"。①

从获得方式看,硬实力是耗费大量有形资源后的结果,而软实力是各种无形要素长期积累的结果。由于硬实力的提升主要依靠对大量有形资源的消耗,因而可以在一段时间内得到快速的提升;但软实力并非一个国家与生俱来的先天优势,它无法在短时间内通过单纯依靠各种外力的支持来取得明显的提升效果。即便如此,作为国家物质力量代表的国家硬实力和作为国家精神力量代表的软实力仍然具有一种相辅相成的辩证关系,二者共同构成一个国家的综合国力。历史和实践充分证明,国家硬实力的提升需要国家软实力作为有力的支撑,而国家软实力的提升也同样需要国家硬实力作为坚实的后盾。对此,习近平总书记曾经强调过:"只有物质文明建设和精神文明建设都搞好,国家物质力量和精神力量都增强,全国各族人民物质生活和精神生活都改善,中国特色社会主义事业才能顺利向前推进。"②因此,建设社会主义现代化强国,既需要通过强大的国家硬实力来提升和巩固国际地位,也需要通过强大的国家软实力来塑造良好国家形象,二者缺一不可。

从作用方式看,硬实力的发挥可以直接通过国家的威慑力表现出来,而软实力的发挥则需要潜移默化的长久影响。对于任何一个国家的发展而言,国家硬实力和国家软实力所起到的作用都是不同的。国家硬实力展现出来的是国家硬的风骨,它在抵御侵略势力、保卫国家领土和主权完整、威慑反动势力等方面具有无法替代的突出作用;而国家软实力展现出来的是国家柔的品质,它在消除他国偏见、争取合作支持、提升国际威望等方面

<hr>

① 中共中央文献研究室:《习近平关于社会主义文化建设论述摘编》,北京:中央文献出版社2017年版,第21页。
② 习近平:《习近平谈治国理政》第1卷,北京:外文出版社2018年版,第153页。

具有举足轻重的重要地位。但是,二者同样具有可以成为对方的有益补充和无形延伸。从某种意义上来说,"硬实力就是软实力有形的载体,软实力是硬实力无形的延伸。硬实力是对构成综合国力各个组成方面的物质力量的统称,而软实力则是能够统领硬实力、使其发挥特定功能的价值观念和意识形态等影响力、吸引力、同化力的统称。"①由此可见,建设社会主义现代化强国不仅可以通过合理作用硬实力来弥补软实力的某些不足,而且可以通过合理运用软实力来为硬实力创造更加有利的发展环境。

(二)社会主义软实力的增强源于马克思主义对人民精神生活影响力的增强

从制度层面来说,马克思主义能够获得宣传媒体和教育体系的广泛支持。软实力本质上是一种权利,是一种国际对话资格之间的较量。"实践充分证明,中国特色社会主义是中国共产党和中国人民团结的旗帜、奋进的旗帜、胜利的旗帜。"②所以,作为我国意识形态核心以及社会主义文化核心的马克思主义,不仅能够获得国家制度和相关政策的全力支持,而且具有宣传媒体和教育体系广泛支持与配合的突出优势。在长期的马克思主义大众化的过程中,我国把各种宣传媒体以及教育体系作为重要的宣传载体和培育阵地,并取得了良好的效果。各种宣传媒体以自身便捷性的特点使广大民众在日常生活中自觉或不自觉地对马克思主义产生了认同,而国家教育体系则通过规范化、体系化的教育活动,使青少年的思想观念和政治立场始终处于正确的一边。借此,宣传媒体和教育体系的相互协调,使马克思主义信仰和共产主义理想逐渐成为广大民众精神生活健康发展而不可或缺的重要部分。

从价值观层面来说,马克思主义能够建构具有普世性的核心价值体系。"欲事立,须是心立。"([北宋]张载:《经学理窟·气质》)任何一个国家

---

① 项久雨:《硬实力与软实力的关系之辨》,《武汉大学学报》(哲学社会科学版)2010年第6期,第813页。
② 中共中央文献研究室:《习近平关于实现中华民族伟大复兴的中国梦论述摘编》,北京:中央文献出版社2013年版,第22页。

和民族若没有核心价值体系的价值引导,就会迷失价值目标和理想信念。因此,"我们要从巩固全党全国各族人民团结奋斗的共同思想基础、巩固党的执政地位的战略高度,持续加强社会主义核心价值体系建设,把培育和弘扬社会主义核心价值观作为凝魂聚气、强基固本的基础工程,作为一项根本任务,切实抓紧抓好"。①可见,始终坚持和不断巩固马克思主义的指导地位,并积极构建社会主义核心价值体系、巩固全党全国各族人民团结奋斗的共同思想基础,对于提升社会主义软实力至关重要。我们党之所以始终坚持将马克思主义作为建构社会主义核心价值体系的灵魂,从根本上说,这是由马克思主义鲜明的阶级立场、严密的科学体系、强大的实践指导作用而决定的。历史和现实告诉我们,只有用马克思主义的立场观点方法来指导我国意识形态的建设,才能在面临错综复杂的社会现象时始终保持清醒的头脑,才能使马克思主义真正成为广大民众价值目标和理想追求的指路明灯。

从文化层面来说,马克思主义能够引领文化事业和文化产业的健康发展。"文化软实力集中体现了一个国家基于文化而具有的凝聚力和生命力,以及由此产生的吸引力和影响力。"②实际上,文化作为国家和民族的灵魂,集中体现了国家和民族的品格。一个民族的觉醒,一个国家的强盛,都离不开文化的支撑。因而大力发展社会主义的文化事业和文化产业,使社会主义国家的先进文化得到强有力的支持,对于提升社会主义软实力十分重要。但是,文化事业和文化产业的发展不仅需要有灵魂,而且需要有明确的价值指向,才能对广大民众的心灵产生广泛且积极的浸润作用。要实现这一点,就必须坚持马克思主义意识形态的指导,并通过文化的整体创新来实现社会主义文化的价值增值。为此,我们不应将文化仅仅理解为大众文化,而应从国家战略的高度来理解社会主义国家的文化软实力。马克思主义必须以恰当的方式融入大众的日常生活领域,使社会主义文化获得

---

① 中共中央文献研究室:《习近平关于社会主义文化建设论述摘编》,北京:中央文献出版社 2017 年版,第 107 页。
② 中共中央文献研究室:《习近平关于社会主义文化建设论述摘编》,北京:中央文献出版社 2017 年版,第 198 页。

社会心理层面的普世性认同,才能持续保持马克思主义意识形态领域的影响力,进而不断增强社会主义软实力。

(三)建设社会主义现代化强国要求马克思主义必须在精神家园层面被更多人接受

马克思主义是社会主义现代化强国建设方向的根本指引。马克思主义通过对人类社会发展现象的深刻剖析,总结出了人类社会发展的客观规律,为促进社会的进步与发展奠定了重要的基础。马克思主义认为,人类社会总是存在着生产力与生产关系、经济基础与上层建筑的两对基本矛盾,并且共产主义社会必将代替资本主义社会是不可阻挡的必然趋势。根据马克思主义的科学性和真理性,我们党在实践中逐步将马克思主义与我国具体国情相结合,通过积极推动马克思主义中国化和大众化,逐渐清晰了社会主义现代化强国建设的方向。在马克思主义的根本指引下,我们党不仅认识到了解放和发展生产力是实现社会主义现代化的首要任务,而且发现了社会主义现代化关于大工业生产、现代科技运用、社会分化与整合、市场全球化等的重要特征。经此,我们党通过对马克思主义及其大众化理论成果的吸收和运用,不断厘清社会主义现代化强国建设的基本规律和要求,推动了中国特色社会主义现代化建设的健康发展。

马克思主义是社会主义现代化强国建设内涵的理论支撑。中国特色的社会主义现代化强国不同于西方资本主义国家建设的现代化强国,这种不同集中表现在理论内涵和价值追求上。在马克思主义理论的根本指导下,社会主义现代化强国的建设过程是"物质文明、政治文明、精神文明、社会文明、生态文明将全面提升"[1]的现代化国家的新征程。具体而言,在经济建设层面,主张实现以人民群众根本利益为中心的富强;在政治建设层面,主张实现中国共产党的领导、人民当家作主、依法治国有机统一的民主政治;在文化建设层面,主张造就一个社会主义文化大繁荣的局面;在社会

---

① 习近平:《习近平谈治国理政》第3卷,北京:外文出版社2020年版,第23页。

建设层面,主张对内实现共同富裕的目标、对外坚持合作共赢的理念;在生态建设层面,主张"推动形成人与自然和谐发展现代化建设新格局"。① 由此可见,富强民主文明和谐美丽的社会主义现代化强国的理论内涵与马克思主义是一脉相承的,它是对马克思主义关于无产阶级政党学说、群众史观、经济基础决定上层建筑等思想观点的创造性发展。因此,新时代背景下,我们党必须坚持推进马克思主义大众化,并使之为建设社会主义现代化强国提供精神动力和智力支持。

马克思主义是社会主义现代化强国建设难题的破解武器。我国建设社会主义现代化强国正面临着各种复杂的内外情况,各种发展难题不断突显。从国际上看,世界百年未有之大变局正进入加速演变期、保护主义和单边主义明显上升、经济全球化的不确定性和不稳定性明显增加;从国内看,我国社会主要矛盾已经发生变化、发展不平衡不充分问题仍然突出、自主创新能力有待提升。除此之外,各种其他领域和方面的现代化建设也都或多或少地出现了一些"疑难杂症"。但我们要注意的是:"中国的社会主义现代化建设道路既不同于西方欧美国家的资本主义道路,也不同于苏联和部分东欧国家的高度集权化道路,而是具有中国特色的、符合中国国情的道路。"②因为我们始终坚信:坚持中国特色社会主义和马克思主义是破解社会主义现代化强国建设难题的唯一武器。在马克思主义的根本指引下,我国建设社会主义现代化强国不仅要尊重现代化建设的基本规律,而且要准确把握社会主义的根本方向,用社会主义现代化的建设成果来检验马克思主义信仰的科学性。

总之,在实践中坚持、完善和发展马克思主义,并不断推动马克思主义的大众化,不仅是夯实人民群众精神家园的必要之举,而且是建设社会主义现代化强国的现实需要。

---

① 习近平:《习近平谈治国理政》第 3 卷,北京:外文出版社 2020 年版,第 41 页。
② 罗哲:《建设社会主义现代化强国的深刻意蕴》,《人民论坛》2021 年第 24 期,第 38 页。

五、 实现中华民族伟大复兴的需要

"实现中华民族伟大复兴，就是中华民族近代以来最伟大的梦想。这个梦想，凝聚了几代中国人的夙愿，体现了中华民族和中国人民的整体利益，是每一个中华儿女的共同期盼。"①然而，要实现这一伟大梦想不仅需要强大的物质基础作为后盾，而且更需要强大的精神力量作为支撑。因此，作为一个社会主义国家，我们就需要把马克思主义不断融入广大人民群众的精神家园中以此来激发和保持强大的精神力量。

（一）中华民族的伟大复兴离不开强大精神力量的支撑

强大的精神力量是保持中华民族昂扬向上精神姿态的需要。实现中华民族伟大复兴的中国梦，不仅需要在物质上强大起来，更需要在精神上强大起来。一个民族若没有强大的精神力量，就不可能有振奋的精神和乐观的心态。毛泽东同志曾说过："人是要有一点精神的。"②人民作为中国梦的主体，是中国梦的创造者和享有者，中国梦最深厚的根基就在于广大人民群众凝聚起来的力量。人民的精神力量需要到中国精神中去寻找和获得，这就是以爱国主义为核心的民族精神和以改革创新为核心的时代精神。其中，爱国主义是中华民族的精神基因，"始终是激昂的主旋律，始终是激励我国各族人民自强不息的强大力量"③；改革创新体现了中华民族锐意进取的民族禀赋，"始终是鞭策我们在改革开放中与时俱进的精神力量"④。中华儿女通过汲取中国精神的强大力量，不仅能够振奋全民族的精气神儿，而且能够持续保持全民族团结一心、积极进取的昂扬姿态，从而朝气蓬勃地朝向中华民族伟大复兴中国梦而自强不息。所以，习近平同志对

---

① 中共中央文献 研究室：《习近平关于实现中华民族伟大复兴的中国梦论述摘编》，北京：中央文献出版社2013年版，第3页。
② 中共中央文献研究室等：《毛泽东年谱》第3卷，北京：中央文献出版社2013年版，第35页。
③ 习近平：《习近平谈治国理政》第1卷，北京：外文出版社2018年版，第58页。
④ 习近平：《习近平谈治国理政》第1卷，北京：外文出版社2018年版，第40页。

我们谆谆以告道:"全国各族人民一定要弘扬伟大的民族精神和时代精神,不断增强团结一心的精神纽带、自强不息的精神动力,永远朝气蓬勃迈向未来。"①

强大的精神力量是永葆中华民族生命活力的需要。一个民族的复兴不仅要在纵向上做历史的比较,而且要在横向比较中判断是否走在了时代和世界的前列。回顾中华民族的发展历程,其创造的辉煌过往始终离不开对伟大民族精神的力量汲取。若没有这种强大的精神力量作为内驱力,中华民族不可能在过去五千多年的历史长河中生生不息,并作为人类文明的发源地之一而制造了辉煌灿烂的中华文明;若没有这种强大的精神力量作为向心力,中华民族也不可能在其历史进程中不断繁衍兴盛,并形成和维系了各民族团结统一的趋势。当今世界,时代和人类文明的共同进步,既为我们提供了机遇,也向我们提出了挑战。在此情况下,中华民族要永葆自身的生命活力,并跻身于世界先进民族之林,不仅需要不断地从以爱国主义为核心的民族精神和以改革创新为核心的时代精神中汲取精神力量,而且需要不断地从中国特色社会主义道路、理论、制度和文化中汲取精神力量。

强大的精神力量是调动中华民族一切积极因素的需要。实现中华民族的伟大复兴,是所有中华儿女共同的愿望,它需要把中华民族所有爱国同胞的智慧和力量广泛地凝聚起来。在《论十大关系》中,毛泽东首次提出了"把国内外一切积极因素调动起来,为社会主义事业服务"②的重要论断,为我国社会主义革命和建设挖掘出了许多可以依靠的社会力量。改革开放以来,利益关系的多元化使我国社会阶层呈现出了新的分化趋势,由此分化出的新的社会阶层为我国经济发展和社会进步发挥了独特的作用。现今,虽然我们党面临的内外环境发生了一些变化,但努力调动一切积极因素的基本方针仍然具有适用性。我们党面临的根本任务就是建设中国特色社会主义、全面推进社会主义现代化事业,进而实现中华民族伟大复

① 习近平:《习近平谈治国理政》第 1 卷,北京:外文出版社 2018 年版,第 40 页。
② 《毛泽东文集》第 7 卷,北京:人民出版社 1999 年版,第 23 页。

兴的中国梦。要完成这些根本任务和理想目标,我们党必须充分认识到中国精神是"凝心聚力的兴国之魂、强国之魂"①,从而积极发挥马克思主义的强大感召力,把社会各阶层的人民群众紧密团结在党的周围,并对社会上的各种积极力量进行整合和凝聚,从而最终达到调动一切积极因素服务于中华民族伟大复兴中国梦的目的。

（二）对马克思主义的信仰是中国人民不断迸发强大精神力量的源泉

对马克思主义的信仰是中国人民精神状态的"强心剂"。基于人的主体性,人对于作为客体的自然界和人类社会具有一种主导意识,从而面对不同的情况时会表现出不同的精神状态。人的本质是实践性和社会性的统一,因而人与动物的区别不仅在于人能在现实社会中产生精神状态上的变化,更体现在人们力图通过摆脱各种消极状态的影响来试图寻找一种精神上的"强心剂"的实践取向。恩格斯曾指出,当"信仰逐渐淡化"的时候,"人处于这种不自觉而又无信仰的状态,不可能有什么内容,他对真理、理性和大自然必定绝望,而且这种空虚和无思想内容以及对宇宙的永恒事实的绝望将存在下去",直到人看清自己的本质。② 因此,马克思主义作为一种科学的信仰,它能够给人的精神生活以理性的鼓舞和振奋,使人在精神上得到一种安全感和归属感,因而能够成为人们精神状态的"强心剂"。一旦人们选择将马克思主义确立为自己的信仰,其蕴含的理性精神和力量将促使人们对自己的生命意义进行思考,并努力创造一种符合其发展要求的新的社会关系,从而表现出一种自主、进取和批判等昂扬向上的精神状态。通过马克思主义信仰对人们精神状态的积极引导,一种饱满的精神状态将促使人们不断迸发出强大的精神力量。

对马克思主义的信仰是中国人民思维方式的"调节器"。就信仰本身而言,如果说早期的信仰是建立在非理性的朴素意识和盲目崇拜的认知基

① 习近平:《习近平谈治国理政》第1卷,北京:外文出版社2018年版,第40页。
② 《马克思恩格斯全集》第3卷,北京:人民出版社2002年版,第517—518页。

础上，那么，当代人们的信仰已经不可能完全避开对理性的追问。在一定意义上，真正科学的信仰不应是被动选择后的结果，而应是主体通过理性的选择后产生的结果。将信仰建立在理性的基础上，使理性和信仰之间保持必要的张力、维持动态的平衡，理应是当代中国人民所应具备的一种健康的信仰态度。因此，信仰的确立应重视对自身理性思维的养成，让信仰成为自身内在的精神生活选择和理性思考的结果。然而，能做到这一点的只有马克思主义的科学信仰。因此，只有推动确立了以实践为核心的统一理性的马克思主义成为中国人民的共有信仰，才能促使人们用理性认识和科学信仰相统一的思维方式，来对马克思主义进行更为科学的理解、阐释、论证和架构，进而塑造出一种理性的认识世界的精神力量。总之，通过树立并坚定对马克思主义的信仰不仅有利于促进人们思维方式的转变，而且有利于人们精神力量的壮大。

对马克思主义的信仰是中国人民实践活动的"主心骨"。人生信仰的形成来自个体的生命体验和社会阅历的沉淀，尽管这种认知存在着一定的非理性成分，但其客观基础始终是人从事的实践活动。人们在确立自己信仰的过程中，总是首先通过对不同的价值观念进行比较和选择，然后通过实践活动的反复检验来最终决定是否坚定自己的信仰选择。恩格斯认为树立和坚定信仰包括实践、政治和哲学三种基本途径，虽然这些途径各有不同的内涵和侧重点，但都可以归结为人生的实践活动。① 人们只有深入参与社会的各种实践活动，才能在丰富的人生体验、科学的理论学习和积极的信仰追求过程中获得对生命意义的认知以及对理想的坚定信念。因此，信仰的选择对于人的发展至关重要。只有真正做到符合社会历史发展和人生价值实现的科学规律、反映人的本质属性以及个人与社会的正确关系、顺应时代发展潮流、能够为人生提供强大的精神支撑和价值关怀的信仰，即马克思主义信仰，才能成为人民群众一切实践活动的"主心骨"，进而促进生命价值的实现。

---

① 《马克思恩格斯全集》第3卷，北京：人民出版社2002年版，第474页。

（三）实现中华民族伟大复兴要求马克思主义必须在精神家园层面被更多人接受

马克思主义的精神力量能够增强中国人民对中华民族伟大复兴中国梦的自信而视。在历史的长河中，中华民族曾经在政治、经济、文化等方面对人类社会的发展作出过突出的贡献，为中华儿女树立起了强大的自信心。尤其是在文化领域，中华民族创造和积淀下来的各种思想结晶即使是在物欲横流的今天，也仍被许多人所研习和信奉。中华民族在中国传统文化和民族精神的共同滋养下，以自身文明大国的独特魅力和血液中流淌着的自信，始终屹立于世界民族之林而不倒。不仅如此，近代以来的中华民族还通过自身海纳百川的宽广胸襟和与时俱进的创新品质，在马克思主义的指导下大胆吸收世界一切优秀文明成果和不断谱写精神体系，为中华民族的自信奠定了坚实的底气。在当下世界发展的大势中，中华民族正是由于马克思主义理论所给予的强大底气来源，才能更加自信地在多元文化中始终坚持自己的理想信念，并走出了一条具有中国特色的发展模式，真正做到"千磨万击还坚劲，任尔东西南北风"。

马克思主义的精神力量能够激励中国人民对中华民族伟大复兴中国梦的自觉而为。伴随着全球化、多极化、信息化等发展趋势的深入推进，中华民族伟大复兴中国梦的实现遇到了前所未有的冲击和挑战。我国在面临世界百年未有之大变局的情况下，必须放眼世界而清醒、砥砺前行而自觉。不可否认的是，实现中华民族伟大复兴中国梦绝非一件易事。我们必须顺势而为，不仅要注重解决经济发展中的各种难题，而且要着眼于提升国家的文化软实力。当然，这些目标的实现不仅需要最大限度地将广大民众团结在一起，而且需要马克思主义作为一种精神力量来激励广大民众对中华民族伟大复兴中国梦的自觉奉献。这是因为"实现中国梦必须凝聚中国力量。这就是中国各族人民大团结的力量"。[1]因此，中国梦作为全国各

---

① 中共中央文献研究室：《习近平关于实现中华民族伟大复兴的中国梦论述摘编》，北京：中央文献出版社 2013 年版，第 48 页。

族人民的共同理想,它需要全体中国人民"自觉把人生理想、家庭幸福融入国家富强、民族复兴的伟业之中,把个人梦与中国梦紧密联系在一起,始终以国家主人翁姿态为坚持和发展中国特色社会主义作出贡献"。①

马克思主义的精神力量能够坚定中国人民对中华民族伟大复兴中国梦的自强而行。自强自立是中华民族的传统美德,是支撑中华儿女不畏前路艰辛的一种精神境界。实现中华民族伟大复兴中国梦固然需要树立民族自信和提升民族自觉,但最根本的还是要坚定中华民族的自强决心和实践行动。实际上,中国共产党自成立起,就一直以"敢教日月换新天"的英雄气概不畏于西方大国的敌视和自身发展的困境,从而不断从胜利走向胜利。实现中华民族伟大复兴中国梦归根结底还是要通过马克思主义的精神力量来将广大民众凝聚在一起,以推进马克思主义大众化为己任,以建设社会主义现代化强国为使命,进而不断振奋中华民族的精神、不断筑牢中华民族伟大复兴道路上的主心骨。在当代中国,坚定大国复兴的自强而行需要理想信念作为底气来源和精神力量,因为"一个没有精神力量的民族难以自立自强"②,否则就会"缺钙",甚至是得"软骨病"。因此,不断巩固和扩大马克思主义的群众基础,进而使马克思主义大众化的进程得以顺利推进是实现中华民族伟大复兴中国梦的必然要求。

综上所述,历史和现实都对我们党和国家提出了新的任务和要求,我们有责任和义务通过激发广大民众的精神需要,来充分发挥马克思主义对人们精神家园的塑造作用,使当代中国马克思主义获得更多人的认同和信仰,进而形成实现中华民族伟大复兴中国梦、推动中国特色社会主义事业走向新的更高阶段的强大合力。

---

① 习近平:《习近平谈治国理政》第 1 卷,北京:外文出版社 2018 年版,第 45 页。
② 习近平:《习近平谈治国理政》第 1 卷,北京:外文出版社 2018 年版,第 52 页。

精神家园视域下马克思主义
大众化的境遇审视

精神家园是人安身立命的根本之所。一般而言,人在三种典型状态下对于精神家园的需求最为强烈:一是因信仰危机而产生的精神困惑,二是因物质丰裕而产生的精神空虚,三是因生存压力而产生的精神缺失。对于一个人来说,只要有一种状态发生都可能导致其对精神家园的需求度增强,但如果是两种甚或三种状态同时叠加出现在一个人的身上,那么则会令其产生对精神家园极度渴求的现象。在这种情境下,如果一个人立场不坚定、意志不坚强、方向不明确,则很容易迷失于那些功利、庸俗、新奇、阴暗、堕落的精神迷雾之中。改革开放以来,随着中国市场经济的建立、社会结构的剧变、全球化影响的加深以及外来资本的疯狂涌入,一方面国内外各种思想意识沉渣泛起,另一方面生存与发展的竞争压力加大。这些因素共同导致了人们价值评判标准的多元化、精神需求内容与形式的多样化,进而导致以马克思主义为核心的社会主义意识形态建构民众精神家园的影响力与引领力的弱化。种种迹象表明,在新形势下进一步推动马克思主义的大众化、建构广大人民群众的精神家园已经面临重重困境,勇于正视困境并深入剖析其产生的原因已经成为当务之急。

一、 马克思主义大众化的现实境遇

总体而言,当前马克思主义大众化的现实困境主要体现在五个方面,即马克思主义科学精神受到一定程度的扭曲、马克思主义人文精神遭到不同程度的遮蔽、马克思主义对各种社会思潮引领功能的弱化、马克思主义对部分民众意义世界建构功能的式微、马克思主义对部分民众正义观导向功能的减弱。

(一) 马克思主义科学精神受到一定程度的扭曲

"马克思主义是马克思的观点和学说的体系。"①它是迄今为止最为正确、科学的理论体系。对此,列宁曾评论道:"马克思学说具有无限力量,就是因为它正确。它完备而严密,它给人们提供了决不同任何迷信、任何反动势力、任何为资产阶级压迫所做的辩护相妥协的完整的世界观。马克思学说是人类在 19 世纪所创造的优秀成果——德国的哲学、英国的政治经济学和法国的社会主义的当然继承者。"②马克思主义的产生及其本质决定了其科学精神必然是对人类社会和自然规律的探索、遵循和实践,必然是对人类由必然王国向自由王国迈进的坚信与执着。正如习近平总书记在纪念马克思诞辰 200 周年大会上的讲话中所强调的那样:"马克思主义是科学的理论,创造性地揭示了人类社会发展规律。在马克思提出科学社会主义之前,空想社会主义者早已存在,他们怀着悲天悯人的情感,对理想社会有很多美好的设想,但由于没有揭示社会发展规律,没有找到实现理想的有效途径,因而也就难以真正对社会发展发生作用。马克思创建了唯物史观和剩余价值学说,揭示了人类社会发展的一般规律,揭示了资本主义运行的特殊规律,为人类指明了从必然王国向自由王国飞跃的途径,为人民指

---

① 中共中央马克思恩格斯列宁斯大林著作编译局:《列宁专题文集:论马克思主义》,北京:人民出版社 2009 年版,第 7 页。
② 中共中央马克思恩格斯列宁斯大林著作编译局:《列宁专题文集:论马克思主义》,北京:人民出版社 2009 年版,第 67 页。

明了实现自由和解放的道路。"①

中国共产党100多年的奋斗历程表明,坚持马克思主义的科学精神,是实现马克思主义中国化、时代化的前提,更是实现马克思主义大众化的保障。可以说,马克思主义的科学精神指导并贯穿于马克思主义中国化、时代化、大众化的整个进程。坚持马克思主义科学精神历来是中国共产党人的不懈追求,事实上我们党也一直在付诸实践。五四运动时期,科学与民主这两个大旗被高高举起,不仅提倡用科学技术发展新式产业,而且提倡用科学的思想武装民众的头脑,用新的思想和文化取代旧的迂腐的思想。对此,新文化运动的主将陈独秀在《敬告青年》一文中指出:"国人而欲脱蒙昧时代,羞为浅化之民也,则急起直追,当以科学与人权并重。士不知科学,故袭阴阳家符瑞五行之说,惑世诬民;地气风水之谈,乞灵枯骨。农不知科学,故无择种去虫之术。工不知科学,故货弃于地,战斗生事之所需,一一仰给于异国。商不知科学,故惟识罔取近利,未来之胜算,无容心焉。医不知科学,既不解人身之构造,复不事药性之分析,菌毒传染,更无闻焉;惟知附会五行生克寒热阴阳之说,袭古方以投药饵,其术殆与矢人同科;其想象之最神奇者,莫如'气'之一说;其说且通于力士羽流之术;试遍索宇宙间,诚不知此'气'之果为何物也!凡此无常识之思,惟无理由之信仰,欲根治之,厥维科学。夫以科学说明真理,事事求诸证实,较之想象武断之所为,其步度诚缓;然其步步皆踏实地,不若幻想突飞者之终无寸进也。宇宙间之事理无穷,科学领土内之膏腴待辟者,正自广阔。青年勉乎哉!"②从此现代意义上的科学开始成为一切活动的核心旨归。自中国共产党成立以来,无论是在革命时期还是在社会主义建设和改革时期,党历来都高度重视马克思主义的科学精神。毛泽东在领导中国革命的几十年间,不仅十分重视用马克思主义的科学精神来观察和分析中国的国情,还在革命实践的基础上提出了"没有调查,没有发言权"③的实事求是的思想路线。邓小平

---

① 习近平:《在纪念马克思诞辰200周年大会上的讲话》,《人民日报》2018年05月05日02版。
② 陈独秀:《陈独秀文集》第1卷,北京:人民出版社2013年版,第95—96页。
③ 毛泽东:《毛泽东选集》第1卷,北京:人民出版社1991年版,第109页。

在领导党和国家实施改革开放的社会主义建设伟大实践中更加注重发挥解放实现、实事求是的科学精神，不仅强调要用科学的态度继承和发展马克思主义，而且还进一步发展了马克思主义的真理观，提出了"科学技术是第一生产力"①的科学论断。可以说，自党成立以来中国的革命、建设和改革所取得的一系列成就无不是马克思主义的科学精神得到正确运用和发挥的结果。

然而，我们在正确运用与发挥马克思主义科学精神的同时，却在特定历史时期存在扭曲甚至异化马克思主义科学精神的现象。这在党的历史上主要体现为曾多次犯右倾错误和"左"倾错误，而在当代社会则主要体现为市场经济的逐利效应及其引发的各种社会矛盾对马克思主义理论体系真理性的质疑。这种质疑不仅使长期以来笼罩在马克思主义头上的真理光环不同程度地被人为遮蔽，而且还以不同的形式在党内外各领域反映出来，这可从习近平总书记的相关重要论述得到一定佐证。

2013年6月28日习近平总书记在全国组织工作会议上的讲话中指出："应该充分肯定，我们大多数干部理想信念是坚定的，政治上是可靠的。同时，在我们的干部队伍中，也有的对共产主义心存怀疑，认为那是虚无缥缈、难以企及的幻想；有的不信马列信鬼神，从封建迷信中寻找精神寄托，热衷于算命看相、烧香拜佛，遇事'问计于神'；有的是非观念淡薄、原则性不强、正义感退化，糊里糊涂当官，浑浑噩噩过日子；有的甚至向往西方社会制度和价值观念，对社会主义前途命运丧失信心；有的在涉及党的领导和中国特色社会主义道路等原则性问题的政治挑衅面前态度暧昧、消极躲避、不敢亮剑，甚至故意模糊立场、耍滑头。等等。党的领导干部特别是高级干部，在大是大非面前没有态度，出了政治性事件、遇到敏感性问题没有立场、无动于衷，岂非咄咄怪事！有人说要'爱惜羽毛'，也就是所谓'声誉'，那也要看看你爱惜的是哪家的'声誉'，究竟是个人主义的、一些别有用心的人会喝彩的'声誉'，还是站在党和人民立场上的声誉？作为共产党

---

① 邓小平：《邓小平文选》第3卷，北京：人民出版社1993年版，第274页。

人只能要后一种声誉。一心想着要前一种'声誉',那将是十分危险的!"①

2013 年 8 月 19 日习近平总书记在全国宣传思想工作会议上的讲话中指出:"在我们党员、干部队伍中,信仰缺失是一个需要引起高度重视的问题。在一些人那里,有的以批评和嘲讽马克思主义为'时尚'、为噱头;有的精神空虚,认为共产主义是虚无缥缈的幻想,'不问苍生问鬼神',热衷于算命看相、求神拜佛,迷信'气功大师';有的信念动摇,把配偶子女移民到国外、钱存在国外,给自己'留后路',随时准备'跳船';有的心为物役,信奉金钱至上、名利至上、享乐至上,心里没有任何敬畏,行为没有任何底线。"②

2015 年 12 月 11 日习近平总书记在全国党校工作会议上的讲话中指出:"国内外各种敌对势力,总是企图让我们党改旗易帜、改名换姓,其要害就是企图让我们丢掉对马克思主义的信仰,丢掉对社会主义、共产主义的信念。而我们有些人甚至党内有的同志却没有看清这里面暗藏的玄机,认为西方'普世价值'经过了几百年,为什么不能认同? 西方一些政治话语为什么不能借用? 接受了我们也不会有什么大的损失,为什么非要拧着来? 有的人奉西方理论、西方话语为金科玉律,不知不觉成了西方资本主义意识形态的吹鼓手。"③

2016 年 5 月 17 日习近平总书记在哲学社会科学工作座谈会上的讲话中指出:"在对待坚持以马克思主义为指导问题上,绝大部分同志认识是清醒的、态度是坚定的。同时,也有一些同志对马克思主义理解不深、理解不透,在运用马克思主义立场、观点、方法上功力不足、高水平成果不多,在建设以马克思主义为指导的学科体系、学术体系、话语体系上功力不足、高水平成果不多。社会上也存在一些模糊甚至错误的认识。有的认为马克思主义已经过时,中国现在搞的不是马克思主义;有的说马克思主义只是一

---

① 中共中央党史和文献研究院、中央"不忘初心、牢记使命"主题教育领导小组办公室:《习近平关于"不忘初心、牢记使命"重要论述选编》,北京:中央文献出版社、党建读物出版社 2019 年版,第 91 页。

② 中共中央纪律检查委员会、中共中央文献研究室编:《习近平关于党风廉政建设和反腐败斗争论述摘编》,北京:中央文献出版社 2015 年版,17 页。

③ 习近平:《论党的宣传思想工作》,北京:中央文献出版社 2020 年版,第 149 页。

种意识形态说教，没有学术上的学理性和系统性。实际工作中，在有的领域中马克思主义被边缘化、空泛化、标签化，在一些学科中'失语'、教材中'失踪'、论坛上'失声'。这种状况必须引起我们高度重视。"①

2018 年 7 月 3 日习近平总书记在《新时代党的建设和党的组织路线》一文中指出："在党员、干部队伍中，有的不守政治纪律和政治规矩，妄议中央大政方针，当面一套、背后一套，当两面派、做两面人；有的理想信念'总开关'常年失修，对共产主义心存怀疑，不信马列信鬼神，世界观、人生观、价值观全面蜕变；有的干事创业精气神不够，不担当、不作为，奉行'既不落后头，也不出风头'，怕决策失误，不敢拍板定事，干工作推诿拖延；有的热衷于搞'小圈子''拜码头''搭天线'；有的反对形式主义、官僚主义、享乐主义和奢靡之风不坚决、不彻底，要花样，搞变通；有的不顾党中央三令五申，依然不收敛、不收手，以权谋私、腐败堕落；有的基层党组织政治功能不强、弱化、虚化、边缘化问题没有解决……"②

此外，在我国其他领域同样也存在因扭曲马克思主义科学精神而引发的连锁反应。譬如，在思想文化领域，诚信缺失、道德滑坡、理想淡化、信仰危机等与社会主义主流意识形态价值取向相悖的现象滋长蔓延。一言以蔽之，马克思主义科学精神遭到严重扭曲的直接危害是马克思主义在革命、建设与改革曲折实践中所培植起来的真理性的权威受到减损，要么把马克思主义视为一种可以随意替代的理论体系，要么把马克思主义视为一种过了时的、僵化的斗争理论范式。

（二）马克思主义人文精神遭到不同程度的遮蔽

"人文精神本质上是一种自由的精神、自觉的精神、超越的精神"，主要表现为"一种既根源于人类的至性至情，又超越于实用理性之上；既体现着人类对美好生活的追求，而又与宗教的彼岸世界迥然有别的目的观和价值

---

① 习近平：《论党的宣传思想工作》，北京：中央文献出版社 2020 年版，第 221 页。
② 中共中央党史和文献研究院：《习近平关于全面从严治党论述摘编（2021 年版）》，北京：中央文献出版社 2022 年版，第 39 页。

观"。①人文精神在欧洲文艺复兴时期开始萌发并渐渐成为一种潮流,在起源之初是以反对教会和神权对人性的压制以及思想的禁锢为旨归的,后来逐渐演变为一种肯定人自身价值和自我实现为目的思想解放运动。马克思主义的人文精神是对以资本主义人文精神为代表的以往人类社会关于人的发展及其价值的思想的积极扬弃,它不仅认识到人的尊严和潜在的价值,揭示了人是"一切社会关系的总和"②的本质属性,还强调在此基础上建立起来的社会——共产主义社会应该是"每个人的自由发展是一切人的自由发展的条件"③的社会。与以往人文精神相比,马克思主义人文精神的重要贡献在于系统科学地阐释了人的主体地位及其价值,为无产阶级实现全人类的自由解放和全面发展提供了一种崭新而强大的思想武器。正如习近平总书记在纪念马克思诞辰 200 周年大会上的讲话中所指出的:"马克思主义是人民的理论,第一次创立了人民实现自身解放的思想体系。马克思主义博大精深,归根到底就是一句话,为人类求解放。在马克思之前,社会上占统治地位的理论都是为统治阶级服务的。马克思主义第一次站在人民的立场探求人类自由解放的道路,以科学的理论为最终建立一个没有压迫、没有剥削、人人平等、人人自由的理想社会指明了方向。马克思主义之所以具有跨越国度、跨越时代的影响力,就是因为它植根人民之中,指明了依靠人民推动历史前进的人间正道。"④

随着历史的进步和时代的发展,中国共产党又对马克思主义人文精神赋予了其新的时代内涵,并作出了符合新时代要求的诠释,即强调"必须坚持人民主体地位……把人民对美好生活的向往作为奋斗目标……"⑤进一步肯定了人在社会发展中的主体地位和重要作用,揭示了人类社会必然经历从"物本"向"人本"转变的历史趋势。坚持以人民为中心的发展思想是

① 许苏民:《人文精神论》,北京:人民出版社 2011 年版,第 9 页。
② 《马克思恩格斯文集》第 1 卷,北京:人民出版社 2009 年版,第 501 页。
③ 《马克思恩格斯文集》第 2 卷,北京:人民出版社 2009 年版,第 53 页。
④ 习近平:《在纪念马克思诞辰 200 周年大会上的讲话》,《人民日报》2018 年 05 月 05 日 02 版。
⑤ 习近平:《决胜全面建成小康社会 夺取新时代中国特色社会主义伟大胜利——在中国共产党第十九次全国代表大会上的报告》,《人民日报》2017 年 10 月 18 日 01 版。

马克思主义人文精神在新时代中国特色社会主义的新发展,它在继承传统马克思主义关于人的发展观的基础上进一步拓展和深化了人的主体地位、人与社会的关系、人的全面发展等价值内涵,使其更具有中国特色和时代精神、更契合广大民众的思维习惯和日常生活。同时,坚持以人民为中心的发展思想为马克思主义人文精神在新时代的实践运用提供了方法论和切入点,使马克思主义的大众化具有更加坚实的理论基础。

然而,理论预设的"应然"总是与实践中的"实然"存在较大差距,这既是人类思想理论发展的一般规律,也是马克思主义人文精神在当下中国社会的现实境遇。

一方面,人们对马克思主义人文精神进行误读或曲解,竭力强调金钱、权力、房产、名车、地位等物质性的东西对促进人自由而全面发展的先决性,却忽视甚至回避担当、责任、奉献以及理想、信念、信仰等精神性的东西对助推人自由而全面发展的必要性,致使马克思主义经典作家曾极力批判过的资本主义社会所特有的"商品拜物教"及其导致的人的"异化"现象在社会主义社会也不同程度地出现。如此一来,马克思主义不仅面临着如何就"社会主义'异化'"问题做出一种合理的、令人信服的解释,以此证明社会主义制度是明显优于资本主义、封建主义等以往剥削制度的,而且还面临着如何应对由"社会主义'异化'"问题引发的一系列连锁反应,以及各种敌对势力借机对马克思主义及其社会主义实践的理论攻击和舆论绞杀。对此,习近平总书记指出:"国内外敌对势力往往就是拿中国革命史、新中国历史来做文章,竭尽攻击、丑化、污蔑之能事,根本目的就是要搞乱人心,煽动推翻中国共产党的领导和我国社会主义制度。苏联为什么解体?苏共为什么垮台?一个重要原因就是意识形态领域的斗争十分激烈,全面否定苏联历史、苏共历史,否定列宁,否定斯大林,搞历史虚无主义,思想搞乱了,各级党组织几乎没任何作用了,军队都不在党的领导之下了。最后,苏联共产党偌大一个党就作鸟兽散了,苏联偌大一个社会主义国家就分崩离析了。"①

①　中共中央文献研究室:《十八大以来重要文献选编》上,北京:中央文献出版社 2014 年版,第 113 页。

"少数人打着'新闻自由'的旗号,专挑重大政治原则说事,公然攻击中国共产党的领导体制和我国社会主义制度。有的不顾起码的是非曲直,以骂主流为乐、反主流成瘾,怪话连篇,谎话连篇。……对社会主义中国,西方媒体总是戴着有色眼镜,抹黑、丑化、妖魔化中国可谓无所不用其极。"①

另一方面,久治不绝的"官本位"思想及其派生的官僚主义作风在各级党政机关滋长蔓延,致使马克思主义人文精神所倡导的坚持以人民为中心的发展思想被变相执行甚或有意曲解。对此,习近平总书记在不同场合都对官僚主义及其所带来的严重危害进行了剖析和批判。他指出:"官僚主义现象是我们党和国家政治生活中广泛存在的一个大问题。它的主要表现和危害是:高高在上,滥用权力,脱离实际,脱离群众,好摆门面,好说空话,思想僵化,墨守成规,机构臃肿,人浮于事,办事拖拉,不讲效率,不负责任,不守信用,公文旅行,互相推诿,以致官气十足,动辄训人,打击报复,压制民主,欺上瞒下,专横跋扈,徇私行贿,贪赃枉法,等等。"②"官僚主义实质是封建残余思想作祟,根源是官本位思想严重、权力观扭曲,做官当老爷,高高在上,脱离群众,脱离实际。有些领导干部爱忆苦思甜,口头上说是穷苦家庭出身,是党和人民培养了自己,但言行不一,心里想的是自己当上官了,终于可以扬眉吐气了,要好好享受一下当官的尊荣,摆起官架子来比谁都大。"③"官僚主义背后是官本位思想,价值观走偏、权力观扭曲,盲目依赖个人经验和主观判断,严重脱离实际、脱离群众。这些思想和行为,都会使党的路线方针政策难以贯彻,使群众热切期待落空,使党的执政基础受到侵蚀。"④在此境遇下,马克思主义理论遭到质疑、马克思主义信仰受到冷落

① 习近平:《论党的宣传思想工作》,北京:中央文献出版社 2020 年版,第 184—185 页。
② 中共中央党史和文献研究院,中央"不忘初心、牢记使命"主题教育领导小组办公室编:《习近平关于"不忘初心、牢记使命"论述摘编》,北京:中央文献出版社:党建读物出版社 2019 年版,第 196 页。
③ 中共中央文献研究室,中央党的群众路线教育实践活动领导小组办公室编:《习近平关于党的群众路线教育实践活动论述摘编》,北京:党建读物出版社:中央文献出版社 2014 年版,第 24 页。
④ 中共中央党史和文献研究院,中央"不忘初心、牢记使命"主题教育领导小组办公室编:《习近平关于"不忘初心、牢记使命"论述摘编》,北京:中央文献出版社:党建读物出版社 2019 年版,第 198 页。

就成为一种必然现象,马克思主义的大众化也就很难推进。

概而言之,在新的历史条件下,有些人对于马克思主义在中国特色社会主义建设中应占什么样的地位、起什么样的作用、有什么样的意义等关涉人的发展问题的理解上发生了偏差,致使马克思主义的人文精神遭到不同程度的遮蔽、马克思主义的大众化也面临着不同程度的困境。

(三) 马克思主义对各种社会思潮引领功能的弱化

马克思和恩格斯在 19 世纪 40 年代创造了伟大的科学理论体系——马克思主义。"马克思主义深刻揭示了自然界、人类社会、人类思维发展的普遍规律,为人类社会发展进步指明了方向;马克思主义坚持实现人民解放、维护人民利益的立场,以实现人的自由而全面的发展和全人类解放为己任,反映了人类对理想社会的美好憧憬;马克思主义揭示了事物的本质、内在联系及发展规律,是'伟大的认识工具',是人们观察世界、分析问题的有力思想武器;马克思主义具有鲜明的实践品格,不仅致力于科学'解释世界',而且致力于积极'改变世界'。在人类思想史上,还没有一种理论像马克思主义那样对人类文明进步产生了如此广泛而巨大的影响。"[1]换言之,马克思主义"是科学的理论,创造性地揭示了人类社会发展规律";"是人民的理论,第一次创立了人民实现自身解放的思想体系";"是实践的理论,指引着人民改造世界的行动";"是不断发展的开放的理论,始终站在时代前沿"。[2]

然而,马克思主义在发展、壮大过程中,并不是一路阳光、风雨无阻的,而是不断遭遇种种曲解、肢解、非议、污蔑和挑战,"西方马克思主义"就是其中一个典型代表。从 20 世纪 20 年代开始,欧洲各国共产党内的"西方马克思主义"主张每个时代都对马克思主义进行回炉改造。在改造马克思主义的过程中,西方马克思主义出现不同趋向和流派,他们的共同点则是都强调马克思主义的某个方面,而指责、否定其另一个方面;都把马克思和恩

---

① 习近平:《在哲学社会科学工作座谈会上的讲话》,《人民日报》2016 年 05 月 19 日 02 版。
② 习近平:《在纪念马克思诞辰 200 周年大会上的讲话》,《人民日报》2018 年 05 月 05 日 02 版。

格斯、列宁对立起来,并按照自己的需要批评某些原理。在不同趋向和流派中其主要的区别还是在于差异性,其中最具有代表性的是法兰克福学派和存在主义的马克思主义。法兰克福学派以"社会批判理论"著称,大批资本主义制度对人的压迫和奴役,主张用自由、平等、人性的社会取代对人异化的社会。存在主义的马克思主义否认现在一切制度,不管是资本主义社会还是社会主义社会都束缚了人类的自由,只有通过革命、通过造反才能解放全人类。尽管西方马克思主义也在一定程度上丰富和发展了马克思主义,但是他们对于马克思主义精神实质的曲解或肢解却在某种意义上钝化了马克思主义的彻底革命性和实践性。

马克思主义在中国传播之初,也受到各种非马克思主义思潮的影响,最具有代表性的是实用主义、基尔特社会主义和无政府主义。实用主义是由胡适等人从美国引入中国的,否认客观真理和人类社会发展的规律,提倡真理是建立在利益和需要满足的基础上。基尔特社会主义,也叫行会社会主义,五四时期,梁启超、张东荪是这种主义的积极鼓吹者,大力宣传改良资本主义,主张通过资本主义开发实业增加国家财富。无政府主义主张通过温和的手段建立一个人人平等、生活自由、自给自足、和谐相处的小资社会,反对一切强权和国家。改革开放以来,我国社会各家各派思想理论开始不满足自身的存在,而要争取成为"主流"和"正统",影响力较大的有自由主义、儒家保守主义和教条化马克思主义,这些思想理论对马克思主义大众化构成了直接的挑战。自由主义思潮宣扬自己是来自西方的"正统",是西方文明乃至整个人类文明的精华,而把"末流"的标签贴给了马克思主义,认为它只是一种边缘化的"小众"理论。儒家保守主义主张回归儒家"道统",宣扬儒家纲常名教的永恒价值,否定辛亥革命的价值,否定共产党领导的革命贡献。他们认为中国传统文化的衰落和现代社会出现的道德沦丧,马克思主义是罪魁祸首。教条化马克思主义思潮以捍卫马克思主义的原则自居,经常从马克思主义经典作家的本本出发,忽视马克思主义中国化和大众化的现实需要,以一种"唯我马首是瞻"的心态,居高临下地批判中国的现实。不管是在传播之初,还是在已经确定为中国指导思想的时代,非马克思主义思潮并没有停止对中国的恶意渗透,我们必须警惕非马克思主义思潮的强势推进对马克思主义大众化的威胁,努力为马克思主义创造一个健康生长的环境。

世界进入百年未有之大变局时代以来,国内外各种新、老非马克思主义社会思潮风起云涌。据《人民论坛》在 2020 年发布的调查统计结果显示,2010 年以来的十年间,国际影响排名第一的社会思潮先后有新自由主义、普世价值论、民族主义、民粹主义、贸易保护主义、逆全球化、反全球化等①,国内影响排名第一的社会思潮先后有新自由主义、普世价值论、民族主义、民粹主义、逆全球化等②,这些社会思潮已在不同领域对马克思主义及其大众化造成了较为严重的冲击和挑战,其中泛娱乐主义、消费主义、网络民粹主义这三种社会思潮所引发的消极影响就是例证。具体而言,泛娱乐主义"是一种传染性甚强、弥散性甚广的社会思潮,对人们思维方式、精神生活有深刻影响。……泛娱乐主义通过营造虚假狂欢,引发人们审美取向庸俗化;冲击伦理道德,引发人们道德取向虚无化;消解主流价值,引发人们价值取向去崇高化;恶搞戏说政治,引发人们政治态度戏谑化"③;消费主义"是一种崇尚占有和消费,将无止境的消费视为人生根本目标和终极追求的生活态度和价值取向。……主要表现为超前消费、虚假消费、符号消费、攀比消费等多种现象",其危害主要是"消解人们对于远大理想和崇高精神的追求""引导人们在日常生活中完成对西方文化、价值观念的认同""消解集体主义、奉献精神、劳动光荣等社会主义价值观念";④网络民粹主义"既是一种社会思潮,又是一种政治策略,还是一种社会运动。……在当下中国,网络民粹主义滋生的社会情境是复杂的,它是社会动因、心理动因、政治动因在网络空间中叠加而交互作用的产物。在一定程度上,网络民粹主义虽然具有'社会警示灯'的作用,但是它也具有冲击主流意识形态,激化

---

① 参见《2020 国际十大思潮》,《人民论坛》2020 年第 36 期,第 8—9 页。
② 参见《2020 国内社会思潮》,《人民论坛》2021 年第 3 期,第 12—13 页。
③ 秦在东、靳思远:《"泛娱乐主义"思潮的生成机理、危害及其治理》,《思想理论教育导刊》2020 年第 11 期,第 92—96 页。
④ 杨军、黄兆琼:《我国消费主义思潮的表现、实质与克服》,《思想教育研究》2022 年第 2 期,第 67—70 页。

社会矛盾,破坏社会秩序等危害。"①这些社会思潮不仅在一定程度上遮蔽了马克思主义的真理性、价值性、人民性、实践性等理论品质,还不同程度消解了人们对共产主义远大理想和中国特色社会主义共同理想追求的精神动力,极大地压缩了马克思主义在广大人民群众心灵世界的生存空间。

(四)马克思主义对部分民众意义世界建构功能的式微

世界是由一个个鲜活的个体构成的,而意义世界则是强调在建构世界的基础上要求每个人对人生的追求和自我价值的实现。这种目标的实现首先需要对人的天性和需要进行探索和研究,在此基础上建立的世界才是有意义的,也才是值得人们归属和依靠的。根据马斯洛的需要层次理论,人类最低层次的需要是生存需要,而满足生存的需要则离不开对环境的适应,即表现为对自然和社会的适应。对自然的适应是基于"人来源于动物界这一事实已经决定人永远不能完全摆脱兽性,所以问题永远只能在于摆脱得多些或少些,在于兽性或人性的程度上的差异"。②即便受制于兽性的人同样忙于保护自己的生命和繁衍后代,这决定着人类首先要像动物一样在实践活动中尊重自然规律,利用自然规律以求得本能发展的需要。同时每个人又是社会发展积淀的结果,即"历史不是作为'源于精神的精神'消融在'自我意识'中而告终的,历史的每一阶段都遇到一定的物质结果,一定的生产力总和,人对自然以及个人之间历史地形成的关系,都遇到前一代传给后一代的大量生产力、资金和环境,尽管一方面这些生产力、资金和环境为新的一代所改变,但另一方面,它们也预先规定新的一代本身的生活条件,使它得到一定的发展和具有特殊的性质"。③人的社会特性决定着人不仅受限于对环境的适应,更重要的是人具有主观能动性,可以实现对自然和社会的超越,即个体在适应的基础上还能实现主动改造。通过积极改造,人们的物质文化生活水平大大提高,精神文化的内容大大丰富,更加

---

① 杨嵘均:《网络民粹主义的行动逻辑、滋生情境及其治理》,《学术月刊》2021 年第 8 期,第 79 页。
② 《马克思恩格斯文集》第 9 卷,北京:人民出版社 2009 年版,第 106 页。
③ 《马克思恩格斯选集》第 1 卷,北京:人民出版社 2012 年版,第 172 页。

符合人类发展的预期。因此,意义世界就是基于人的"超越性"建立起来的,每个人在基本生存需要被满足之后,他才会渴求丰富的精神生活,而精神层面的追求主要与人的超越性相对。在传统文化中,意义世界是"合真""合善""合美"的精神世界,"真"体现主客体之间的一致程度,"善"存在于主体与主体互动关系之中,"美"追求的是"真"与"善"的统一,是"人在创造活动中所获得的、所感受到的自由"。①

马克思主义作为社会主义中国的精神旗帜,本应该担负起为广大人民群众守护美好意义世界的重任。换言之,马克思主义既肩负着指导广大人民群众建立健康向上意义世界的责任,又承担着为他们的意义世界健康发展保驾护航的使命。之所以如此,这是因为"马克思主义是人民的理论,第一次创立了人民实现自身解放的思想体系。马克思主义博大精深,归根到底就是一句话,为人类求解放。在马克思之前,社会上占统治地位的理论都是为统治阶级服务的。马克思主义第一次站在人民的立场探求人类自由解放的道路,以科学的理论为最终建立一个没有压迫、没有剥削、人人平等、人人自由的理想社会指明了方向。马克思主义之所以具有跨越国度、跨越时代的影响力,就是因为它植根人民之中,指明了依靠人民推动历史前进的人间正道"。②可以说,马克思主义的理论品质及其所追求的崇高理想与广大人民群众所应追求的集真、善、美于一体的意义世界是本质相通的。然而,这种应然意义上的相通性却并没有在现实生活中完全如期而至,相反,二者之间的疏离乃至裂缝在资本逻辑的冲击与操控下大有日渐增大之势,所造成的直接结果则是马克思主义对部分民众意义世界的建构功能在不断式微。具体而言,部分民众在享受坚持马克思主义的指导所带来的物质条件不断改善好处的同时,却在自己意义世界的建构和完善上不同程度放逐了马克思主义对其的指导。究其原因,随着人类主体意识的不断觉醒和膨胀,人类认识并利用客观世界的范围和程度大大超出了自然界和社会自我恢复的能力,导致人与自然、人与人、人与自身等关系的紧张、

---

① 孙正聿:《哲学通论》,上海:复旦大学出版社 2006 年版,第 181 页。
② 习近平:《在纪念马克思诞辰 200 周年大会上的讲话》,《人民日报》2018 年 05 月 05 日 02 版。

疏远和冷漠。在此境遇下，一方面追求个性解放、放飞自我成为社会风尚，另一方面人与"他者"之间的理解、包容和关怀却日渐式微。于是，在个人至上观念和资本逻辑的双重影响下，部分民众在意义世界少了与马克思主义沟通、交流的自觉与自信，多了对马克思主义的误解与隔阂。种种迹象表明，马克思主义必须正视当前对部分民众意义世界建构功能衰退的问题。

（五）马克思主义对部分民众正义观导向功能的减弱

正义以及对其的追求是人类社会发展过程中一个永恒的课题，也是人类在其所生活的特定时空条件下所渴望实现的一个价值目标。从某种意义上说，人类正是在对正义的不懈追求中创造并推动了人类社会的发展。然而，由于正义是主体在特定时空条件下对社会存在的一种主观反映，集中表现为一种历史性、时代性、生成性的社会意识，所以正义在人类社会不同的发展阶段被主体所赋予的具体内涵是不同的。换言之，在人类社会发展的不同阶段，处于不同的阶级或阶层立场以及不同境遇中的人对于正义内涵的理解是存在显著差别的，这一点可从古今中外著名思想家对正义内涵的阐释中得到明证。

柏拉图认为，"每个人在城邦里执行一种最适合他天性的职务"①，这一法则就是正义，"这个东西从一开始就老是在我们跟前晃来晃去，但我们总是看不见它。我们就像一个人要去寻觅始终在他自己手上的东西一样可笑。我们不看近在眼前的这个东西，反而去注意远处。这或许就是为什么我们总是找不到它的缘故吧"②。霍布斯认为，"在人人平等而对一切所有物都拥有权利的自然状态下，人类的激情占主导，所有人的行动既无道德也无正义可言。只有在人们从自然状态中走出而相互订立信约之后，才有正义与否的问题。信守契约即为正义，而违背契约则为不正义"。③康德基于人与上帝两个维度指出，"最具善意、最神圣的意志的产品就是至善。正

----

① ［古希腊］柏拉图：《理想国》，郭斌和、张竹明译，北京：商务印书馆 1995 年版，第 433 页。
② ［古希腊］柏拉图：《理想国》，郭斌和、张竹明译，北京：商务印书馆 1995 年版，第 432 页。
③ 转引自龚群：《霍布斯的正义观》，《社会科学辑刊》2019 年第 2 期，第 52 页。

义是它的结果。最高存在者的实践的完善性也即在此";"善意是与理性创造物的状态（可能的幸福）发生关系的上帝的意志。神圣性是作为人类规则之根据的上帝的意志。正义则是与神圣性的规范成比的上帝意志的（智慧的）好意（Güte），virtualis[假想的]"。①其中，人类的正义是对上帝的正义的"摹本"（ectypon），而上帝的正义则是人类的正义的"原型"（archetypon）。黑格尔从外在于人的法权维度指出，"在国家法权环节，正义即是普遍义务和特殊权利的统一。义务是'实体性的、是绝对普遍的东西的关系'，权利则是相反，因其是'实体性的东西的定在'而显示出特殊性"。②相比较于西方思想家对正义的多元阐释，以孔子为代表的中国思想家也对正义的内涵进行了富有中国特色的诠释。孔子基于仁、利、知、义、智、礼、乐的问题结构认为，"正义原则实质上是作为良知直觉（知）的正义感的原则化"，主要由正当性、适宜性（地宜性、时宜性）构成，其最终价值目标是"乐"，即社会和谐。③荀子基于人性的自私和自然物质的有限性相结合的维度认为，正义并不是天生即有的，而是人为创造出来的，主要体现为"分"的原则；人们遵循"分"的原则即为正义，否则即为不正义；在众多"分"的原则中"礼"是首要规则。④

关于正义的内涵，尽管马克思恩格斯并未给出明确的解释，但综观其整个思想理论体系，其正义观还是较为清晰的。相比较于其他人的正义观，由马克思恩格斯所开创的马克思主义的正义观是建基于对资本主义社会及其所造成的人的异化状态的彻底批判的基础上，通过无产阶级暴力革命夺取国家政权、消灭私有制和阶级剥削进而通过建立高度发达的社会生产力来达到每个人的自由而全面发展。换言之，在马克思主义看来，正义是面向人的生命本质及其本性的价值性追求，这就决定了正义观在理论定位上应该是面向人类生活世界本身的，是以人的自由解放与全面发展为价

---

① 转引自王建军：《论康德正义论的两个层次》，《道德与文明》2021 年第 2 期，第 87 页。
② 转引自白刚、郜爽：《正义的转向：从亚里士多德、黑格尔到马克思》，《理论探索》2019 年第 6 期，76 页。
③ 转引自黄玉顺：《孔子的正义论》，《中国社会科学院研究生学报》2010 年第 3 期，第 136 页。
④ 转引自徐志国：《休谟与荀子正义思想比较研究》，《孔子研究》2019 年第 1 期，第 147—156 页。

值目标的,而通向这一价值目标的根本路径就是实现共产主义。这是因为"共产主义是对私有财产即人的自我异化的积极的扬弃,因而是通过人并且为了人而对人的本质的真正占有;因此,它是人向自身、也就是向社会的即合乎人性的人的复归,这种复归是完全的复归,是自觉实现并在以往发展的全部财富的范围内实现的复归。这种共产主义,作为完成了的自然主义,等于人道主义,而作为完成了的人道主义,等于自然主义,它是人和自然界之间、人和人之间的矛盾的真正解决,是存在和本质、对象化和自我确证、自由和必然、个体和类之间的斗争的真正解决。它是历史之谜的解答,而且知道自己就是这种解答"。① "根据共产主义原则组织起来的社会,将使自己的成员能够全面发挥他们的得到全面发展的才能。"② 质言之,"马克思主义的正义观超越了历史上任何形态的正义观,其革命性意义就在于,它把正义价值的追求落实在对人类历史发展的客观规律的把握之上,落实在对现实的社会物质生产方式的考察之上,这将使其正义观具有客观的事实基础,从而不会流于空洞抽象的说教;马克思主义正义观摆脱了所谓'正义的环境'的论说,从其对形式性正义和实质性正义的辩证关系的阐述中,得出了正义标准应该是获得能够促进人的自由解放和全面发展的社会条件的观点。"③

作为一个社会主义国家,无论过去、现在还是将来,马克思主义所秉持的正义观都理所当然是广大民众在思想和行为上所应坚持并贯彻的唯一正义观。然而,这种应然的状态在纷繁复杂的现实社会中却并没有如期而至,相反在利益关系日趋复杂化的背景下却出现了马克思主义正义观遭遇多元"他者"正义观的冲击与挑战的问题。换言之,现实生活中如何审视正义的本质以及对待和处理非正义的现象,马克思主义在广大民众中并没有完全发挥出应有的作用,相反,马克思主义所秉持的正义观对部分民众应然的导向功能却日渐式微。尽管造成的原因是多层面的,但改革开放以来

---

① 《马克思恩格斯文集》第 1 卷,北京:人民出版社 2009 年版,第 185—186 页。
② 《马克思恩格斯文集》第 1 卷,北京:人民出版社 2009 年版,第 689 页。
③ 詹世友、施文辉:《马克思主义正义观的辩证结构》,《华中科技大学学报(社会科学版)》2014 年第 1 期,第 25 页。

市场经济的负面影响以及现代性悖论的主体化却是不可忽视的因素。对于部分民众而言,生活于灯红酒绿的现代性社会,一切是非、善恶、美丑等本体论的价值追问似乎对自己都无关紧要,他们最为看重的则是忙于满足不断被刺激出来的物质欲望以及对个性自由和解放的极端追求,沉溺于日益现代化的社会生活所带来的快捷、高效、方便的舒适中。然而,他们在享受着由经济社会的发展以及科学技术的不断进步所带来的新奇、刺激和快感时,却根本无暇顾及什么是正义、什么是非正义的价值论问题,甚至有的人对自己真正的生活方式也不曾做过深刻的思考。与此同时,在这样一个衣食住行皆可以随心所欲、职业选择与社会发展的空间空前多元自由、满足需要的手段和途径已经相当个性化的时代,部分民众却日益陷入了一个悖论式的尴尬境遇——现代人卷入"愈来愈唯理化的生活形态愈深,他的反应就愈加的不合理性;现代人愈是从物质的困境解脱,他愈不明白自己该做什么;现代人自由愈多,愈不知道该如何享用自由……"[1]。可以说,在追名逐利的引诱下,马克思主义对部分民众的正义观及其行为的导向和规约功能不同程度地减弱了,其在社会主义意识形态领域所应具有的权威性地位也受到了强烈的冲击与挑战。这种状态倘若长期存在下去,势必会影响和混淆越来越多民众的正义观。

由上可知,马克思主义在广大人民群众精神家园建构中所遭遇到的诸多困境是多方面的,尽管这些困境尚不足以撼动马克思主义在我国意识形态领域的指导地位,但是我们必须予以高度重视,绝不能想当然地认为,只要中国共产党掌握国家政权,广大人民群众的意义世界和价值系统就不会坍塌,否则马克思主义的科学性、人民性、实践性、开放性和发展性就将受到遮蔽,党的执政合法性与权威性也就将遭到质疑。这就要求我们,在正视马克思主义大众化在广大人民群众精神家园建构领域面临的困境的同时,必须深刻剖析其困境所产生的多维原因。

---

① 孙志文:《现代人的焦虑和希望》,北京:三联书店 1994 年版,第 7 页。

二、 马克思主义大众化的困境成因

究其成因而言,马克思主义大众化在广大人民群众精神家园领域所遭遇到的各种现实困境是由多种因素综合作用的结果,其中社会转型的剧烈化与适应性不足、市场经济负面效应的暴露与泛化、全球化的强劲推进及其多维冲击、社会矛盾突显与制度正义的减损、各种敌对势力意识形态蓄意渗透等则是主要影响因素。我们只有深入剖析这些主要影响因素,才能为马克思主义在广大人民群众精神家园领域的进一步大众化找到破解之策。

(一) 社会转型的剧烈化与适应性不足

自新中国成立以来尤其是改革开放以来,中国在较短时间内跨越了人类社会变迁的诸多历史进程,成为中国式现代化最突出的特征。如此剧烈时空叠加式的现代化进程在带来国家经济实力跨越式发展、人民生活水平不断改善等正面意义的同时,也诱发社会大众普遍意义世界和价值系统的适应不良,以社会积聚性、流动性、异质性为突出表征的社会转向剧烈化后果突显社会大众精神内在均衡性、稳定性、融合性不足,阻碍了马克思主义大众化的顺利推进。

首先,社会转型的积聚性突出体现为人口、资源向城市聚集,不仅造成生存空间的挤压,而且影响精神生活的安顿。一方面,我们看到大量人口,尤其是乡村人口向城市转移,他们向往城市生活,把城市生活当成现代化生活方式的典范加以推崇,但同时以购房压力为主导的外地人时时刻刻缺乏内在安全感和归属感,无法从根本意义上满足内在精神归属的需求。另一方面城市积聚性也激化了本地人的抱怨,怨恨外地人对交通、医疗、就业、教育等公共服务资源的抢占,影响了本该丰富、均衡的生活质量。由于总是体会到对身处积聚性生活空间而无法排挤的精神压抑,"诗和远方"成为社会大众现代化生活的精神向往。从之前"说走就走的旅行"引发的社

会热议，到现在"逃离北上广深"的生活追求，不难看出人们对社会转型中
形成的积聚性渐显困顿，并开始尝试挣脱这种生活方式的束缚，但这样的
尝试毕竟是少数人的行为，目前中国社会转型的剧烈化必然催生积聚性的
发展趋势。

其次，社会转型剧烈化带来的以地理流动、关系流动、工作与职业流
动、社会阶层流动、社会文化变迁等为典型特征的流动性加剧了人们对稳
定性、秩序感的精神需求。中国社会转型过程中，一个突出的特点就是高
度的流动性。流动现象无处不在，甚至流动本身已成为一种生产及生活资
料，为人们追求自己活法提供制度安排和社会环境，但高速的流动率也造
成人们对信任、交往、安全等秩序的迫切需求。随着流动性不断增加，人们
发现与其他毫不相关甚至完全陌生的个体产生互动是公共生活的常态，与
以往建立在信任基础上的"熟人社会"互动不同，"陌生人社会"互动的信任
成本更高。有研究基于中国综合社会调查（CGSS）的数据发现，相对于
2005 年，2015 年流动人口的一般信任与特殊信任在此期间都呈不断下降
趋势。[1] 特殊信任主要是指基于家庭、血缘等关系的信任特质；一般信任主
要建立在现代社会对一般陌生人的信任。中国人的信任往往不是普遍信
任，而是一种特殊信任。[2] 但中国社会的现代化转型，人们日渐从传统家
族、单位等社会范畴中"脱嵌"，特殊信任失去存在基础，社会亟须培育一般
信任（普遍信任）来加强社会关联，但流动性的加剧使得这种信任的发育和
成长缺乏基本的时间保障。现代社会转型的剧烈化使得人们无不在流动
中，也无不在精神无秩序的风险中。

最后，社会转型诱发的异质化阻碍了人们在情感与意识上的共同感，
造成精神家园的失落。"处于转型期的转型社会是一种异质性社会，即是
传统因素与现代因素杂然并存、共起作用的社会。"[3]由于中国社会转型的

---

① 韩彦超：《转型期人口流动与信任变迁（2005—2015）》，《东南大学学报》（哲学社会科学版）
2021 年第 3 期，第 108—116 + 148 页。
② 李伟民、梁玉成：《特殊信任与普遍信任——中国人信任的结构与特征》，《社会学研究》
2002 年第 3 期，第 11—22 页。
③ 刘祖云：《社会转型期的异质性探讨》，《学习论坛》2007 年第 1 期，第 66—70 页。

剧烈化,传统与现代的并存影响表现尤为明显。中国社会在转型过程中,显而易见的是家庭结构的变迁,传统意义上的伦理关系在年轻人的价值体系中日渐削弱,现代社会盛行的自由、独立等价值追求深入人心。但"就现阶段而言,家庭依然是中国人归属感和生活的重要指向,同时也为个体化提供了资源"。① 在这个意义上,中国人的情感需求以及满足方式仍带有传统伦理文化的烙印。这就造成人们一边通过"脱嵌"家庭来彰显自由、独立给自己带来的自尊感,一边又需要家庭来寄托情感,于是内心充满纠葛和矛盾。此外,异质化的转型趋势虽带来社会多元和选择多样化的积极作用,但也影响了个体认知、情感、信念等方面对社会共识、社会整合的精神需求。随着中国社会的快速发展,人们在获得经济自主性的同时,向着更加自由的方向发展,但也失去了他们极为珍视的"共同存在"。如近年来中国城市普遍兴起的广场舞,隐喻了在日益疏离的社会,共同感的缺失和对群体性兴奋的向往。② 乡村社会的瓦解、城市单位的解体不仅带来现代社会治理的困境,而且影响人们对于共同体的精神向往。可见,现代社会异质化的负面影响就在于,个体自由价值追求在获得正当性和自尊的代价,是一定社群感和共同感的丧失。

(二) 市场经济负面效应的暴露与泛化

改革开放以来,中国市场经济的快速发展为物质财富的积累做出巨大贡献,取得举世瞩目的成就,实现共同富裕的市场经济目标与马克思主义旨在实现人的利益诉求高度契合。但随着市场经济的纵深推进,其负面效应的暴露与泛化在社会层面也日渐明显,其突出表现为市场运行规则对人们生活世界的殖民化,人们的意义世界和价值系统越来越受到市场行为的裹挟,削弱马克思主义在当代发挥安顿精神家园的作用。

按照哈贝马斯的理论,现代社会分为系统世界和生活世界。系统世界

---

① 洪岩璧:《个体化倾向及其阶层差异》,《东南大学学报》(哲学社会科学版)2015 年第 1 期,第 35—41 页。

② 张兆曙:《个体化时代的群体性兴奋——社会学视野中的广场舞和"中国大妈"》,《人文杂志》2016 年第 3 期,第 116—122 页。

是一个以市场和权力为轴心的世界,生活世界是非功利的、人与人情感自由交流的世界。① 问题在于当今系统世界对生活世界的殖民化,而市场经济的负面效应就在于生产空间对生活空间的殖民化,市场运作的竞争机制、逐利本质、计算法则等扩大运用到人们生活世界,以至于人的主体意识崛起带有很强的功利性,人与人之间的自然交往充满非人格、去情感的气味,工具理性对价值理性的全面宰制等,引发生活空间的价值不断式微。

第一,市场经济竞争机制的暴露与泛化催生现代性焦虑成为一种普遍的社会形态,削弱主流价值理念的社会影响力。市场经济运行的主要原则在于竞争,通过竞争市场活力得以激发并不断运行下去,而竞争机制不仅在市场行为中发挥着重要作用,而且存在于社会的方方面面,甚至在全球范围内发挥着不可或缺的作用。但竞争并不必然总是积极的,人们开始意识到对竞争的过分推崇会造成无法弥补的后果。如教育领域,曾经一句"不要让孩子输在起跑线上"导致家长对孩子采取"拔苗助长"式的教养方式,造成"消失的童年"和教育焦虑的双重后果。从之前的"丧文化""佛系"到当前"内卷""躺平"等引起较高社会认同的热词,鲜明体现市场行为的竞争机制对人们日常生活心态的入侵,以致社会弥漫着一种去欲望、低期待等消极无为的氛围。"现代性焦虑是社会大众在现代日常生活中的常态,也是一种社会心态,在一定程度揭示着社会大众精神生活的不安与分裂。"②如果不警惕这种亚文化对个体思想意识、行为方式、价值体系的消极影响,势必会对社会主流价值理念构成威胁。

第二,市场经济逐利本质的暴露与泛化导致个人主义异化为功利主义、利己主义,窄化关系伦理的运作空间。伴随着市场经济发展给个体带来经济自主,主体意识开始觉醒,越来越多的个体追求为自己而活,个体化成为现代化进程中的特殊表现。中国社会的"个体化"之"个体"带有浓厚

---

① 许纪霖:《家国天下:现代中国的个人、国家与世界认同》,上海:上海人民出版社 2016 年版,第 11 页。
② 付茜茜:《从"内卷"到"躺平":现代性焦虑与青年亚文化审思》,《青年探索》2022 年第 2 期,第 84 页。

的"自我主义"色彩。① 人们对于自我权利的主张在市场经济逐利的裹挟下,进一步被局限理解为极端的利己主义或功利主义。尤其是在资本逻辑的支配下,加剧了人们对于物质的追逐,"人为财死鸟为食亡"在当下追求利益至上的市场经济导向下,在社会生活中获得相当的合法性。但极端的个人主义、功利主义势必造成社会关联沦为个体主动建构的手段,人际互动失去温情脉脉的情感共鸣,关系伦理异化为个人功利化的世俗需求。"人脉"一词不仅折射人与人结成群体的社会需求,而且反映个体对人脉背后所谓社会"资源"的追逐,这也不难看出,资源一词已经超越自然属性和市场属性,而在普遍意义具有强劲的社会属性,严重挤压伦理价值在日常生活中的生存空间。

第三,市场经济计算法则的暴露与泛化助长了工具理性的活力,消解价值理性对人们精神世界的意义。马克斯·韦伯把人的理性分为工具理性与价值理性。② 通俗来讲,工具理性的作用是找到做事手段的最优解,即对确定的目标,计算成本和收益,找到最优化的手段,工具理性不关心目的,只关注达成目的的手段是否最优,基于事实判断的工具理性可能存在标准答案,容易达成一致;而价值理性追求目标本身是否有价值,并受到主观因素的影响,一般没有标准答案。正如市场经济行为一般采用成本与收益的差值计算方法,重视理性算计和高效率,但市场通过工具理性计算出来的逻辑一旦过分蔓延到社会其他领域,侵入精神层面,压倒甚至取代价值理性,不仅带来片面的理性化,而且带来"手段压倒目的"的问题。在市场经济驱动下的现代文明社会,价值观念应该是多元的,但金钱、效率至上的工具理性主导下的社会通用惯例,极容易造成社会泛化的"价值虚无"的精神危机。

(三) 全球化的强劲推进及其多维冲击

"全球化是不断超越和克服不同空间、制度、文化等社会障碍,把所有

① 费孝通:《乡土中国 生育制度》,北京:北京大学出版社 1998 年版,第 28 页。
② [德] 马克思·韦伯:《经济与社会》(上卷),林荣远译,北京:商务印书馆 1997 年版,第 56 页。

国家和地区的人群在各个领域和各个方面越来越紧密地联结成一体的一种不可逆转和不可抗拒的时代潮流和客观发展趋势。"①全球化的深入发展深刻改变着整个世界的面貌,由经济要素在全球范围内快速流动所推动的全球化也加速政治、文化、社会等要素的沟通、交流与相互影响。全球化的强劲推进在带来资源优化配置、人类命运共同体意识发育、文化的创新与发展等积极作用的同时,也加剧了世界经济不平衡、国家安全意识式微、文化自主性缺失等诸多挑战。虽然"逆全球化"是一个伪命题②,但"逆全球化"一词得到我国学术界和媒体重视,至少表明全球化风险应该引起重视。"所谓的'逆全球化'趋势实质上体现了人类在充斥着现代风险的世界事务中怀疑全球化进程、寻求本体安全的强烈诉求。"③这种本体安全实质建立在国家总体安全、政治认同和文化自信之上,由此构成个体、民族、国家砥砺前行的精神动力,但全球化的强劲推进对这几个方面构成不同程度的冲击。

其一,全球化的强劲推进削弱国家总体安全的意识。国家安全关系一国长治久安、社会稳定与发展、个体安身立命之根本。近年来,在全球化、新技术革命和百年大变局转型的叠加影响下,国家安全问题越加复杂。但在全球化的强劲推进下,一方面,"全球意识"得到充分发育,"超国家化"趋势愈演愈烈,侵蚀了主权国家在国家身份塑造方面的传统支配地位;另一方面,国家身份的空前流动性和可塑性也在削弱身份认同(民族意识)所带来的凝聚力和感召力,国家安全意识在突出全球化趋势下不断稀释。但国家安全的复杂性充满更多不确定的风险要素,也在超越传统安全内涵。习近平总书记站在战略和全局高度创造性地提出"国家总体安全"这一概念,强调:"我们面临的重大风险,既包括国内的经济、政治、意识形态、社会风险以及来自自然界的风险,也包括国际经济、政治、军事风险等。"④"国家总

---

① 宋建丽:《全球治理视域下人类命运共同体思想的超越性内涵》,《国外社会科学》2020 年第 6 期,第 4—14 页。
② 江时学:《"逆全球化"概念辨析——兼论全球化的动力与阻力》,《国际关系研究》2021 年第 6 期,第 3—17 + 153 页。
③ 王亚琪:《风险社会视域下全球治理的不确定性探析》,《东北亚论坛》2022 年第 3 期,第 48 页。
④ 习近平:《习近平谈治国理政》第 2 卷,北京:外文出版社 2017 年版,第 81 页。

体安全"这一概念的提出既是对当下复杂国家安全问题的回应,也是在强调国家总体安全意识在全球化推进过程中的必要性和紧迫性。

其二,全球化的强劲推进弱化政治认同的精神基础。以美国为首的西方资本主义阵营从未放松过对社会主义制度的攻击和遏制,总是想方设法打压社会主义国家,试图在全球范围内扩大资本主义国家阵营。中国的崛起构成社会主义制度对资本主义制度的最大威胁。随着全球化的不断推进,西方国家加快通过对民主、自由等现代政治价值的强势解说与界定,加快普世化的步伐,其方式在全球化的遮掩下变得更加隐蔽。西方仍不放弃以人权外交等手段向外输出其价值观,持续弱化以马克思主义为代表的社会主义核心价值体系的影响力和吸引力,严重侵蚀我国政治认同的精神基础。

其三,全球化的强劲推进动摇文化认同的民族之根。在全球化的强劲推进过程中,不同文化之间的影响也在持续深化,这有利于文化形态的丰富与创新性发展,但西方文化殖民主义模糊文化边界、动摇中国文化认同和中国特色社会主义理论自信。"文化认同是人类对于文化的倾向性共识与认可,这种共识与认可是人类对自然认知的升华,并形成支配人类行为的思维准则与价值取向。"①文化认同是国家"软实力"的重要体现,西方国家试图通过瓦解文化自信来削弱民族国家的凝聚力。在全球化的过程中,西方国家借助传媒、投资、商品等途径,推行文化殖民主义,进行文化渗透,不遗余力将其宗教信仰、消费观念、生活方式、价值取向等撒播到其他国家,借以消灭其他民族国家文化自主性,同化其他民族国家文化。② 全球化的另一面是去传统化,西方国家总是精巧地通过展示"现代性"力量,营造"西方文明"优越性氛围,消解中国传统文化的现实意义与当代价值,试图切断中国文化认同的民族之根,分化人们对中国文化的根本认同。

(四)社会矛盾突显与制度正义的减损

习近平总书记在党的十九大报告中指出,中国特色社会主义进入新时

① 郑晓云:《文化认同论》,北京:中国社会科学出版社 1992 年版,第 4 页。
② 江涌:《经济依附与文化殖民》,《红旗文稿》2012 年第 18 期,第 19—21 页。

代,我国社会主要矛盾已经转化为人民日益增长的美好生活需要和不平衡不充分的发展之间的矛盾。为了保障人民能够更多更公平共享发展成果,需要建立以权利公平、机会公平、规则公平等内容的社会公平制度保障体系。习近平总书记强调,"不论处在什么发展水平上,制度都是社会公平正义的重要保证"。① 社会矛盾集中突显是社会发展的必然结果,当下我国已进入深化改革的攻坚期和深水区,对制度正义的需求更加突显,但现存的各种社会矛盾交织对以分配正义主导的制度安排提出诸多挑战,削弱马克思主义公平正义理论在当代的解释力和对人们的吸引力。

首先,美好生活需要与资源分配正义的矛盾突显。新时期,人民群众对美好生活的向往,就是人民最关心最直接最现实的利益问题。"我们的人民热爱生活,期盼有更好的教育、更稳定的工作、更满意的收入、更可靠的社会保障、更高水平的医疗卫生服务、更舒适的居住条件、更优美的环境,期盼着孩子们能成长得更好、工作得更好、生活得更好。"②利益问题最为重要,正如马克思所言,"人们奋斗所争取的一切,都同他们的利益有关"。③ 但对于利益诉求的多元化、差异化,国家基于公平正义的原则对资源进行分配,却没有办法让所有人满意。"改革的实质是利益的重新分配与格局调整,必然会影响某些既得利益者。思想观念的交锋,不是人们随心所欲的争论,归根到底还是'利益占上风'。既得利益者的'被剥夺感',与利益重新分配中弱势群体的'相对剥夺感',都有可能在某个时期内引起一定的不满情绪甚至反抗行动。"④人们由对美好生活向往所引发的对资源分配正义的诉求会以更加直接或情绪化的方式在思想观念、行为方式中表现出来,从而造成大量的社会问题。

其次,社会分化与风险分配正义的矛盾突显。中国经过一系列的顶层设计和制度安排,解决很多至关重要的社会问题,但仍存在一些制度的不

---

① 习近平:《习近平谈治国理政》,北京:外文出版社 2014 年版,第 97 页。
② 习近平:《习近平谈治国理政》,北京:外文出版社 2014 年版,第 4 页。
③ 《马克思恩格斯全集》第 1 卷,北京:人民出版社 1956 年版,第 82 页。
④ 宋林飞:《中国社会风险预警系统的设计与运行》,《东南大学学报》(社科版) 1999 年第 1 期,第 69—76 页。

完善,制约了社会的贫富分化、阶层分化、城乡分化等问题的解决,而分化问题直接影响风险分配问题。当代中国已进入风险社会,制度和制度变迁势必会带来问题和风险,但风险分配在不同财富、阶层、地区会有差异,越是财富占有者少、社会阶层低、乡村或欠发达地区所承担的风险往往更大,即少得者的风险叠加效应。如这次新冠疫情,人们深刻体会到生命、财富风险在不同社会阶层结构中明显不同,那些处于低收入、不稳定的职业群体受到更严重的打击。当下报道的诸如"北大毕业的基金经理,考上公务员,直接辞职不干了!"的新闻,以及网络流传的"宇宙的尽头是编制"之类话题的热议,在一定程度上反映风险因素在人生重要选择中所占的分量,表明存在风险分配不公的事实。这种社会矛盾的持续存在可能会降低矛盾激化的"燃点",极易引发群体性事件。

最后,社会个体化与责任分配正义的矛盾突显。"个体化"是现代社会的根本特征和基本趋势,显然中国社会正经历现代化转型,个体化也构成中国社会的显著特征,但"中国的个案同时展现了前现代、现代与后现代的状况,中国的个体必须在同一时间应对所有这些状况"。[1] 这意味着中国社会个体化既要面对社会团结的挑战,又要思考人生价值终极问题,还要处理标准化生活的情感缺失现状,集中体现人人对自身权利、利益的伸张忽视对他人、对社会等主体的责任。"现代化的过程、社会转型的过程是社会动员的过程,也是人们的权利意识、政治参与意识觉醒的过程,是使人们从政治冷淡走向政治参与和扩大参与的过程。"[2]现代社会个体化确实带来人们权利意识的高度觉醒,也影响着责任感、共同价值的认知与情感。如果人人极端追求为自己而活,如何生成集体意识和共同体情感,社会联结何以可能,这就需要在个体化与社会整合之间建立平衡机制,既满足个体对自由权利的主张,又在责任履行中实现关联,防止碎片化、无根基主体精神的发育与成长。

---

① 阎云翔:《中国社会的个体化》,陆洋等译,上海:上海译文出版社 2012 年版,第 345 页。

② 李宏宇、李元书:《当代中国社会矛盾凸现的原因及其化解之道》,《哈尔滨工业大学学报》(社会科学版)2022 年第 2 期,第 50—56 页。

（五）各种敌对势力意识形态蓄意渗透

马克思曾深刻揭示："如果从观念上来考察，那么一定的意识形式的解体足以使整个时代覆灭。"①新时代，面对更加复杂的国内外形势，习近平总书记一再强调意识形态安全的重大意义。"能否做好意识形态工作，事关党的前途命运，事关国家长治久安，事关民族凝聚力和向心力。"②"所谓意识形态安全，即意味着一个国家占统治地位的意识形态能够健康发展、稳定存在，并且始终在意识形态领域占据优势地位，能够有力地应对意识形态斗争和侵害，规避思想文化领域混乱的状态。"③但"西方敌对势力一直把我国发展壮大视为对西方价值观和制度模式的威胁，一刻也没有停止对我国进行意识形态渗透。"④随着中国日益走向世界舞台的中央，西方各种敌对势力对意识形态领域的渗透愈演愈烈，渗透观点及手段更具隐蔽性和欺骗性，侵蚀着人们认知、情感、信仰世界，削弱了马克思主义的意识形态领导权和话语权。

第一，各种敌对势力借局部问题挑动社会对立。以美国为首的西方国家一直借民族、民主、自由等所谓的"问题"公开对我国制造事端，企图挑起民族间、区域间的对立，以达到干预中国内政的目的。除直接针对民族问题外，各种反华势力还恶意炒作中国转型过程中暴露出来的一些社会问题，"竭力将社会问题的产生归责于政府的失职，将'领导原因''体制原因'说成中国社会问题产生的唯一根源，以煽动官民对立，弱化执政党所信奉的主流意识形态的感召力。"⑤其目的就是通过一些小问题放大中国社会阴暗面、诱导社会负面情绪，以此来达到贬损社会主义意识形态、削弱马克思

① 《马克思恩格斯文集》第 8 卷，北京：人民出版社 2009 年版，第 170 页。
② 中共中央文献研究室：《习近平关于全面建成小康社会论述摘编》，北京：中央文献出版社 2016 年版，第 103 页。
③ 王永贵、廖鹏辉：《新时代意识形态安全态势的变化向度与应对策略——深刻领会习近平关于意识形态安全重要论述的精髓要义》，《理论探讨》2021 年第 1 期，第 5—12 页。
④ 中共中央党史和文献研究院：《习近平关于总体国家安全观论述摘编》，北京：中央文献出版社 2018 年版，第 128 页。
⑤ 孙发锋：《境外非政府组织为什么"能"影响中国意识形态安全》，《河南社会科学》2022 年第 1 期，第 32 页。

主义的群众基础。

第二，各种敌对势力以技术幻觉掩盖颠覆意图。在当前更迭迅捷的颠覆性技术时代，西方各种敌对势力以技术外壳为掩护，通过间接、隐蔽和渗透的方式，主动干预、介入引导和炒作公共议题以诱发国家认同、政治认同、制度认同的危机。尤其是随着信息技术的迅猛发展，意识形态斗争已经快速蔓延到新兴虚拟空间，互联网空间的意识形态安全至关重要。习近平总书记指出："在互联网这个战场上，能否顶得住、打得赢，直接关系国家政治安全、文化安全、意识形态安全。"①在"人人都是麦克风"时代，客观上也为各种社会思潮的传播创造便利，但其中不乏充斥着错误的社会思潮，如虚无主义、民主社会主义、新自由主义、民粹主义以及"公民社会思潮""新闻自由观"等都对主流意识形态安全带来风险。长期以来，一些别有用心的国家在技术、"外资渗透网络舆论"②输出的裹挟之下植入该国的政治意图、价值观念，威胁我国网络意识形态主导权。

第三，各种敌对势力用话语霸权抹黑中国形象。当前，随着经济实力的快速增长和国际地位的不断提高，中国在国际传播方面的投入日趋增多，但国家话语权提升却相对缓慢，在应对各种敌对势力利用话语霸权抹黑中国形象的行为还任道重远。"一些西方主流媒体凭借信息强权和话语霸权喊出'中国威胁论''非洲殖民论''遏制中国论'等污蔑、抹黑中国的声音，刻意营造负面舆论环境"③，并不时控制各种舆论工具炒作热点事件，制造舆论事端，败坏国家形象。比如，针对这次全球性的新冠疫情，一些西方国家恶意解读中国防疫政策，通过炒作涉"疫"话题"带节奏"，散布谣言制造"信息疫情"，孤立、丑化中国的抗疫努力。西方利用其强势的话语权，把小事渲染成大事，把经济问题炒成政治问题，把地方问题炒成全国问题，把国内问题炒成国际问题，无所不用其极损害党和政府的形象，以期在更广

---

① 中共中央宣传部：《习近平新时代中国特色社会主义思想学习纲要》，北京：学习出版社、人民出版社 2019 年版，第 151 页。

② 杨洋：《网络意识形态安全视域中的资本逻辑批判》，《广西社会科学》2021 年第 11 期，第 82 页。

③ 段光鹏，王向明：《新时代国家意识形态安全面临的风险与防范》，《社会科学家》2021 年第 12 期，第 55 页。

范围内、更大程度上或公开或隐蔽地消解我国主流意识形态。

综上所述，马克思主义中国化的创新成果十分辉煌，但大众化、普及化工作相对薄弱，社会主义意识形态往往被裁剪成一些抽象的、空洞的、口号化的政治概念，这就使改革开放所取得的巨大成就未能有效地转化为人民群众对中国特色社会主义的生命力和吸引力的认同，导致了社会主义意识形态阵地的萎缩。所以，新时期我们必须认真分析马克思主义大众化的精神困境，认清我国意识形态面临的新挑战，以改革创新的精神不断增强理论自信和理论自觉。

三、 马克思主义大众化的应然境遇

应然是与实然相对的一个概念，它揭示的是依照事物本身的属性和特征而理所当然应该达到的一种发展状态。就其本质属性和地位而言，马克思主义是一种集科学性、人民性、实践性、开放性和发展性于一身的理论体系，从中国共产党诞生那天开始，它就成了中国人民在推进革命、建设和改革的伟大实践中变革旧的意义世界与价值系统、建构新的精神家园的根本遵循。新中国成立以来尤其是党的十八大以来所取得的历史性成就、发生的历史性变革，为马克思主义进一步融入并引领广大人民群众的精神家园创造了有利的条件、奠定了坚实的基础。尽管马克思主义在现实生活中由于各种消极因素的影响而面临诸多挑战与风险，但是其在当代中国的特殊地位以及自身的理论品质决定了它必然是广大人民群众耕耘和守护自己精神家园的根本指针。

(一) 马克思主义成为人们认识世界和改造世界的根本方法

认识世界和改造世界是人们建构精神家园的第一步，而采用何种方法去认识世界和改造世界则具有决定性的意义。在当代中国，广大人民群众要建构的精神家园是适应于人的全面发展和社会的全面进步的，这就要求我们在认识世界和改造世界的过程中必须以马克思主义为根本方法。

马克思主义为人们认识世界和改造世界提供了科学的认识工具。人类为摆脱各种数不尽的剥削和压迫,从未停止过对理想世界的追求,但一直未能发现和找到通向理想社会的有效途径。直到马克思和恩格斯在批判和改造黑格尔的唯心辩证法以及费尔巴哈的机械唯物主义的基础上创立了唯物辩证法,才为人们认识世界和改造世界找到了科学的认识工具。唯物辩证法不仅颠覆了以往旧哲学的错误认知,从而实现了哲学从解释世界向改造世界的重要转变,而且还通过揭示人的本质而创立了新的世界观,为现实事物发挥其能动性奠定了重要的理论前提,并通过实现客观世界辩证运动主体的革命性转变而创立了新的方法论,使人们对物质世界的认识变得更加客观和清晰了起来。人类社会的思想史和革命史也表明,辩证唯物主义和历史唯物主义不仅实现了人类文明的巨大飞跃,而且还开辟了人类历史发展的新境。因此,唯物辩证法与脱离实际的传统形而上学不同,它能够成为人们认识世界和改造世界的思想上的显微镜和望远镜。

马克思主义为人们认识世界和改造世界指明了人类社会发展的未来趋势。人类社会发展至今,从人类诞生时起就开始不断地演变,但它未来将去向何处以及如何演变都是值得深入思考的问题。一旦弄清楚这个问题,人们对世界的认识将会更加深入,对世界的改造也将会更加符合客观规律。马克思主义正是通过对人类社会不同发展阶段的深刻剖析,特别是对每一次社会转型过程中的一般规律的研究,才最终发现了人类社会历史发展的客观规律。由此,马克思主义不仅揭示了资本主义社会必将被社会主义所取代的历史必然性,而且还强调了新的社会形态取代旧的社会形态将会是一个漫长的历史过程。①十月革命胜利以来的一个多世纪的社会发展实践,不仅从正反两方面证明了马克思主义关于未来社会发展趋势认识的正确性,而且还从侧面上反映了马克思主义开放性的理论品质。因此,只有正确认识当今社会的发展规律,才能全面和准确地理解与贯彻落实马克思主义的精神实质,进而运用马克思主义的根本方法来实现认识世界和

---

① 《马克思恩格斯文集》第 2 卷,北京:人民出版社 2009 年版,第 592 页。

改造世界的良性互动。

马克思主义为人们认识世界和改造世界发现了主体性的力量。马克思认为:"主体是人,客体是自然"①,因为人"懂得按照任何一个种的尺度来进行生产,并且懂得处处都把内在的尺度运用于对象"②。从而,马克思主义意识到了历史活动是群众的事业,因而决定历史前进方向的只能是从事实践活动的人。在此基础上,马克思主义认识到了全世界无产者以及被压迫民族所处的社会地位,并先后提出了"全世界无产者,联合起来"③以及"全世界无产者和被压迫民族联合起来"④的口号。正是基于马克思主义对人民群众是历史真正主体的肯定以及无产阶级革命性的揭示,人民群众为争取自身利益而奋斗的勇气和决心才得以被广泛地激发和调动,进而人类社会的经济状况和政治格局才得以发生了巨大的变化。因此,人民群众不仅具有认识客观世界的主观能动性,而且还能够在认识世界的基础上形成有利于改造世界的强大力量。由此可见,只有在坚持马克思主义群众史观的前提下,才能对客观世界形成正确的认识,进而对客观世界进行合理的改造。

可见,改造客观世界的同时需要重视对主体主观世界的改造,因为改造世界最终是为了促进人的全面发展。马克思主义作为认识和实践的统一,把它作为人们认识世界和改造世界的根本方法,既符合塑造人们健康可持续的精神家园的需要,也顺应了社会发展的客观需要。

(二) 马克思主义成为人们追求和实现人生价值的指路明灯

对生命意义以及人生价值的追问是人的精神家园的核心内容,也是支撑人们一生坚持不懈积极建构和守护自己精神家园的重要动力。马克思主义作为关于人类解放的理论学说,它不仅蕴含着丰富的人生哲理,而且能够成为人们追求和实现人生价值的指路明灯。

---

① 《马克思恩格斯选集》第 2 卷,北京:人民出版社 2012 年版,第 685 页。
② 《马克思恩格斯选集》第 1 卷,北京:人民出版社 1995 年版,第 47 页。
③ 《马克思恩格斯文集》第 2 卷,北京:人民出版社 2009 年版,第 66 页。
④ 《列宁选集》第 4 卷,北京:人民出版社 1992 年版,第 326 页。

马克思主义为人们在追求和实现人生价值的过程中树立了科学的信仰。"信仰不是凭空产生的,信仰的内在发生机制是人的情感和意愿需要的内化。人们有什么样的信仰,虽然离不开科学知识发展水平,但更多的是与人们的社会环境、生活经历、文化传统紧密相连的。"①在 20 世纪上半叶,马克思主义首先是作为一种政治理想而传入了中国,并伴随着我国社会主义革命和建设的进程而逐渐成为社会主流的意识形态以及大部分人的信仰。其重要的原因之一就在于马克思主义理论本身是关于自然界、人类社会和思维发展普遍规律的科学体系,是科学的世界观和方法论。马克思主义信仰与以往的宗教信仰具有本质上的区别,它不是把个人的价值追求寄托于那些不切实际的超自然力量之上,而是建立在人类解放和自由全面发展的价值向度之上。因此,马克思主义信仰不仅能够促使人们从科学的角度来思考和理解人生的价值和意义,而且还能够指导人们按照科学的方法和途径来解决追求和实现人生价值过程中的现实问题。

马克思主义为人们在追求和实现人生价值的过程中辨清了人生的本质。人作为社会的产物,其人生价值的追求和实现本身就是人的目的性的体现,但客观世界永远也不可能自动地满足人的各种需要。在现实生活中,一些缺乏科学思想指导的人认为自身创造的价值应该与自身获得的价值相等,从而产生了享乐主义、个人主义、实用主义等扭曲的人生价值观。马克思主义通过考察和分析现实的人及其从事的实践活动和所处的社会关系,不仅揭示了劳动是人的本质,而且还研究了社会关系对人的制约和影响。② 物质世界是不断发展和相互联系的,所以要用发展和联系的眼光来看待人的本质。换言之,人的自我价值和社会价值具有辩证的统一性,即自我价值是个体生存与发展的必要条件,而社会价值则是实现自我价值的重要基础。因此,人们追求和实现人生价值不仅仅是为了满足自身的精神需求,更重要的是通过马克思主义对人生价值观的导向来明晰人生的真

---

① 刘维兰:《马克思主义信仰的文化基质》,《河海大学学报》(哲学社会科学版)2010 年第 6 期,第 10 页。

② 《马克思恩格斯文集》第 1 卷,北京:人民出版社 2009 年版,第 44—46 页。

正价值,进而把握和处理好奋斗与享受、集体与个人、利益与道德之间的关系,形成科学合理的人生价值追求取向。

马克思主义为人们在追求和实现人生价值的过程中明确了肩负的历史使命。人不仅是现实性的客观存在,而且还是理想性的存在。剖析马克思主义信仰的基本内涵可以发现,当其关于"为人类福利而劳动"的现实性理想向外延伸之时,就必然决定了其更高层次的价值追求并不是以个体存在而是以全人类存在作为根本的出发点。马克思主义与虚幻的、超验的宗教信仰截然不同,它立足于人们的现实社会生活,以人们的现实需要作为价值目标,进而明确提出了无产阶级崇高的历史使命——实现共产主义理想。马克思主义所指出的共产主义理想描绘的是一个生产资料全民公有、消除一切差别的理想社会,它是人类社会实践迄今为止所能达到的最伟大的现实目标,极大地彰显了人们改造世界的强大的力量和信心。人们在追求共产主义理想的过程中,不仅能够创造出充裕的物质财富,同时也能够创造出巨大的精神财富。这种理想和使命并不是虚幻的空想,而是深深植根于人类社会物质生产的实践活动之中,因而能够成为指引和鼓舞人们追求和实现人生价值的一盏指路明灯。

总之,马克思主义大众化的目的不仅仅是为了促进人们更好地理解和掌握马克思主义理论,更重要的是发挥马克思主义对人们追求和实现人生价值的指引作用,使人们在满足自身需要的同时能够发挥自身的社会价值。

(三)马克思主义成为人们批判各种错误社会思潮的首选武器

精神家园的建构和守护并非在"温室"里实现的,而是时刻处于各种干扰因素的侵蚀和围猎之中。尽管批判的武器不能代替武器的批判,但是当掌握武器进行批判的人成为统治阶级之后批判的武器就至关重要了。作为社会主义中国的主人,广大人民群众要建构和呵护自己的精神家园,毫无疑问必须把马克思主义作为批判各种错误社会思潮的首选武器,这是由马克思主义本身的理论特质决定的。

马克思主义为人们批判各种错误社会思潮做出了典型的示范。正如列宁所说的那样，马克思主义"在其生命的途程中每走一步都得经过战斗"①，它就是在与反动统治阶级以及各种错误社会思潮和流派的不断斗争中形成和发展起来的。在历史上，马克思主义曾经先后遭遇过魏特林主义、蒲鲁东主义、巴枯宁主义、拉萨尔主义、修正主义、合法马克思主义、本本主义、经验主义等各种错误社会思潮和流派的歪曲和攻击，严重地危害了科学社会主义的传播以及无产阶级政党的稳固。对于各种错误社会思潮，马克思主义不仅总是将其真实面目向人民群众进行公开的揭露以擦亮人们的眼睛，而且还积极号召各地的革命组织与之展开坚决的斗争以彻底粉碎其理论体系，为马克思主义的广泛传播奠定了基础。现今，我国正面临着十分复杂的国内外政治斗争形势，能否正确把握多样性的思想文化与马克思主义之间的关系，将直接关系着马克思主义指导地位的稳固与否。因此，为了我国意识形态领域的安全以及人们精神家园的健康发展，我们不仅要更加重视对各种反马克思主义的错误社会思潮的辨别和批驳，而且还需要从历史上马克思主义与各种错误社会思潮的斗争中汲取经验。

马克思主义为人们批判各种错误社会思潮贡献了真理的力量。马克思主义是普遍的真理，这一真理不仅在过去具有强大的力量，而且在现在和将来也将一直存在。之所以说马克思主义具有战胜各种错误思潮的强大的真理力量，是因为它是实事求是且能真正改变世界的理论学说，它经得起历史和实践的反复考验。正如毛泽东同志所言："我们说马克思主义是对的，绝不是因为马克思这个人是什么'先哲'，而是因为他的理论，在我们的实践中，在我们的斗争中，证明了是对的。"②不论是何种错误思潮，其在理论上总是需要以一定的思想材料作为理论武器，但往往由于未能正确把握思维与存在的相互关系、历史创造的条件性以及历史发展的方向性而无法站稳脚跟。而马克思主义通过不断完善和丰富自身的理论体系，在与各种错误思潮的斗争中不仅屡战屡胜，而且还以其真理性吸引和凝聚了越

---

① 《列宁全集》第 17 卷，北京：人民出版社 1988 年版，第 11 页。
② 《毛泽东选集》第 1 卷，北京：人民出版社 1991 年版，第 111 页。

来越多的信仰受众,为战胜各种错误思潮提供了坚实的后盾。

马克思主义为人们批判各种错误社会思潮明确了根本的立场。马克思主义之所以在与各种错误社会思潮的斗争中屡战屡胜,就是因为马克思主义的根本立场不是任何的剥削阶级而是最广大的人民群众。恩格斯曾经强调指出:"历史是这样创造的:最终的结果总是从许多单个的意志的相互冲突中产生出来的,而其中每一个意志,又是由于许多特殊的生活条件,才成为它所成为的那样。这样就有无数互相交错的力量,有无数个力的平行四边形,由此就产生出一个合力,即历史结果,而这个结果又可以看作一个作为整体的、不自觉地和不自主地起着作用的力量的产物。"①由此可以看出,个人的意志不是任意的而是要基于客观的各种社会条件,历史结果的形成不以个人的意志为转移而是一个自然的历史过程。因此,各种错误社会思潮正是因为离开了马克思主义的历史唯物主义,并否定了人民群众对于社会发展的决定作用,自然也就意识不到人民群众的巨大力量以及实行无产阶级专政的历史必然性,进而陷入了形而上学和唯心主义的泥沼。因此,为了共产主义事业的胜利,广大人民群众必须将马克思主义作为首选性的理论武器,透过纷繁复杂的表象以看清各种错误社会思潮的本质。

一言以蔽之,正是马克思主义本身所具有的理论特质,使其成为广大人民群众批判各种错误社会思潮的首选武器。如果人们在现实各种利益纠葛中放弃了或者架构空了马克思主义在各种批判武器中的首选地位,那么其所建构和守护的精神家园就会蜕化为阻碍自身自由全面发展的枷锁。

(四)马克思主义成为人们弘扬中华优秀传统文化的指南针

文化认同是精神家园的生成之基,在当代中国主要是指对中华优秀传统文化、革命文化和社会主义先进文化的认同。其中,中华优秀传统文化是革命文化和社会主义先进文化的深厚土壤和思想资源,而革命文化和社会主义先进文化则是中华优秀传统文化与马克思主义基本原理和时代特征相结合的产物。换言之,"中华优秀传统文化是中华文明的智慧结晶和

---

① 《马克思恩格斯选集》第 4 卷,北京:人民出版社 2012 年版,第 605 页。

精华所在,是中华民族的根和魂,是我们在世界文化激荡中站稳脚跟的根基"①,这就要求广大人民群众在建构自己精神家园的过程中,必须积极继承和弘扬中华优秀传统文化。然而,以何种指导思想来弘扬中华优秀传统文化,事关我们推进马克思主义融入并引领广大人民群众精神家园努力的成败。倘若以各种非马克思主义的思想观念尤其是反马克思主义的思想观念作为弘扬中华优秀传统文化的根本指针,那么马克思主义在广大人民群众精神家园领域的大众化就将举步维艰。因此,马克思主义的理论特质表明,只有马克思主义才能成为广大人民群众弘扬中华优秀传统文化的根本指针。

马克思主义为人民群众在弘扬中华优秀传统文化的过程中提供了判断的标准。习近平总书记曾在北京师范大学师生座谈会上强调:"一个民族、一个国家,必须知道自己是谁,是从哪里来的,要到哪里去,想明白了、想对了,就要坚定不移朝着目标前进。"②对于中华优秀传统文化的弘扬,只有首先明确其历史地位、判断其当代价值、挖掘其精髓部分,才能使其朝着正确的方向迈进。马克思曾把人类社会的一切生产力划分为物质生产力和精神生产力③,因而文化作为精神生产力的重要来源,其兴盛关乎国运之兴衰、民族之兴旺。尤其是中华优秀传统文化,不仅是中华民族的根与魂,而且还是中华民族更深沉和更持久的力量的激发因素。基于文化对历史发展和现实生活的指导意义,习近平总书记曾作出了明确的指示,即"深入挖掘和阐发中华优秀传统文化讲仁爱、重民本、守诚信、崇正义、尚和合、求大同的时代价值"④。总而言之,任何一种文化都是各种社会历史条件共同作用的结果以及当时的人们的价值追求和道德理想的反映,要弘扬中华优秀传统文化,就必须首先树立正确的历史观和文化观。

马克思主义为人民群众在弘扬中华优秀传统文化的过程中指明了发

---

① 《习近平在中共中央政治局第三十九次集体学习时强调 把中国文明历史研究引向深入 推动增强历史自觉坚定文化自信》,《人民日报》2022年5月29日第01版。
② 《习近平谈治国理政》第1卷,北京:外文出版社2018年版,第171页。
③ 《马克思恩格斯全集》第30卷,北京:人民出版社1995年版,第175—176页。
④ 《习近平谈治国理政》第1卷,北京:外文出版社2018年版,第164页。

展的方向。马克思主义认为,文化属于观念层面的上层建筑,是社会意识形态的重要形式,而一定的文化不仅是在一定的政治和经济的基础上产生的,而且还受其一定的制约。这在马克思的《政治经济学》中可以得到相关的证明,即文化作为上层建筑领域的存在,其性质"必须从物质生活的矛盾中,从社会生产力和生产关系之间的现存冲突中去解释"①,并随着经济基础的变更而发生改变。并且,文化作为精神生产力的重要组成部分,不仅是人类的共有精神家园,而且还是一个民族得以不断繁衍和发展的血脉所在。众所周知,我国作为社会主义国家,马克思主义的指导思想是支撑我国一切发展与进步的重要支柱。因此,中华优秀传统文化的弘扬必须牢牢把握社会主义先进文化的前进方向,始终坚持中国特色社会主义文化的发展道路,从而使其丰富的思想道德资源对全党全国各族人民团结奋斗的共同思想基础起到重要的巩固作用。

马克思主义为人民群众在弘扬中华优秀传统文化的过程中提出了实现的方法。弘扬中华优秀传统文化是培育民族自信、实现民族复兴的重要路径,这需要积极推动中华优秀传统文化与马克思主义在意识形态领域的相互协调发展。这是因为,马克思主义作为当前我国社会的主流意识形态,对各种非马克思主义意识形态具有显著的领导权、话语权和主导权,而中华优秀传统文化要在时代语境的背景下充分发挥自身内在具有的文化自信的特殊功能,它需要与社会主流意识形态相适应。据此,弘扬中华优秀传统文化不仅需要从我国的实际情况出发,推动实现社会主义物质文明和社会主义精神文明的协调发展,而且还需要以社会主义现代化建设为基础,促进中华优秀传统文化的精神力量向物质力量的转变,更需要以社会主义核心价值观为涵养目标、以人的全面发展为价值旨归。只有如此,才能有效挖掘出中华优秀传统文化的当代价值,进而增强其内在的吸引力和号召力,形成人人传承和弘扬中华优秀传统文化的生动局面。

可见,中华优秀传统文化的与时俱进离不开马克思主义的定航掌舵,而提升马克思主义大众化的实效则离不开中华优秀传统文化的精神给养。

---

① 《马克思恩格斯选集》第 2 卷,北京:人民出版社 2012 年版,第 3 页。

因此，在推动马克思主义在广大人民群众精神家园领域大众化的过程中，既需要重视对中华优秀传统文化的创造性转化、创新性发展，又需要坚持马克思主义的科学指引。

（五）马克思主义成为人们构建人类命运共同体的精神航标

人类命运共同体是人的精神家园由内而外的一种自然延伸，也是马克思主义所追求和崇尚的共产主义远大理想与中华优秀传统文化所追求与秉持的"大同理想"以及"内圣外王"修身理念相结合的产物。人类命运共同体的本质决定了，我们在推进马克思主义在广大人民群众精神家园领域大众化的过程中，不但要积极发挥中华优秀传统文化的强基固本作用，而且更要坚持把马克思主义作为构建人类命运共同体的精神航标。

马克思主义为人们构建人类命运共同体提供了理论依据。构建人类命运共同体的思想理念是建立在马克思主义关于人的类本质、世界普遍交往、世界历史等思想观点的基础上而逐渐形成和发展起来的。具体而言，马克思主义通过对人的类本质属性的揭示①，启示了人类命运共同体的构建不仅需要根据人的本质属性来改造世界，而且还需要努力克服人的异化状态；在马克思主义看来，世界范围内的普遍交往虽然具有生产力发展客观要求的内在逻辑，但资本主导下的世界普遍交往的缺陷也变得更加突显起来，只有打破资本逻辑的主导、建立相互促进、共同发展的人类命运共同体才能够真正促进世界普遍交往的良性发展；②马克思认为，"每一个单个人的解放的程度是与历史完全转变为世界历史的程度一致的"③，因而每个人的解放与世界历史的发展是辩证统一的关系，只有加速推动世界历史的进程，才能真正促进人的解放与发展。由此可见，要构建符合人类社会发展规律的人类命运共同体，就必须将其置于马克思主义理论的肥沃土壤中来理解和探寻其真正的价值意蕴。

马克思主义为人们构建人类命运共同体确立了逻辑起点。马克思主

---

① 《马克思恩格斯文集》第 1 卷，北京：人民出版社 2009 年版，第 162—164 页。
② 《马克思恩格斯文集》第 1 卷，北京：人民出版社 2009 年版，第 537—538 页。
③ 《马克思恩格斯文集》第 1 卷，北京：人民出版社 2009 年版，第 541 页。

义的唯物史观认为,只有在"真正的共同体"中,广大人民群众的根本利益才能够得到真正的维护,每一个体才能够获得全面发展的空间。这是因为,在马克思看来,不论是人类社会早期的部落共同体,还是资本主义社会的广泛交往,不同的社会成员以及不同的民族之间始终存在着利益上的冲突,而无法突破地域、民族或政治等方面的局限以联结成为一个谋求共同发展与进步的共同体。①因此,从本质上看,人们的交往活动与社会生产力的发展水平以及物质利益的取向是分不开的,个人与集体之间的利益既有统一的部分也存在着分歧。只有当生产资料的公有制出现之后,全部社会成员的利益取向才能够建立在共同利益的基础之上,人类的交往才能够彻底地摆脱地域、文化、民族等方面的局限和隔阂,人与人、人与社会、人与自然之间的关系才能呈现出一种更加平等和自由的状态。因此,以马克思主义为精神航标来构建真正意义上的人类共同体,不仅关系着每一个体的生存与发展,而且还关系着整个人类社会的前途与命运。

马克思主义为人们构建人类命运共同体塑造了价值取向。在资本主义社会,社会化的大生产的快速发展促进了世界市场的产生和扩大,使以往局限在某一民族或国家范围内的各种交往活动的范围和联系也得到了迅速扩大。与此同时,随着资本主义生产关系以及人类社会生产力的发展,世界范围内的无产阶级队伍不断发展与壮大,并开始在世界的政治舞台上占据着举足轻重的地位。对此,马克思曾指出:"这个阶级在所有的民族中都具有同样的利益,在它那里民族独特性已经消失,这是一个真正同整个旧世界脱离而同时又与之对立的阶级。"②在现实生活中,由资本主义主导的世界在相当长的时期内一直处于激烈的竞争状态,这种竞争"不仅使资产者,而且更使无产者彼此孤立起来"③,制约了和损害了人类社会的繁荣与稳定。进入21世纪,无产阶级已经广泛存在于各民族和各个国家之中,世界人民对美好生活的向往已经成为时代的共同呼声,因而构建一种在马克思主义唯物史观所主张的共同利益观指导下的人类命运共同体是

① 《马克思恩格斯文集》第8卷,北京:人民出版社2009年版,第123—124页、第171页。
② 《马克思恩格斯文集》第1卷,北京:人民出版社2009年版,第567页。
③ 《马克思恩格斯文集》第1卷,北京:人民出版社2009年版,第568页。

人类社会进一步发展的必然要求。

　　总之,尽管马克思主义在百年未有之大变局以及实现中华民族伟大复兴的关键阶段进一步融入并引领广大人民群众的精神家园建设可能遇到各种难以想象的困难和挑战,但是马克思主义所具有的宝贵理论品质及其巨大实践力量和党的十八大以来我国所取得的历史性成就、发生的历史性变革,共同决定了马克思主义在广大人民群众精神家园领域的大众化必然能够展现出前所未有的壮丽图景。

精神家园视域下马克思主义
大众化的主要原则

精神家园是人类个体或群体建立在文化认同基础上的意义世界和价值系统,其建构的过程就是主体不断结合历史使命和时代主题进行吐故纳新、与时俱进的过程。对于特定民族国家而言,其民众精神家园的建构过程,也就是统治阶级的价值理念在遵循既定原则的前提下不断融入并内化为其心灵世界的过程。作为建构民众精神家园的重要组成部分,马克思主义的大众化也就是在坚持物质保障、文化引领、主体自觉、因势利导、点面结合、循序渐进等基本原则的前提下,不断化为广大民众的信任感、认同感、归属感和践行力的过程。①

一、 马克思主义大众化的物质保障原则

物质是万物孕育之根,是意识存在之基。精神家园虽然是人类思维之树上开出的最美花朵,但如果没有物质作为坚实的支撑和稳固的载体,那么这朵思维之花也只能成为虚幻的期许。从本质上来说,人之所以为人是因为它是物质与意识的统一体,缺少任何一部分,都将不能被称为真正意

---

① 本部分已作为研究成果先期发表,参见《精神家园视域下马克思主义大众化的六大原则》,《探索》2016 年 02 期。

义上的"人"。唯物辩证法认为,物质是标志客观实在的哲学范畴,物质决定意识,意识对物质具有反作用。物质在哲学意义上的"第一性"地位决定了人的精神家园的建构,必然是建立在足以保证主体生命得以延续的物质条件基础之上的。正如恩格斯在马克思墓前所言:"人们首先必须吃、喝、住、穿,然后才能从事政治、科学、艺术、宗教等等;所以,直接的物质的生活资料的生产,从而一个民族或一个时代的一定的经济发展阶段,便构成基础……因而,也必须由这个基础来解释。"①换言之,人只有首先解决了生存问题,才能有精神上的奢望。古语云:"仓廪实而知礼节,衣食足而知荣辱。"这就形象地诠释了物质条件对于精神生活的先在性和基础性意义。物质对于意识产生与发展的意义,揭示了人的精神家园的建构必须要遵循物质保障的原则。

马克思主义的大众化作为一种精神家园建构的过程,其所指的物质保障原则具有丰富的内涵。首先,从精神家园建构主体来看,马克思主义的大众化是多元主体协同推进的结果。这些主体涵盖了从事马克思主义理论研究的专家学者、马克思主义传播的宣传教育工作者以及马克思主义的接受者、践行者和倡导者,只有首先解决他们自身及其家人的生存和发展问题,才能使马克思主义大众化得以展开与持续。其次,从精神家园建构的客体来看,马克思主义的大众化是立足于现实社会生活基础之上人的思想与道德境界的提升。但是,思想与道德一旦离开坚实的物质基础作为支撑,一段时间之后定然会使自己出丑,即所谓"皮之不存,毛将附焉?"。再次,从精神家园建构的媒介来看,马克思主义的大众化是诉诸多样化载体和手段的结果。尽管马克思主义来源于以无产阶级为主体的广大劳动群众的实践斗争,但它一旦形成便具有意识的相对独立性而致使其外在于一般民众的视界之外。如此一来,只有借助必要的媒介手段方可将二者连接起来并达到"化"与"被化"的互动。

马克思主义大众化的物质保障原则是一个历史性的范畴,在不同的时期其"物质保障"水平的高低具有较大的差异性。在战争与革命年代,由于

① 《马克思恩格斯选集》第3卷,北京:人民出版社2012年版,第1002页。

各种物质资料极其匮乏，阶级斗争异常惨烈，革命群众时刻都处于生存危机之中。在此境遇下，尽最大努力保证他们的最低生存条件，便成为当时马克思主义大众化的首要原则。诚如毛泽东 1942 年在论述"经济问题与财政问题"时所指出的："一切空话都是无用的，必须给人民以看得见的物质福利"，"并在这个基础上一步一步地提高他们的政治觉悟与文化程度"。①可见，即便是在"革命理想高于天"的战争年代，物质保障都是极端重要的原则，更何况是在和平建设时期。对此邓小平同志曾进行了地深刻的反思："在社会主义国家，一个真正的马克思主义政党在执政以后，一定要致力于发展生产力，并在这个基础上逐步提高人民的生活水平。……过去很长一段时间，我们忽视了发展生产力，所以现在我们要特别注意建设物质文明。"②改革开放以来，特别是市场经济体制的建立，对物质利益的高度关注甚或拜物教现象的盛行，导致马克思主义大众化既有的物质保障内涵无法涵盖现实生活中广大人民群众与日俱增的物欲渴望。针对这种状况，马克思主义者只有正视并致力于不断解决人民群众对更高物质生活水平的诉求，才能确保马克思主义的大众化不断推向深入。

二、 马克思主义大众化的文化引领原则

文化是"历史地凝结成的稳定的生存方式，其核心是人自觉或不自觉地建构起来的人之形象"。③ 文化既是一个民族集体记忆与精神智慧的历史沉淀，彰显和确证着其成长与发展的心路历程，又是一个民族宏图伟志与自强不息的现实观照，反映和昭示着其不断改革与创新的寻梦之旅。世界文明史表明，一个国家、一个民族的复兴"需要强大的物质力量，也需要强大的精神力量"，"没有先进文化的积极引领，没有人民精神世界的极大丰富，没有民族精神力量的不断增强"，④这个国家、这个民族不可能屹立于

---

① 《毛泽东文集》第 2 卷，北京：人民出版社 1993 年版，第 467 页。
② 《邓小平文选》第 3 卷，北京：人民出版 1993 年版，第 28 页。
③ 衣俊卿：《文化哲学十五讲》，北京：北京大学出版社 2004 年版，第 18 页。
④ 习近平：《在文艺工作座谈会上的讲话》，《人民日报》2015 年 10 月 15 日第 02 版。

世界先进民族之林。文化既是精神家园建构的血脉之根,又是精神家园建构状况的"晴雨表"。文化的繁荣发展和积极向上,必然会伴随着精神家园的健康充盈;反之,文化的萧条冷落和庸俗颓废,必然会带来精神家园的病态荒芜。因此,重视和发挥文化的积极引领作用,便成为建构精神家园的固有原则。

在建构大众的精神家园的过程中,马克思主义者始终注重坚持文化引领的原则。这不仅与马克思主义自身形成与发展的历史有关,也与马克思主义传播不断面临的新问题和挑战有关。马克思主义孕育并形成于西方文化传统,是对德国古典哲学、英国古典政治经济学以及法英空想社会主义思想的批判和继承,也是对当时自然科学、社会科学和思维科学等代表西方资本主义世界最先进文化的借鉴和吸收。可以说,马克思主义的产生是资本主义先进文化战胜封建农奴神学文化的结果,更是代表当时资本主义社会文化发展的价值航标。随着马克思主义影响的日益扩大,尤其是十月革命胜利之后,马克思主义在不断与世界各民族优秀文化的交流、碰撞与融合的过程中,得到了丰富和发展,逐渐成为自 19 世纪末以来世界先进文化的典型代表。历史事实表明,马克思主义只有立足于不同民族传统文化的厚实土壤之上,始终坚持对世界各民族先进文化的吸收借鉴和融合创新,才能不断融入不同民族的心灵世界之中,成为其广大民众安身立命的精神之所。

中华民族拥有五千多年的灿烂文明史,"在几千年的历史流变中","中华儿女培育和发展了独具特色、博大精深的中华文化,为中华民族克服困难、生生不息提供了强大精神支撑"。① 在这博大精深的中华文化中,蕴涵并长期发展着朴素的唯物辩证法思想和共产主义思想,这些积极进步的文化基因为马克思主义在中国的传播提供了坚实的精神土壤,使其在诸多社会思潮的激烈竞争中脱颖而出,并在不断吸纳与融合革命文化、建设文化、改革文化等时代先进文化中得到了丰富和发展,进而相继催生出了毛泽东思想、中国特色社会主义理论体系等本土化的文化形态,使中国人民的精

---

① 习近平:《在文艺工作座谈会上的讲话》,《人民日报》2015 年 10 月 15 日第 02 版。

神家园面貌焕然一新。党的十八大以来,马克思主义大众化面临着新的机遇和挑战,文化的战略意义异常突显,文化的"晴雨表"作用更加灵敏。在此境遇下,守护和传承民族优秀传统文化,发展和创新时代先进文化,借鉴和吸收国外有益文化,坚持和发挥社会主义积极文化的核心引领作用,便成为当前马克思主义大众化的必然选择。

三、 马克思主义大众化的主体自觉原则

"主体"是西方哲学一个历史较为悠久的概念。"由包容、渗透于宇宙万物的无形、纯粹的'心灵实体',到具有人格化的、至高无上的'虚幻实体'(上帝),再到物我二分的、主客有别的、绝对永恒的'普遍理性主体'(自我意识),最后到多元、具体、功能化的'具体理性主体',主体的身份经历了由自在自为的绝对实体到受多种权力因素决定的功能化的微观主体的转变。"[1]主体概念的演进历程确证了哲学作为时代精神精华的独特性,彰显了人类自我意识觉醒与形成的精神规律。"人类不论是生活或生存在何种空间,始终都没有失去其认识和实践的主体地位。"[2]主体自觉"是指人的主体性的觉醒,自我主体意识的确立"[3],进而积极实践的意识状态和行为表现。精神家园的建构是人的主体自觉的积极产物,任何非自觉的主观意识只能导致精神家园的"荒漠化"甚或病态化。纵观人类的文明发展史,任何民族精神家园的充实和发展无不是积极建构的结果。在被雅斯贝尔斯所称的人类文明的"轴心时代",正因为有了以苏格拉底、孔子、释迦牟尼等伟大思想家的不懈探索、实践与发展,才有了人类文明精神的重大突破,也才铸就了不同民族万紫千红的精神世界。

作为人类文明的精神产物,马克思主义的形成、发展和不断传播也是以马克思主义创始人及其后继者们立足于无产阶级斗争实践和社会主义

① 徐俊:《"主体"概念的演进历程——从阿那克萨戈拉到齐泽克》,《齐鲁师范学院学报》2013年第5期。
② 张之沧:《虚拟空间与"人、地、机"关系》,《南京师大学报(社会科学版)》2015年第1期。
③ 高清海:《哲学与主体自我意识》,北京:中国人民大学出版社,2010年,第58页。

建设进行主体自觉的思想结晶。马克思、恩格斯在创立无产阶级革命理论的过程中，始终以高度自觉的精神，采取批判性的眼光审视资本主义社会发生的一切，并尽最大可能将其批判与思索的结果形成系统性的方法论体系用于指导蓬勃发展的无产阶级革命实践。正如海因里希·格姆科夫等学者所描述的那样："他每写一本书，总是积累许许多多资料，如笔记、提要、表格、大纲以及切实可行的计划，编了详细的内容目录和每项内容的梗概。他常常把自己的见解和研究成果写在开本较大的草稿本上。这是只供自己查阅用的，还不是定稿。只有在做出这些步骤以后，他才开始进行细致的加工，以备出版。"①正是凭借自己的高度自觉，马克思和恩格斯立足于蓬勃发展的工人运动，在对德国古典哲学、英国古典政治经济学和英法空想社会主义思想批判和继承的基础上，最终创立了马克思主义理论。可以说，在其有限的生命历程中，马克思与恩格斯一直保持高度的理论自觉，在指导并躬身革命实践的过程中有意识地总结经验，不断推动马克思主义理论体系的发展和完善。

　　马克思主义在中国的传播、发展和大众化从一开始就是以中国共产党为核心的广大人民群众自觉进行精神家园重建的过程。近代以来，在外有强敌入侵、内有腐败和动乱双重夹击下，中国人的传统精神世界逐渐濒临崩溃的边缘。天朝帝国的神圣性渐趋消解，蛮夷之辩的文化优越感日渐跌落，"愚昧无知"与"东亚病夫"开始成为中国人的集体标识。在此境遇下，类似鲁迅笔下那些围观革命志士被砍头而无动于衷或哄然发笑的麻木无知的"看客"比比皆是。尽管不乏诸如发出"我自横刀向天笑，去留肝胆两昆仑"豪言壮语的谭嗣同式的有识之士，宁愿以牺牲身家性命来换取当时国人的觉醒和斗志，但俄国十月革命前的中国依然是在茫茫黑夜中徘徊不前。中国人的精神家园由此滑入千百年来最为荒芜、贫瘠的状态，信仰危机成为国人的最大精神问题。"十月革命一声炮响，给我们送来了马克思列宁主义。"②从此，中国人的精神世界开始注入马克思主义的新鲜血液，其

----

① ［德］海因里希·希格姆科夫等：《马克思传》，易廷镇等译，北京：人民出版社 2000 年版，第 195 页。
② 《毛泽东选集》第 4 卷，北京：人民出版社 1991 年版，第 1471 页。

精神家园的病态逐步得到扭转和改观。中国共产党诞生以来,通过领导和团结广大人民群众持续进行轰轰烈烈的伟大民族、民主革命以及社会主义革命、建设和改革的具体实践,不断将马克思主义化为切实可行的具体方针和政策,使广大人民群众的物质与精神家园实现了质的飞跃。

四、 马克思主义大众化的因势利导原则

"因势利导"语出"善战者,因其势而利导之"(司马迁:《史记·孙子吴起列传》)一句。其中,"因"意指"根据""顺着","势"意为"趋势","利导"意为"引导",综合起来意指"顺着事物发展的趋势很好地加以引导"。从哲学上来理解,主要是指主体在认识和改造世界的过程中要尊重事物的发展规律和运行规则,依据其所体现出来的发展趋势,采取与之相符合的方法和手段进行引导。因势利导原则是人们观察事物与认识问题的基本准则,也是唯物辩证法坚持和倡导的一个重要内容。宇宙万物都有其固有的运行规律,任何违背或忽视其客观规律的做法都将最终导致人类实践活动的失败,甚至还可能招致客观规律的肆意报复,生态环境的恶化及其导致人类灾难的频繁发生即是如此。精神家园的生成既是物质世界各种矛盾在人类意识层面的客观反映,也是主体意识自身内在矛盾斗争与同一性的主观产物,而精神家园的生成在很大程度上其实也是主体一种积极建构的过程。因此,要建构主体的精神家园,必须遵循精神家园的生成规律,结合主体自身的性别、年龄、兴趣、习惯、阶层等主观因素,进行有目的的、系统性的教育和长期的、渗透性的化育,促使其按照其既定或潜在的积极方向发展。坚持因势利导原则,是主体建构精神家园必须遵循的基本原则之一。

作为精神家园建构的重要组成部分,马克思主义的大众化毫无疑问也应遵循因势利导的原则,这既是由马克思主义的生成规律及其特性决定的,也是由马克思主义大众化的对象属性决定的。众所周知,马克思主义是由马克思、恩格斯基于对19世纪初英法等国工业革命时期资本主义社会矛盾以及无产阶级实践斗争情况的科学分析,在对以西方文明为主体的全

人类文明优秀文化遗产批判继承的基础上,创立的一种人类有史以来最为科学的系统性的理论体系。这种理论体系不仅本身具有严密的逻辑结构、抽象的哲理表达、深刻的理论意蕴,而且还具有鲜明的时代性、厚重的历史性、强烈的实践性。它彻底跨越了古代朴素唯物主义、中世纪唯心主义神学、近代机械唯物主义和唯心主义等以往各种学说所无法迈过的"卡夫丁峡谷",真正实现了人类世界观和方法论的"哥白尼变革"。换言之,马克思主义彻底摆脱了以往世界观和方法论的形而上学性,使全面的、发展的、联系的理论特性贯穿始终,这就要求马克思主义的接受者必须具有较高的知识素养和较强的思维分析能力。与之相反,马克思主义大众化对象的主体是占人口绝大多数的普通群众,他们不仅文化知识水平不高,理解能力有限,而且通常还带有极强的实用主义心态,这就表明马克思主义的大众化必须要遵循因势利导的原则。

纵观马克思主义的中国化史可知,之所以其能在当时众多理论思潮中脱颖而出赢得越来越多人的追随和信仰,固然受惠于俄国十月革命对中国社会的深刻影响,但更为重要的是得益于少数先进知识分子不失时机的宣传和引导。十月革命之后,以李大钊、陈独秀、毛泽东等为代表的早期马克思主义者,由于精准把握了广大民众渴望寻找一种能救民族和国家于水深火热之中的真理的心理,及时成立各种马克思主义学习研究团体,深入学校、工厂、社区、农村等场域,用普通百姓所知晓和熟悉的语言和形式,逐步引导他们认知、理解、接受直至信仰马克思主义。毛泽东在《反对党八股》一文中指出:"如果说理说得好,说得恰当,那是会有效力。说理的首先一个方法,就是重重地给患者一个刺激,向他们大喝一声,说:'你有病呀!'使患者为之一惊,出一身汗,然后好好地将他们治疗。"①由于坚持了因势利导的原则,马克思主义很快在中国开花结果,从此中国人民的精神家园为之焕然一新。由于新中国成立以来某些阶段的极左政策以及社会主义建设的挫折等因素影响的缘故,马克思主义的大众化曾一度严重脱离人民群众的精神生活实际,导致很大一部分群众对共产主义信仰和社会主义制度产

① 《毛泽东选集》第3卷,北京:人民出版社1991年版,第833页。

生误解乃至质疑。改革开放以来,精神生活的自主、多元、动态,日益成为一般民众思想意识的普遍特征,而全球化的推进以及网络新媒介的普及又使这一特征更加明显。历史和现实都表明,无论何时,马克思主义大众化都必须坚持因势利导的原则,否则将实现的不是"大众化"而是"小众化"。

五、 马克思主义大众化的点面结合原则

点面结合,其哲学含义是指在观察事物和处理问题的过程中,既要突出重点,抓住主要矛盾或矛盾的主要方面,又要兼顾全局,正确把握和协调好不同类型矛盾之间或同一矛盾的不同方面之间的关系。点面结合原则所反映的是人们在认识世界和改造世界的过程中,为正确处理好事物的局部与整体、个别与一般等矛盾关系时所必须坚持和贯彻的基本准则。运用点面结合的原则来观察和思考精神家园的建构过程,是任何时候都不可忽视的基本原则。这是因为精神家园的生成是一个具有多重结构或维度的思想意识集合体。就个体的精神家园而言,主要由文化体验、认知模式、价值观念、情感方式、理想信念、信仰体系等要素构成,就群体或整体的精神家园而言,主要由不同个体精神家园的交集组成,但这些要素在形成和发展的过程中却具有不同步性。譬如,对于不同的个体或群体而言,可能"文化体验"或"认知模式"优先形成,也可能是"情感方式"或"理想信念"率先产生,还可能是按照知、情、意、行的一般逻辑进行发展。无论不同构成要素的形成时间是先还是后,但对于特定主体的精神家园最终确立来说都需要各种要素间形成最优的关系网,也即由个别要素的"点"组合成一个整体"面"。唯其如此,主体的精神家园才能够持久和稳固。

精神家园的建构体现和贯穿了由点及面、点面结合的原则,作为其建构的一种具体形态,马克思主义的大众化同样也要遵循这一规则。首先,从马克思主义自身构成来看,不同主体要真正完整把握其精神实质,必须要由对马克思主义的哲学、政治经济学和科学社会主义这三个构成部分进行由点及面的逐个认识和了解,最终才能将其有机地串联起来形成系统性

的认识。相反，采用以偏概全或肢解式的方法，只能导致对马克思主义理论的误解或曲解，进而导致主体实践的失败，最终直接危及马克思主义的真理权威。其次，从马克思主义传播过程来看，其大众化就是要实现这一理论体系由抽象理性转化为具象理性，由深奥思辨转化为通俗直白，由被少数知识分子理解和掌握转化为被一般群众所理解和掌握，并使之转化为他们的思想观念和价值追求，内化为他们自觉的生活和行为方式。在此过程中，从抽象性的个别词句到转化为段落性的语句，从个别知识精英到泛化为一般民众，马克思主义逐渐实现了由"圣人哲学"向大众真理、由精英的人生信仰、政治信仰向大众的生活信仰的身份转变。换言之，对于不同的主体或同一主体的不同角色而言，马克思主义对于自身的存在和发展首先具有某种特殊性的精神价值，在此基础上才逐渐聚合为一种有机或共有的精神关怀。

由此可见，在推进马克思主义大众化的过程中，坚持和运用点面结合的原则就是尊重人类精神家园的生成规律。马克思主义的大众化，不仅在过去需要坚持点面结合的原则，而且在当下更应以创新性的思维与态度继续秉持这一原则。其原因有二：其一，当今的世界是一个多元、开放的世界，不同文化及其价值观间彼此交流、碰撞和融合的广度和深度更加广泛，人的精神家园的生成受到来自各方因素的影响，以往那种诉求相对封闭环境下进行整体主义灌输的方式方法已无法完全适应思想和行动处于不断流变中的"自由公民"。只有真正关注和满足"微观主体"的多元物质与精神诉求，才能逐渐实现马克思主义追随者聚合为"宏观主体"的目标。其二，马克思主义的大众化是阶段性与长期性相统一的进程。尽管马克思主义传入中国一百多年以来，已经被越来越多的民众了解、接受乃至认同，成为他们足以用生命坚守的精神家园，但与我国 14 亿多人口这个庞大数据相比仍显较小。此外，从国际共产主义运动的最终目标来看，马克思主义在中国大众化所取得的成绩只能算是万里长征的起始点，更长的未知征程依然还在黎明前的黑夜中蜿蜒前伸。凡此种种都在一定程度上证明了马克思主义的大众化必须将对个体或局部的着眼于对整体或全局的定位结合起来,并在发展变化中适时进行新的组合。

六、 马克思主义大众化的循序渐进原则

从语用学上来看,"循"意为"依照""顺着","顺"意为"秩序""步骤","渐进"意为"逐步推进""逐步进展",综合意指"依照一定的程序或步骤逐渐发展或推进"。《论语·宪问》曰:"不怨天,不尤人,下学而上达,知我者其天乎。"朱熹注曰:"此但自言其反己自修,循序渐进耳。"①循序渐进原则是人们在认识和改造世界的实践活动中必须坚持和遵循的基本准则,也是主体思想意识形成、发展与嬗变所必须遵循的重要规律。这是因为人们对主客观事物的认识有一个由简到繁、由低级到高级、由直观到抽象、由表象到本质逐层深入、逐渐发展的过程,对事物本质和规律的认识和把握不可能一蹴而就。坚持循序渐进的原则是主体精神家园形成和发展的本质要求。精神家园是人的各种主观意识的一种综合和凝练,它既是对客观世界的一种能动反映,又是对客观世界的当下性和有限性的积极超越。然而,无论是客观世界自身的变化,还是人的主观世界的发展,其所包含或牵涉的各种矛盾的不断解决都有一个逐步发展的过程。这就决定了主体精神家园的形成和发展必须要遵循其固有的基本规律,任何采取"越俎代庖"或"毕其功于一役"的做法都有损于精神家园的健康发展。在人类信仰发展史上,固然不乏"顿悟成佛"的案例,但他们仍然是以长期的思索和坚守为其前提条件的。

马克思主义的大众化作为对人的精神家园的一种积极形塑,坚持循序渐进的原则不仅是由精神家园建构的一般规律决定的,而且更是由马克思主义自身的特性决定的。"马克思主义是马克思的观点和学说的体系。马克思是19世纪人类三个最先进国家中的三种主要思潮的继承人和天才的完成者。马克思的观点及其彻底而严整,这是马克思的对手也承认的,这

①　朱祖延:《汉语成语辞海》,武汉:武汉出版社 1999 年版,第 1158 页。

些观点总起来就构成……现代唯物主义和现代科学社会主义。"①马克思主义"不只是社会主义的理论,而且是一个完整的世界观,是一个哲学体系,马克思的无产阶级社会主义就是从这个哲学体系中自然而然产生出来的。这个哲学体系叫辩证唯物主义"。②马克思主义这种理论特性在很大程度上造成了一般大众很难在较短的时间内对其有一个完整而彻底的了解和把握,进而也就必然会延长或阻碍它由"理论知识"向"家园意识"转化的进程。正因如此,马克思主义经典作家历来坚持以循序渐进的方法逐步推进马克思主义的大众化。恩格斯在《反杜林论》中指出:"我们不知道有任何一种力量能够强制那处在健康清醒的状态的每一个人接受某种思想。"③列宁在《全俄工兵农代表苏维埃第三次代表大会》上也指出:"每一个觉悟的社会主义者都说,不能强迫农民接受社会主义,而只能靠榜样的力量,靠农民群众对实际生活的认识。"④

在推动马克思主义大众化的实践中,以毛泽东、邓小平、习近平等为代表的不同历史时期的中国共产党人也始终坚持循序渐进的原则。毛泽东在论述"中国革命战争的战略问题"时指出:"对于敌人的一次有计划的'围剿',如果我们没有必要的和充分的准备,必然陷入被动地位。临时仓促应战,胜利的把握是没有的。"⑤在《新民主主义论》中,毛泽东又指出:"当作国民文化的方针来说,居于指导地位的是共产主义的思想,并且我们应该努力在工人阶级中宣传社会主义和共产主义,并适当地有步骤地用社会主义教育农民及其他群众。但整个的国民文化,现在也还不是社会主义的。"⑥周恩来在《过好"五关"》一文中指出:"事物的发展是没有止境的,因此我们的思想改造也就没有止境。……所以,我们要把思想改造看成是长期的无止境的工作。"⑦邓小平也曾指出:"过去那种简单片面、粗暴过火的所谓批

---

① 《列宁选集》第 2 卷,北京:人民出版社 1995 年版,第 418 页。
② 《斯大林全集》第 1 卷,北京:人民出版社 1953 年版,第 274 页。
③ 《马克思恩格斯选集》第 3 卷,北京:人民出版社 2012 年版,第 463 页。
④ 《列宁全集》第 33 卷,北京:人民出版社 1985 年版,第 265 页。
⑤ 《毛泽东选集》第 1 卷,北京:人民出版社 1991 年版,第 200 页。
⑥ 《毛泽东选集》第 2 卷,北京:人民出版社 1991 年版,第 704 页。
⑦ 《周恩来选集》(下卷),北京:人民出版社 1984 年版,第 423 页。

判,以及残酷斗争、无情打击的处理方法,决不能重复。无论是开会发言、写文章,都要进行充分的说理和实事求是的科学分析。"①习近平总书记在"8·19"宣传思想工作会议上强调:"宣传思想工作一定要把围绕中心、服务大局作为基本职责,胸怀大局、把握大势、着眼大事,找准工作切入点和着力点,做到因势而谋、应势而动、顺势而为。"②可见,坚持以循序渐进的方法推进马克思主义的大众化,无论过去还是现在和将来都是中国共产党人的一贯做法。

总之,马克思主义的大众化在本质上就是一种对广大民众的精神家园进行积极建构的过程,这就决定了它要在不断保持和发展自身理论特性和精神实质的同时,还必须始终遵循人的精神家园形成和发展的特殊规律。唯其如此,马克思主义的大众化才能不断走向深入,赢得愈来愈多人的认同和信仰。

① 《邓小平文选》第3卷,北京:人民出版社1993年版,第47页。
② 习近平:《习近平谈治国理政》,北京:外文出版社2014年版,第153页。

精神家园视域下马克思主义
大众化的基本路径

如前所述,精神家园是人们在文化认同的基础上建构起来的一种意义世界和价值系统,而马克思主义大众化在本质上则是对广大民众的精神家园进行积极建构的过程。从两者的本质关系来看,基于精神家园的维度来推动马克思主义的大众化必须遵循一定的内在逻辑。具体而言,我们既要科学分析马克思主义大众化的对象的精神需求状况及其规律,全面呈现马克思主义的理论品质和价值魅力,又要在日新月异的鲜活的实践中不断满足人民日益增长的美好生活需要。这是中国共产党百年来砥砺奋进的经验总结,也是国际共产主义运动曲折前进的历史昭示。

一、 分析、揭示和把握人民群众精神需求规律

马克思主义认为,规律是事物内部及其之间客观的、必然的、稳定的联系,它不因人的主观意志的改变而改变,人们只有正确认识并自觉遵循客观规律才能在认识世界和改造世界的实践活动中取得成功。作为人类的一种实践活动,马克思主义要融入并成功转化为广大人民群众的精神家园,就必须在正确分析、揭示和把握人民群众精神需求规律的基础上有针对性地推进,否则马克思主义的大众化就很难落地见效。

（一）全面分析人民群众的精神需求现状

从心理层面来看，人民群众的精神需求具有不断物化的倾向。中华优秀传统文化一贯崇尚修齐治平的精神追求，但是市场经济的负面影响以及资本逻辑的无序扩张却导致部分国人精神追求的物化倾向。现实生活中尽管个人利益至上的思想观念并没有得到人们的普遍认可，但其却潜移默化地影响着人们的世界观、人生观和价值观。比如，有些人为了发财致富、出人头地，不择手段坑蒙拐骗、投机钻营，已然丧失了做人的最起码原则和底线。此外，我国文化产业的发展情况也从侧面上反映了部分国人精神需求的扭曲化。一方面，部分文化产业主体为了获取更多的利润，源源不断地生产着大量庸俗化、低俗化、媚俗化的文化产品垃圾，并营造出"佛系""躺平""岁月静好"等与世无争的"精神烟雾"；另一方面，部分文化产业主体在持续不断创造或激发人们的消费、攀比、占有、享乐等欲望的同时，却在不断侵蚀着人们对节制、清贫、大度、忧患等道德操守的坚持。这些现象不仅揭示了当代部分国人精神需求的异化倾向，也从反面揭示了时下多数国人对美好精神生活的追求。

从道德层面来看，人民群众的精神需求具有追求公德的倾向。我国传统社会关于家国天下的理念深刻影响了人们的思想观念，使人们在具体实践过程中注重对公共道德规范的遵守。现今，人们的交往对象、交往手段、交往形式等更加多元化、多样化，这些变化不仅使过去提倡的许多道德观念逐渐淡化，而且也对公共道德规范的发展提出了新的要求。换言之，"道德是人们经济生活与其他社会生活的要求的反映"①，社会公共道德规范需要随着时代条件的变化而做出相应的调整。当前，为了满足人民群众的精神需求，增强和凝聚人民群众的精神力量，党和国家高度重视对社会公共道德的建设与引导，努力"推进社会公德、职业道德、家庭美德、个人品德教育，倡导爱国、敬业、诚信、友善等基本道德规范，培育知荣辱、讲正气、作奉

---

① 《毛泽东文集》第 3 卷，北京：人民出版社 1996 年版，第 84 页。

献、促和谐的良好风尚"①,为科学引导人民群众的精神需求取向、筑牢人民群众的精神家园发挥了重要作用。

从信仰层面来看,人民群众的精神需求具有信仰淡化的倾向。革命战争时期,为了推翻腐朽的旧社会制度并建立新的社会制度,马克思主义信仰在我国得到了广泛的传播与认同。回眸党的百年心路历程,"'砍头不要紧,只要主义真','敌人只能砍下我们的头颅,决不能动摇我们的信仰',这些视死如归、大义凛然的誓言生动表达了共产党人对远大理想的坚贞。"②但随着我国社会向市场经济的转型,一部分民众在快速膨胀的物质欲望面前,由国家倡导的主流信仰对其吸引力和号召力正不断减弱,甚至被有的人完全抛弃。这些人如果不能及时得到积极健康的信仰的引领和支撑,将很有可能使自身的精神家园陷入一种"荒芜"的状态,进而使其逐渐丧失对远大抱负和崇高理想追求的动力。更为严重的是,如果这种信仰淡化的状态长期得不到有效的改变,将有可能促使当事人产生一种逃避现实、追求虚无的扭曲心理。因此,当代中国部分民众精神上出现的信仰淡化的状况必须引起足够的重视,否则其精神需求的取向将会与马克思主义的价值取向渐行渐远。

(二)正确揭示人民群众的精神需求特点

人民群众的精神需求具有多样性的特点。马克思认为:"一个种的整体特性、种的类特性就在于生命活动的性质,而自由的有意识的活动恰恰就是人的类特性。"③因此,人的生命活动是自觉的、有意识的,这种意识性和创造性能够使人形成超脱于物质生活基础上的精神需求。通常情况下,人的精神需求包括娱乐需求、社交需求、求知需求、荣誉需求、倾诉需求、认同需求、艺术需求、信仰需求等多个方面的内容,它能直接反映个体自身精神需求的满足或匮乏情况。但需要注意的是,不论是不同需求主体的精神

① 习近平:《习近平谈治国理政》第1卷,北京:外文出版社2018年版,第159页。
② 习近平:《习近平谈治国理政》第2卷,北京:外文出版社2017年版,第35页。
③ 《马克思恩格斯文集》第1卷,北京:人民出版社2009年版,第162页。

需求,还是同一需求主体在某一方面的精神需求,都具有多样化的特点。其中,一方面,由于不同需求主体的认知能力、生活习惯、行为方式有所不同,其精神需求取向以及对同一需求客体的需求程度都会因人而异;另一方面,就同一需求主体而言,他可以同时具有多种不同的精神需求。因此,由于人民群众精神需求的极其复杂性,马克思主义大众化的推进必须通过正确分析人民群众多样化的精神需求来精准施策。

人民群众的精神需求具有层次性的特点。个体由于天赋、身体素质、社会角色以及所处社会制度的不同,其精神需求会呈现出有先有后、有多有少、有深有浅、有急有缓等的层次性特点。一般来说,具有明显天赋和良好身体素质的人对精神领域的活动不仅会更易于接受和完成,而且能够在参与的过程中不断地塑造自己的精神世界,从而形成较高广度与深度的精神需求。此外,个体在年龄、性别和社会分工所选择职业等方面上的差异,在促使其精神需求表现出明显差异的同时,一定社会制度条件下的法律体系、管理制度、道德规范、价值观念等对于个体的精神需求也会产生一定程度的影响。这些因素的共同作用,不仅会促使个体对精神需求的满足程度和愉悦程度的不同,而且会在此基础上形成不同层次的精神消费。因此,正确揭示人民群众精神需求的层次性特点,不仅对于恰当定位不同个体和群体的精神需求、推进社会主义精神文明建设具有积极意义,而且对马克思主义大众化的精准施策也具有启示作用。

人民群众的精神需求具有无限性的特点。正如马克思所言:"人以其需求的无限性和广泛性区别于其他一切动物。"①并且,社会生产力的无限发展为人民群众精神需求的无限发展提供和创造了广阔的空间,使其永远不会停留于一个固定的水平。根据人类社会的历史进程可以发现,人民群众的精神需求是一个无限发展的过程。不论是原始社会直接依附于物质需求的萌芽状态,还是封建社会与物质需求开始分离、资本主义社会的片面式和畸形式发展,或是社会主义社会和共产主义社会与物质需求的和谐统一状态,人民群众在满足自身衣食住行等基本物质需求的同时,总是不

---

① 《马克思恩格斯全集》第 49 卷,北京:人民出版社 1982 年版,第 130 页。

由自主地加入自身对社会交往、文化教育、艺术审美等方面的各种精神需求。因而，人民群众通过发挥自身的无限创造力，使物质生产以及其他社会实践始终向着更高水平而发展，从而确保自身精神需求能够得到无限满足。从这一角度来看，人民群众的精神需求是以物质生产实践为基础的，只要社会生产力能够不断地发展与进步，人民群众的精神需求也将随之日益丰富和全面。

（三）深刻把握人民群众的精神需求规律

生命活动是人民群众精神需求的规定性前提。通过分析马克思的相关论述可知，探寻一切有生命的存在物的一般特性，都应首先根据其生命活动的性质来进行考察。[1] 对于主体人而言，马克思认为人与动物的生命活动具有本质上的不同，因为人能够"使自己的生命活动本身变成自己意志的和自己意识的对象"[2]。一方面，人的生命活动是有意识的，这种意识的能动性能够使人形成相对于物质世界而言的精神世界，进而才能产生精神需求，使人类社会呈现出复杂的特点；另一方面，人的生命活动是自由的，这种对自由的追求会促使其产生改变自身生存条件的价值目标，进而更加追求精神上的自由。这表明，人的精神需求不仅是人的天性使然，而且是其实现全面发展的客观需要，任何脱离人的精神需求权利来探寻认识世界和改变世界都是不可取的。因此，要推动社会物质生产的发展，必须将人民群众的精神需求置于十分重要的地位，并深刻把握其精神需求的规律，以促使精神活动与实践活动形成一种良性的互动。

物质条件是人民群众精神需求的基本保障。根据马克思的论述，"个人是什么样的，这取决于他们进行生产的物质条件"[3]。只有当人们的物质生活得到基本的满足之后，才会产生精神方面的需求。并且，良好的物质条件以及先进的物质手段，也能成为激发和满足人民群众精神需求的积极因素。但是，这里的物质条件不同于一般概念上的意义，它主要指的是那

---

[1]　《马克思恩格斯文集》第 1 卷，北京：人民出版社 2009 年版，第 162 页。
[2]　《马克思恩格斯文集》第 1 卷，北京：人民出版社 2009 年版，第 162 页。
[3]　《马克思恩格斯选集》第 1 卷，北京：人民出版社 2012 年版，第 147 页。

些能够满足人民群众精神需求的场所和用品。譬如,图书馆、电影院、公园等场所能够为人民群众的精神活动提供专门的地方,放映工具、书籍刊物、艺术品等用品能够为人民群众的精神需求提供抒发的对象。并且,物质条件也随着科学技术的日益进步而得到了创新与完善,这不仅有利于满足人民群众多样化、层次化和差异化的精神需求,而且有利于激发人们的精神创造力,使人民群众的精神世界呈现出更高层次的发展。总之,人民群众精神需求的满足需要良好的物质条件作为前提和保障,精神家园的科学建构更是需要坚持物质保障的基本原则。

自由而全面的发展是人民群众精神需求的根本内涵。马克思认为,"每个人的自由发展是一切人的自由发展的条件"[1],而实现全人类自由而全面的发展就是马克思主义对于精神需求的最高理想目标。这个理想目标的实现,并非仅仅局限于精神层面,它包括人自身以及个性的共同解放。一方面,就人自身的解放而言,不合理的社会制度会相应地形成不利于人民群众精神家园健康可持续发展的各种现实条件,从而对人的精神生活产生束缚;另一方面,就人的个性解放而言,人的精神需求包括情感、审美、知识等多方面的需求,因而建构积极健康的精神家园需要实现认知、情感和意志等多方面的解放。由此可见,马克思主义所主张实现的人的自由而全面发展的理想目标不仅是要把人从不合理的社会制度中解放出来,进而为满足人民群众的精神需求创造基本人权的重要前提,而且致力于追求人民群众精神世界的全面发展。人民群众精神活动的开展以及精神生活的更高层次发展,都是以促进人的自由而全面发展为根本内涵和最高理想目标的。

总之,引领和满足人民群众的精神需求,首先必须分析和揭示人民群众精神需求的规律。在深刻把握这一规律的基础上,将十分有利于我们党进一步探索和追求健康的精神需求,从而推动马克思主义在广大人民群众精神家园层面的大众化。

---

[1] 《马克思恩格斯选集》第 1 卷,北京:人民出版社 2012 年版,第 422 页。

二、 引领、契合和塑造人民群众精神需求取向

人民群众的精神需求与社会发展和进步是联系在一起的,健康可持续的精神需求对于社会的有序发展意义重大。因而,在推动马克思主义大众化的实际工作中,正确地引领、契合和塑造人民群众的精神需求取向不可有丝毫的轻视和松懈。

(一)正确引领人民群众的精神需求取向

加强党的指导思想对多元社会思潮的正确引领。由于错综复杂的社会环境,人的精神需求在很多时候是盲目的、超越现实条件的,甚至是消极的。如果人民群众的精神需求得不到科学精神和社会主流意识形态的正确引导,那么,人民群众的精神需求取向将会对社会的和谐与稳定产生极大危害。马克思主义作为我们党的指导思想,它不仅是我们党在历史的风雨激荡中勇敢前行的光辉旗帜,而且是我们党用来凝聚人民、整合社会的重要工具之一。随着中国特色社会主义事业的不断推进,我国社会发生了一系列的深刻变革,各种社会思潮竞相涌现,人们的道德观、价值观呈现出了复杂性和多样性的变化。人民群众合理而健康的精神需求取向,不仅是文明社会的重要标志,而且是建构其积极的精神家园的需要。这样一来,为推动人民群众精神需求取向朝着健康有序的方向发展,就必须处理好党的指导思想一元化与社会思潮多元化之间的关系,使马克思主义对我国的思想文化领域进行有机整合。

加强社会主义政治文明对社会主义精神文明的正确引领。和谐社会是国家发展的理想状态,而政治文明正是社会和谐的重要标志之一。和谐社会包括政治文明和精神文明两个方面,其中,政治文明作为一种上层建筑,它既是意识形态层面的精神文明的基础,也是其建设的方向指引。在习近平同志看来,我国的民主政治在"发挥人民创造精神方面也还存在一些不足",应通过加强社会主义精神文明建设来"增强党和国家活力、调动

人民积极性"。① 在当代中国,加强社会主义政治文明建设对社会主义精神文明的引领,需要在坚持中国共产党领导的前提下,积极推进马克思主义的理论创新以构筑人民群众共同的精神家园,保证人民当家作主的权利以提高人民群众的精神创造活力,继续落实依法治国的基本方略以创造建构人民群众精神家园的有利外部环境。由此,社会主义政治文明建设好了,社会主义精神文明建设就有了坚实的基础,人民群众精神需求取向的发展方向就有了科学的指引,马克思主义信仰的社会基础也就得到了巩固。

加强思想政治教育对人民群众精神家园的正确引领。人民群众的精神需求属于社会心理的范畴,因而它不仅是社会意识的一种表现,而且是对社会存在的比较直接的反映。但是,这种表现和反映交织着大量的感性因素,具有极强的不确定性和不稳定性。其中,那些不够积极向上的一面容易转化甚至融合为非主导的社会意识形态,进而成为对抗社会主导意识形态以及物质存在的力量。思想政治教育作为社会意识形态的重要组成部分,能够直接作用于人的精神世界,其合理推进在社会生活中对于人的精神需求具有调节和引导作用。通过马克思主义对我国人民群众的思想政治教育,不仅能够在相当大的程度上发挥出马克思主义理论的价值作用,而且能够对人民群众的精神世界施加一种有目的、有计划、有组织的影响,提高人民群众认识世界和改造世界的能力与水平,进而促使其形成符合社会需要的主流价值观。由此可见,正确引领人民群众的精神需求取向,必须高度重视和充分发挥思想政治教育的功能,这对于提升人民群众的精神境界和精神品质将具有积极意义。

(二)科学契合人民群众的精神需求取向

夯实人民群众精神需求的物质基础。实际上,人们在追求精神需求的过程中能够得到的物质利益和精神利益都是十分有限的。这是因为,社会制度、社会阶层、社会角色等不同的因素,都能够对人们追求的物质需求和精神需求产生影响。但是,物质需求与精神需求相比较而言,物质需求更

① 习近平:《习近平谈治国理政》第 2 卷,北京:外文出版社 2017 年版,第 289 页。

具有基础性和制约性的作用。只有当人们的物质需求得到基本的满足之后，才会产生以及追求精神层面上的各种需求，甚至是更高层次的精神需求。从当前社会的发展阶段来看，夯实人民群众精神需求的物质基础，不仅需要通过发展经济来积聚物质力量，而且需要提高人民群众的生活水平来创造物质基础，从而促使人们的精神需求取向与社会物质条件处于相对平衡的状态。因此，要科学契合人民群众的精神需求取向，既不能脱离和轻视物质需求而强行地改造人们的精神世界，也不能一味地追求物质需求而忽视对人们精神世界的塑造，必须通过物质需求与精神需求的良性互动来把握人们精神家园的发展状况。

化解人民群众精神需求的内部矛盾。在毛泽东看来，"人的认识运动的发展也是充满着矛盾和斗争的发展"①，"矛盾存在于一切事物发展的过程中，矛盾贯穿于每一事物发展过程的始终"②。因而，人民群众的精神需求必然存在着内部矛盾。推动马克思主义大众化与人民群众精神需求取向的高度契合，就必须对这些内部矛盾加以正视，从而在其解决的动态过程中确保马克思主义大众化能够稳步推进。由于社会各阶层和各种利益群体的分化，其精神需求必然有所不同，进而不可避免地在一定情况下产生矛盾。如若不能妥善认识和化解这些矛盾，不同主体的精神需求势必会产生冲突，进而对其精神家园产生负面的影响。正确化解人民群众精神需求的内在矛盾，首先，需要从思想观念的层面来确保其精神状态的积极向上，使马克思主义通过汲取中华民族优秀传统文化和社会主义核心价值观的精神给养来获取人民群众的广泛认同，从而促进社会各阶层和各种利益群体始终处于互惠互利、互补互动的有序状态；其次，需要通过加强思想政治教育和信仰建设等工作，为人民群众建构起可以依靠的精神家园，使其精神需求的各种内在矛盾可以得到有效的解决。

紧随人民群众精神需求的与时递增。人是发展着的生命存在，因而"人的思想是历史地发生与发展着的，不是一开始就完备的，也永远不能完

---

① 《毛泽东选集》第 1 卷，北京：人民出版社 1991 年版，第 295 页。
② 《毛泽东选集》第 1 卷，北京：人民出版社 1991 年版，第 308 页。

备"。① 精神需求作为意识层面的重要部分，自然会随着时代的发展与进步
而出现深度和广度上的变化。这些变化不仅包括人们对于丰富的精神生
活活动与产品的追求，而且包括人们对于便捷的精神生活方式的追求，以
及对于更加健康的精神生活的追求等。人民群众的精神需求取向得到重
视和满足，人民群众的精神状态就会更加饱满、精神家园就会更加和谐。
紧随人民群众与时递增、与日丰富的精神需求，其关键是要为人们创造一
个轻松愉悦的生活环境，使人民群众对社会主流意识形态逐渐产生信任，
进而更好地融入国家积极建构的共有精神家园之中。而要满足人民群众
与时递增、与日丰富的精神需求，不仅要着眼于精神产品质量上的提升，更
要考虑不同群体的精神需求以及同一群体对不同方面的精神需求。只有
如此，才能根据人民群众精神需求的特点来科学契合其精神需求取向，进
而促进中华民族共有精神家园的建构。

（三）积极塑造人民群众的精神需求取向

坚持社会主义先进文化的发展方向。文化不仅是人民群众创造性的
灵魂，而且是人民群众精神生活的内在依据。因为文化"是一个国家、一个
民族发展中最基本、最深沉、最持久的力量"，文化建设能够"更好构筑中国
精神、中国价值、中国力量，巩固全党全国各族人民团结奋斗的共同思想基
础"。②但是，只有先进文化才能对一个民族产生向心力和凝聚力，进而使人
民群众的精神需求取向朝着积极向上、科学合理的方向发展。因而，对文
化的积极塑造就是对民族精神的积极塑造，对人民群众精神需求的积极塑
造需要牢牢把握社会主义先进文化的发展方向。社会主义先进文化是立
足于人民群众精神需求取向的先进文化体系，它不仅与中华民族优秀传统
文化和社会主义核心价值观相承接，而且能够推动文化产业和文化事业的
快速发展、不断增强全民族的创造活力。所以，把握好马克思主义对社会

---

① 《毛泽东文集》第 3 卷，北京：人民出版社 1996 年版，第 82 页。
② 习近平：《中共中央关于党的百年奋斗重大成就和历史经验的决议》，《人民日报》2021 年
11 月 17 日第 1 版。

主义先进文化的方向引领,并借助先进文化的特有功能作用于人民群众的精神世界,不仅有利于广大人民群众形成共同的道德准则和理想信念,进而为其精神家园的健康发展提供思想保证,而且能够为实现当代中国马克思主义大众化提炼出积极的精神元素。

加强社会主义道德规范的建设。习近平总书记强调,要想"实现我们的发展目标,不仅要在物质上强大起来,而且要在精神上强大起来"。[①]但精神的强大和科学发展离不开道德规范的建设,因为道德是内心的法律以及社会关系的基石,而社会主义道德正是以马克思主义为世界观且代表无产阶级和广大劳动人民根本利益的先进道德体系,它能够给予人的精神世界以强大的精神力量。社会主义道德包括个人品德、家庭美德、社会公德和职业道德等,加强社会主义道德规范建设不仅需要社会主义法律、公共文化服务和思想政治教育工作的相互配合,而且需要处理好人与人之间、公民与国家之间的道德关系,积极倡导爱国、守法、明礼、诚信、团结、友善、勤俭、自强、敬业、奉献等的道德要求。而广大民众对道德规范的切实遵守需要通过先进道德模范和道德文明创建活动的精神熏陶来使社会主义道德对人民群众的精神世界进行滋养。经此,良好的道德风尚不仅能够成为人民群众的精神支柱,而且对于引领和塑造人民群众精神需求的取向同样具有积极的作用。

推进中国特色社会主义教育事业的全面兴盛。人民群众的精神需要理应包括对教育的需要,因为教育事业是全社会的基础性和先导性事业,它能够满足个体和社会发展的精神需求。中国特色社会主义教育事业的根本任务是培养社会主义建设者和接班人,进而促进人的全面发展,这与马克思主义大众化的理想目标具有高度的契合性。换言之,通过稳步推进新时代中国特色社会主义教育事业的全面兴盛,不仅能够在很大程度上解决人民群众的精神生活需求,而且有利于对人民群众的精神需求进行积极塑造。要解决我国教育事业的发展问题,我们党必须承担起最首要的责任和义务,坚持马克思主义的指导地位,以服务人民、完善人格、培养人才、凝

---

① 习近平:《习近平谈治国理政》第1卷,北京:外文出版社2018年版,第46页。

聚人心为重要目标,使教育成为提升人民群众精神境界、满足人民群众精神需要的重要途径。简言之,马克思主义要在全社会范围内获得认同,不仅需要马克思主义大众化的积极推进,而且需要中国特色社会主义教育事业对人民群众精神家园的积极塑造。

总之,要实现马克思主义在广大人民群众的意义世界和价值系统中开花结果,就应科学把握人民群众精神需求的规律,并在鲜活的实践活动中引导和塑造人民群众积极健康的精神需求,进而使马克思主义的大众化与人民群众的精神需求之间互为支撑、相得益彰。

三、 宣传、阐释和彰显马克思主义的理论品质

马克思主义之所以能作为一种深刻影响着人的发展以及世界历史进程的强大精神力量,其根本原因就在于它具有鲜明的理论品质。因此,宣传、阐释和彰显马克思主义的科学性、人民性、实践性和开放性等理论品质,不仅有助于在坚持马克思主义的过程中推动其实现大众化,而且有助于发挥其作为一种精神力量对于建构人民群众精神家园的积极作用。

(一) 深入宣传马克思主义的科学性

马克思主义批判性继承与发展了以往人类社会的思想成果。列宁曾评价道:"马克思学说是人类在 19 世纪所创造的优秀成果——德国的哲学、英国的政治经济学和法国的社会主义的当然继承者。"[①]而这三大组成部分又分别来源于德国的古典哲学、英国的古典政治经济学以及法国的空想社会主义。首先,就哲学来说,德国古典哲学以黑格尔的辩证法和费尔巴哈的唯物主义思想为主要代表,马克思、恩格斯通过批判吸收其合理部分而创立了辩证唯物主义和历史唯物主义,为马克思主义奠定了哲学基础。其次,就政治经济学来说,英国古典政治经济学关于劳动是价值源泉的思想观点对马克思和恩格斯的思想产生了重要影响,马克思和恩格斯通过揭露

---

① 《列宁选集》第 2 卷,北京:人民出版社 1995 年版,第 309—310 页。

资本家的剥削秘密,不仅阐明了资本主义产生、发展和灭亡的客观规律,而且创立了剩余价值论,从而奠定了马克思主义经济理论的基石。最后,就社会主义来说,19世纪初期的空想社会主义不仅深刻地揭露了资本主义制度的内在矛盾,还对未来的理想社会提出了许多天才的设想。在此基础上,马克思和恩格斯以唯物史观和剩余价值学说为基础,阐明了资本主义生产方式一定会被社会主义生产方式所代替的必然性,指明了无产阶级的革命道路,从而创立了科学社会主义学说,使社会主义从空想变成了科学。

马克思主义揭示了人类社会的发展规律。马克思和恩格斯通过创建唯物史观和剩余价值学说,不仅揭示了资本主义经济运行的特殊规律,而且为人类社会指明了从必然王国向自由王国飞跃的途径。可以说,马克思和恩格斯的理论学说之所以能够最终升华为马克思主义,其根本原因就是马克思对所处的时代和世界进行了深入的考察,从而科学把握了人类社会的发展规律。习近平总书记指出,马克思对人类社会发展规律的深刻把握源于马克思对于"凡是人类社会所创造的一切,他都有批判地重新加以探讨,任何一点也没有忽略过去。凡是人类思想所建树的一切,他都放在工人运动中检验过,重新加以探讨,加以批判,从而得出了那些被资产阶级狭隘性所限制或被资产阶级偏见束缚住的人所不能得出的结论"。①马克思和恩格斯坚信,未来社会不仅没有剥削和阶级,而且"将是这样一个联合体,在那里,每个人的自由发展是一切人的自由发展的条件"②。现今,历史和现实正日益证明马克思和恩格斯关于未来社会的预言的科学价值。因此,社会的发展仍然需要在马克思主义这一理想的鼓舞下,不断地探索实现人们自由而全面发展的途径。

马克思主义提供了认识世界和改造世界的科学方法。恩格斯强调说:"马克思的整个世界观不是教义,而是方法。它提供的不是现成的教条,而是进一步研究的出发点和供这种研究使用的方法。"③实践的观点是马克思主义的根本观点,马克思主义不仅始终强调从实际出发,而且主张辩证地、

---

① 习近平:《在纪念马克思诞辰200周年大会上的讲话》,《人民日报》2018年5月5日第2版。
② 《马克思恩格斯选集》第1卷,北京:人民出版社2012年版,第422页。
③ 《马克思恩格斯选集》第4卷,北京:人民出版社2012年版,第664页。

理性地看待与分析问题。回顾我国的发展历程可以发现,马克思主义为解决我国发展中遇到的各种难题不仅提供了需要遵循的根本原则,而且发挥了方法论的科学指导作用。正是在马克思主义理论体系的科学指导下,我国不断深化了对共产党执政规律、社会主义建设规律和人类社会发展规律的认识,解决了许多长期想解决而没有解决的难题,办成了许多过去想办却没有办成的大事。对此,习近平总书记指出:"马克思主义不是书斋里的学问,而是为了改变人民历史命运而创立的,是在人民求解放的实践中形成的,也是在人民求解放的实践中丰富和发展的,为人民认识世界、改造世界提供了强大精神力量。"①事实表明,在现阶段的中国,最重要的就是要掌握和运用马克思主义在世界观层面的基本原则和基本方法,如此才能不断提高我们党驾驭各种复杂局面、处理各种突出难题的能力,进而使马克思主义在当代中国焕发出更加旺盛的生命力。

(二) 深刻阐释马克思主义的人民性

马克思主义始终尊重人民的主体地位。对于人类历史发展主体的问题,历来存在两种根本不同的观点,即英雄史观和群众史观。英雄史观从唯心主义出发,认为历史是由"上帝"和少数英雄人物来决定的,而人民群众则不过是可以被任意支配的"工具"。与之相反的是,马克思主义则从辩证唯物主义出发,认为物质生产是人类社会存在与发展的基础,生产力是推动物质生产的最终决定力量,而劳动者是生产力的主体。马克思曾强调指出:"人始终是主体"②,"历史活动是群众的活动,随着历史活动的深入,必将是群众队伍的扩大"③。换言之,马克思主义不仅认为人民群众的社会实践活动构成了人类社会历史发展的动力,而且认为人民群众是推动社会历史发展的最终决定因素。此外,恩格斯还指出:"人们首先必须吃、喝、住、穿,然后才能从事政治、科学、艺术、宗教等等,所以,直接的物质的生活

---

① 习近平:《在纪念马克思诞辰 200 周年大会上的讲话》,《人民日报》2018 年 5 月 5 日第 2 版。
② 《马克思恩格斯文集》第 1 卷,北京:人民出版社 2009 年版,第 195—196 页。
③ 《马克思恩格斯文集》第 1 卷,北京:人民出版社 2009 年版,第 287 页。

资料的生产,从而一个民族或一个时代的一定的经济发展阶段,便构成基础……"①由此可见,作为历史主体的人民群众不仅创造了自己的物质活动和精神活动的历史,还创造了人类社会的历史。总之,全面分析和阐述马克思主义蕴含的以人为本的价值取向和价值标准,对于我们党继续坚持和发展马克思主义的信心具有极大的鼓舞作用。

马克思主义始终坚持人民的政治立场。在关于人的本质的探讨中,费尔巴哈把人看作是脱离历史和现实的孤立存在物,而马克思则超越了费尔巴哈的抽象认识论,认为人是一切社会关系的总和。②因此,人不能离开社会关系而孤立的存在,社会历史的进程也同样离不开主体人的积极参与。基于这一认识,马克思主义把一切认识都建立在了现实的人的基础上,不仅始终把人民群众作为自身的根本立场,而且把实现人民群众真正成为自然界和人类社会的主人作为自身的价值追求目标。在马克思主义以前,社会上占统治地位的理论学说基本上都是为统治阶级服务的,并不能真正代表人民群众的根本利益。与之不同的是,马克思主义是关于人民的理论,它"第一次站在人民的立场探求人类自由解放的道路,以科学的理论为最终建立一个没有压迫、没有剥削、人人平等、人人自由的理想社会指明了方向"③。由此可见,马克思主义的人民性不仅具有突出的现实意义,而且在全世界面前树立起了为人民群众根本利益而奋斗的价值标杆。深刻阐述这一主要特性的具体内容和精神实质,对于新时代在深刻把握马克思主义理论品质的基础上进一步推进其大众化将具有积极的作用。

马克思主义始终致力于满足人民的美好需要。在马克思主义看来,人的生命的价值在于实现自由解放和全面发展,因而主张通过无产阶级的革命运动来推翻资本主义制度、建立能够实现人自由而全面发展的新的社会制度。④这是因为,在资本主义制度的条件下,一边是物质产品的相对过剩,一边却是贫苦和饥饿的广大劳动人民。这不仅使广大劳动人民的生活条

---

① 《马克思恩格斯文集》第3卷,北京:人民出版社2009年版,第601页。

② 《马克思恩格斯文集》第1卷,北京:人民出版社2009年版,第499—502页。

③ 习近平:《在纪念马克思诞辰200周年大会上的讲话》,《人民日报》2018年5月5日第2版。

④ 《马克思恩格斯文集》第1卷,北京:人民出版社2009年版,第422页。

件已经到了极度违背人的需要的顶点,而且扭曲了人们的精神世界,使人们的天性和人权都得不到真正的保护。但在马克思主义所设想的新的社会制度下,人能够实现对于本质的回归,人的各种需要将不再受到物的支配,人的生活的真正目的将在于实现个人的发展而不是作为劳动的工具。因此,在新时代中国特色社会主义的建设过程中,习近平总书记不仅一再强调,"人民对美好生活的向往,就是我们的奋斗目标"①,而且将这种美好需要由个人对经济、政治、文化、社会发展的需要,发展为对经济、政治、文化、社会、生态文明建设以及对公平、正义、安全等整体性的需要。深刻把握和阐述马克思主义关于满足人民美好需要的思想,对于开创马克思主义和人们精神家园的新境界具有借鉴意义。

(三)科学阐述马克思主义的实践性

马克思主义来源于实践。在马克思主义之前,经验论和唯理论之间的论争不断,经验论认为一切认识都建立在感性经验的基础上,而唯理论认为只有理性认识才是可靠的认识。从某种程度来说,无论是经验论还是唯理论,都没有解决认识主体和客体之间的关系问题。直到马克思主义的应运而生,才逐渐明确了一切认识都源于实践、实践反过来指导认识的基本观点,并最终正确解决了认识主体和认识客体的关系问题。马克思主义从资本主义社会的现实状况着手,通过深入到生产过程、流通过程等关于商品的运动过程,不仅发现了劳动的二重性,而且在此基础上提出了剩余价值理论,从而发现了资本主义的基本矛盾以及人类社会发展的历史趋势。作为马克思主义的坚定信仰者,无论是毛泽东通过结合我国的具体国情而提出的"一切从实际出发"的思想观点,还是邓小平提出的"解放思想、实事求是"的思想观点,都是对马克思主义的实践精神的贯彻和弘扬,使马克思主义的实践性特点变得更加鲜明。因此,始终坚持和弘扬马克思主义的实践精神、实践作风,是新形势下推进马克思主义融入并转化为广大人民群众的意义世界和价值系统的有机组成部分的必然要求。

---

① 《习近平谈治国理政》第 1 卷,北京:外文出版社 2018 年版,第 4 页。

　　马克思主义是指导实践的强大理论武器。马克思曾指出:"批判的武器当然不能代替武器的批判,物质力量只能用物质力量来摧毁;但是理论一经掌握群众,也会变成物质力量。"①但是,实践作为人们社会活动的重要体现,不能以片面的、孤立的眼光来看待或者否定其意义,只有从实践的一般基础上总结出来的科学理论才能发挥解释和指导实践活动的作用。因此,在实际生活中,理论与实践始终是一个事物的两个方面,二者相互促进才能推动事物的顺利发展。由于马克思主义理论来源于实践,所以它不同于以往那些空洞的、片面的理论学说,它认为社会生活的本质是实践的,离开实践的哲学对于社会发展来说没有任何的意义,因而能够作为人们追求美好生活的精神动力以及指导人们改造世界的理论武器。②掌握、运用和推广马克思主义的方法论以认识、分析和解决问题,并不断在理论和实践的方面实现马克思主义的大众化,对于个人以及整个国家和社会的进步与发展都将具有十分重要的现实意义。

　　马克思主义需要不断被新的实践所检验、补充和完善。马克思曾强调:"我们的理论是发展着的理论,而不是必须背得烂熟并机械地加以重复的教条"③,"我们没有最终目标。我们是不断发展论者,我们不打算把什么最终规律强加给人类"④。因此,马克思主义既不是一成不变的教条,也不可能穷尽真理,它是一个不断否定和扬弃的发展过程。马克思主义的基本立场、观点和方法只能为人们继续认识世界和改造世界开辟新的道路,尤其是一些论断只能适用于特定的历史时期与时空条件,因而它不可能成为绝对真理,反而需要新的时代经验来不断充实其内涵。正如马克思所说:"我们只能在我们时代的条件下去认识,而且这些条件达到什么程度,我们就认识到什么程度。"⑤马克思主义从诞生到现今,它通过不断地检验、补充和完善自身的认识和观点,不仅经受住了时代变迁的考验,而且呈现出了

---

① 《马克思恩格斯选集》第1卷,北京:人民出版社2012年版,第9页。
② 《马克思恩格斯文集》第1卷,北京:人民出版社2009年版,第503—505页。
③ 《马克思恩格斯选集》第4卷,北京:人民出版社2012年版,第588页。
④ 《马克思恩格斯文集》第4卷,北京:人民出版社2009年版,第561页。
⑤ 《马克思恩格斯选集》第3卷,北京:人民出版社2012年版,第933页。

更加强大的生命力和感召力。事实证明,马克思主义的每一次重大突破和历史性飞跃,都对社会的发展与进步产生了不可估量的贡献。

(四) 积极彰显马克思主义的开放性

马克思主义不是僵化的理论体系。从马克思主义的理论来源来看,它是在批判、吸收前人思想理论成果的基础上产生的,因而具有生机勃勃的朝气和活力。譬如,19 世纪的细胞学说、能量守恒和转化定律以及进化论的三大科学技术成果为马克思主义的产生奠定了坚实的自然科学基础,法国资产阶级的启蒙思想和复辟时期的阶级斗争理论为马克思主义的诞生提供了有益的思想资源,世界上一些社会主义国家关于社会主义革命和建设的实践活动也为马克思主义的创造性发展提供了重要的经验。由此说明,马克思主义绝不是封闭的僵化教条,而是能够通过汲取人类的一切有益的思想资源来确保自身永葆旺盛的生命力。对此,列宁曾强调指出:"马克思主义同'宗派主义'毫无相似之处,它绝不是离开世界文明发展大道而产生的一种故步自封、僵化不变的学说。"①因此,用开阔的眼光来吸收人类社会创造的一切优秀文明成果,不断地超越和完善自己,不仅是马克思主义自身发展的本质要求,更是增强党和国家各项事业活力的需要。

马克思主义是一个不断发展的理论体系。在马克思主义的形成过程中,马克思和恩格斯不仅亲自参加和组织国际共产主义运动,而且为建立无产阶级的革命性组织也发挥了重要的指导作用。在此基础上,马克思和恩格斯通过总结世界无产阶级革命斗争的历史经验,在理论和实践相统一的基础上不断丰富和发展马克思主义。但在马克思主义的理论体系中,虽然马克思和恩格斯的思想理论成果占据着其最根本性的地位,但却不能代表马克思主义理论的全部内容。譬如,列宁不仅促进了社会主义由理论到现实的伟大飞跃,而且从俄国的具体实际出发,为马克思主义探索经济文化落后条件下社会主义国家的发展道路积累了重要的经验;中国共产党自成立以来,通过不断推进马克思主义与中国具体实际的有机结合,形成了

---

① 《列宁全集》第 23 卷,北京:人民出版社 1990 年版,第 41 页。

一系列的新理念、新思想和新论断，开创了当代中国马克思主义的新境界。对此，习近平总书记指出："一部马克思主义发展史就是马克思、恩格斯以及他们的后继者们不断根据时代、实践、认识发展而发展的历史。"①因此，马克思主义的开放性决定了它能够对时代发展的新课题不断进行指导、对人类社会面临的新挑战不断做出回应。

马克思主义是继往开来的理论体系。由于资本主义制度下人的异化状态，马克思深刻意识到了资本主义社会的狭隘特性，因而主张通过人们的团结斗争来消除这种违背人的发展规律的异化现象。恩格斯曾指出："哲学家们只是用不同的方式解释世界，问题在于改变世界。"②因此，马克思主义站在一个全新的高度，不仅摒弃了旧唯物主义的直观性弊端，而且弥补了唯心主义忽视实践活动的片面性缺点，进而前所未有地确立了实现物质世界的客观性和主体人的能动性相统一的前提下的改造世界的重要使命。马克思主义之所以把人的目的性作为其改造世界的出发点是因为人是历史的主体，而之所以把尊重客观规律作为其改造世界的根本性前提，其原因在于："不要过分陶醉于我们人类对自然界的胜利。对于每一次这样的胜利，自然界都对我们进行报复。"③可以说，马克思主义致力于改造世界的开放性特点，不仅有利于充分激发人民群众的创造性发展，而且有利于促进人类文明的进步。人们只有在尊重客观规律的基础上不断加强对客观世界的认识和反思，才能对世界进行科学的、最优化的改造。

总之，马克思主义的理论品质对人民群众精神家园的建构不仅提供了正确的指引，而且提出了新的要求。只有持续保持马克思主义积极向上、破旧立新的精神状态，才能不断开拓马克思主义大众化发展的新境界，进而筑牢人民群众的精神家园。

---

① 习近平：《在纪念马克思诞辰 200 周年大会上的讲话》，《人民日报》2018 年 5 月 5 日第 2 版。

② 《马克思恩格斯文集》第 1 卷，北京：人民出版社 2009 年版，第 502 页。

③ 《马克思恩格斯选集》第 3 卷，北京：人民出版社 2012 年版，第 998 页。

四、 澄清、呈现和增强马克思主义的信仰魅力

基于人们追求物欲而造成信仰缺失的现状,当代中国人精神家园的积极建构不仅需要厘清和把握马克思主义的理论品质,而且还需要通过澄清马克思主义的信仰误区,以及呈现马克思主义的信仰特征来增强马克思主义的信仰魅力。

(一)科学澄清马克思主义的信仰误区

马克思主义是不是信仰的认知误区。马克思主义是以马克思主义哲学、政治经济学和科学社会主义共同构成的完整严密的理论体系,它为人类社会的发展与进步揭示了社会历史发展的客观规律,因而它具有科学性和真理性。马克思主义不仅通过关注全人类的前途和命运来体现它对人民群众的人文关怀,而且通过发挥自身强大的精神力量来鼓舞全世界的无产者为人类社会创造了伟大的实践成果。由此可见,马克思主义不仅是一种科学的信仰,而且蕴含着强大的精神力量。相较于其他的信仰而言,马克思主义信仰不仅具有信仰的本质特征和主要功能,而且能够以一种追求真理的精神来超越那些非理性的认识,从而将全人类的前途和命运作为终极关怀并付诸实践。因此,那些怀疑马克思主义不是科学信仰、认为马克思主义过时了的认知和观点都是不可取的。要实现当代中国马克思主义大众化,必须首先科学澄清马克思主义信仰的地位,始终将马克思主义作为党和国家的指导思想来坚持,避免走向消极的怀疑主义和教条主义。

马克思主义信仰是否具有现实可能性的认知误区。马克思主义所阐述和主张的共产主义理想是"消灭现存状况的现实的运动"①,反对任何不切实际的空想是其鲜明的特征。由于马克思主义关于"消灭私有制""资本主义的灭亡和共产主义的胜利同样不可避免"等的重要论断并不是现阶段所有社会主义国家的中心任务,所以一些关于马克思主义信仰描绘的理想

---

① 《马克思恩格斯文集》第 1 卷,北京:人民出版社 2009 年版,第 539 页。

蓝图不具有现实可能性的认知误区开始甚嚣尘上。但人类社会历史的发展规律证明,一个社会形态的产生、发展与灭亡总是具有一个漫长的历史过程,并不能以此来否定马克思主义信仰的现实可能性。根据马克思主义内在的理论品质可以发现,马克思主义的实践过程并不是直线式前进、一帆风顺的。因此,马克思主义信仰的实践过程符合前进性与曲折性相统一的规律,它的质变只有通过足够的量变积累才能产生,而那些关于马克思主义信仰是否具有现实可能性的认知误区是一种狭隘的经验论。当前,要推动马克思主义在广大人民群众精神家园领域的大众化,就必须对这种狭隘性认知进行及时纠正,否则将给马克思主义信仰魅力的彰显产生极大的不利影响。

　　把共产主义解读为马克思主义信仰的认知误区。马克思主义是一种科学认识和科学信仰,而共产主义是一种现实运动和终极理想,不能把二者进行直接的等同;但从理想和信仰的角度来看,马克思主义信仰是人们对共产主义理想的追求和实践,二者又存在着一种密切的联系。共产主义和马克思主义信仰之间的这种复杂关系容易误导人们对其产生错误的认知,进而形成非科学的信仰观念,不利于精神家园视域下马克思主义大众化的科学开展。反思这种错误的认知,主要是因为人们没有把科学认识和科学信仰进行统一的看待,要么把马克思主义看作一种纯粹的理论体系,只强调对其进行学理层面的剖析和理解,要么把马克思主义视作一种纯粹的信仰体系而产生盲目的信任和崇拜。[①]要正确认识和把握二者之间的关系,不仅要明确人们对于马克思主义理论的深刻理解和全面把握是促进人们更加坚定共产主义理想的理论基础,更要明晰实现共产主义理想是马克思主义信仰的价值目标。据此,科学澄清人们关于共产主义和马克思主义信仰的认知误区,不仅有利于我们党的信仰建设工作的科学推进,而且有利于建构人民群众积极向上的精神家园。

---

① 荆学民:《关于马克思主义和共产主义信仰的理论思考》,《马克思主义研究》1999 年第 5 期,第 60 页。

（二）全面呈现马克思主义的信仰特性

马克思主义信仰是科学性与价值性的统一。马克思主义的实践性决定了马克思主义信仰的科学性，并且，马克思主义历经时代的磨砺而呈现出更加旺盛的生命力正是其价值性的重要体现。总的来说，马克思主义不仅具有科学的思想理论来源，而且通过揭露资本主义社会不可克服的内在矛盾来揭示了人类社会发展的趋势，还为人们认识世界和改造世界提供了科学方法。对此，作为马克思主义忠实的信仰者和践行者，列宁认为马克思主义"给人们提供了决不同任何迷信、任何反动势力、任何为资产阶级压迫所作的辩护相妥协的完整的世界观"①；毛泽东也认为"马克思主义是一种科学真理"②。可以说，正是因为马克思主义的创立，工人阶级的解放斗争才有了明确的方向，人类社会的发展与进步才有了强大的思想武器。马克思主义能成为一种信仰就在于它不仅以其逻辑严密的理论体系奠定了信仰的基础，而且以其崇高的价值追求具备了信仰的动因，从而使科学性与价值性内在地统一于它自身。

马克思主义信仰是理想性与现实性的统一。毛泽东在谈到马克思主义的现实性时曾指出："虽然理想一定要有，但是还要结合一个东西，叫作'现实'。"③马克思主义与宗教信仰具有根本性的不同，宗教信仰把人的希望寄托于不可能的来世，而马克思主义信仰则为人们指明了可以实现的理想目标。并且，马克思主义并不是在意识形态领域对现实社会进行纯粹的谴责或幻想，而是通过对世俗世界种种不公的批判性认识来找到了理想的实现途径与方式方法，因而具有重要的现实意义。更重要的是，马克思主义信仰把人民群众看作历史的真正主体与创造者，它不仅把实现人民群众的根本利益作为自身的奋斗目标，而且激励和引导着人民群众通过实践活动来谋求自身利益。马克思主义信仰通过对理想和现实的统一，不仅给予了人文关怀，而且提供了科学的理想和信念，从而使信仰受众的精神世界

---

① 《列宁全集》第 23 卷，北京：人民出版社 1990 年版，第 41 页。
② 《毛泽东文集》第 7 卷，北京：人民出版社 1999 年版，第 231 页。
③ 《毛泽东文集》第 3 卷，北京：人民出版社 1996 年版，第 361 页。

得到了解放与升华。

马克思主义信仰是终极性与阶段性的统一。马克思主义信仰以实现人的自由而全面发展的价值目标体现了它对生命存在的终极关怀，而为实现这个价值目标所制定的具体目标则体现了其阶段性的特点。对此，有学者指出，信仰"作为价值，它的特质在于给人们提供知识以外的关于未来的信念，以此构成人类向历史纵深处延伸和向未来极限处挺进的精神支柱"，信仰的存在和表现形式很可能会超越事实本身。①马克思主义信仰关于实现人的自由而全面发展的价值目标虽然是对信仰的超越性的深刻体现，但它并不是一种乌托邦式的空想，而是人类社会发展的必然。世界上的一些社会主义国家，由于社会生产水平的局限而无法在现阶段实现这一目标，因而制定了若干的阶段性目标。从我国的社会主义建设来看，为了激发人们对马克思主义信仰的信心和热情，我国不仅制定了中国特色社会主义共同理想的阶段性目标，而且不断地对马克思主义信仰的内涵进行丰富，从而使中国特色社会主义共同理想和共产主义远大理想实现了有效的对接。

（三）持续增强马克思主义的信仰魅力

增强马克思主义信仰关于为人类福利而劳动的现实性魅力。在马克思看来，劳动是一种自由自觉的生命活动，但仅为满足个人需要的劳动不能使自己成为具有高尚品格的人。因此，马克思在《青年在选择职业时的考虑》中指出："在选择职业时，我们应该遵循的主要指针是人类的幸福""如果我们选择了最能为人类而工作的职业，那么……我们的幸福将属于千百万人，我们的事业将悄然无息地存在下去，但是它会永远发挥作用"。②可以说，这一论述不仅体现了马克思对人生价值的深刻思考和执着追求，而且彰显了马克思主义信仰的现实性魅力。马克思主义通过分析和揭露资本主义制度的剥削本质，认为资本家不仅剥夺了劳动人民创造出来的物质财富，而且使其变得更加贫困，进而成为失去"灵魂"的"劳动工具"。所

---

① 荆学民：《论信仰价值的发生》，《哲学研究》1994年第5期，第22页。
② 《马克思恩格斯全集》第1卷，北京：人民出版社1995年版，第459页。

以，马克思主义不仅形成了指导谋求全人类福利的许多科学理论，而且促进了致力于为整个无产阶级谋求福利的无产阶级政党的诞生。因此，马克思主义的信仰魅力关乎人类福利的最终兑现，必须通过加强新时代的信仰建设来提升共产党人以及马克思主义信仰者的精神境界，从而使马克思主义信仰关于为人类福利而劳动的现实理想得到广泛的支持和参与。

增强马克思主义信仰关于实现共产主义的理想性魅力。马克思主义通过对资本主义本质的合理剖析，找到了人类社会的未来发展方向，进而确立了实现共产主义的远大理想。人不仅是一种现实性存在，而且具有超越现实生活的理想追求。共产主义正是马克思主义根据资本主义的现实而主张的一种未来社会形式，它体现了人们对未来美好生活的向往，即根除一切剥削和压迫以及造成社会不平等的经济基础，使创造财富和享有财富实现统一。但是，共产主义本身并不是人的发展的现阶段目标，而是关于"人的解放和复原的一个现实的、对下一个阶段历史发展来说是必然的环节"①。所以，共产主义不会仅仅因为生产力的发展而实现，它是一种相对于当下社会现实而言的崇高理想，这种理想只能在无数阶段性目标的不断实现中变成现实。然而，由于不同民族实现共产主义的道路不尽相同，在现阶段的中国就是要通过马克思主义大众化来促使广大民众成为与共产主义理想一脉相承的中国特色社会主义共同理想的坚定信仰者和忠诚实践者，从而使我国不断地接近共产主义理想。

增强马克思主义信仰关于追求人类解放的超越性魅力。信仰具有超越性，它能够把人从他所处的现实世界提升到理想的精神世界。马克思认为，"任何解放都是使人的世界即各种关系回归于人自身"②，"要不是每一个人都得到解放，社会也不能得到解放"③。因而，马克思主义从现实的个人出发，超越了当下的生活可能，把实现人类解放作为自身的价值目标。我国努力建设的中国特色社会主义的根本目标是解放和发展生产力、消灭剥削和两极分化，最终实现共同富裕，这与马克思主义信仰关于实现人类

---

① 《马克思恩格斯文集》第 1 卷，北京：人民出版社 2009 年版，第 197 页。
② 《马克思恩格斯文集》第 1 卷，北京：人民出版社 2009 年版，第 46 页。
③ 《马克思恩格斯选集》第 3 卷，北京：人民出版社 2012 年版，第 681 页。

解放的终极性目标是紧密联系在一起的。但是,我国的社会主义建设虽然始终坚持马克思主义关于人类解放思想的指引方向,但"摸着石头过河"使各种挫折和挑战成了不可避免的阻碍因素。既然如此,增强马克思主义信仰关于追求人类解放的超越性魅力,既是我国现阶段发展的需要,也是为广大人民群众谋幸福的需要。这要求我们,必须尊重人民群众的首创精神,将马克思主义大众化的目标一以贯之,使广大人民群众胸怀坚定的马克思主义信仰以共筑中华民族伟大复兴的中国梦。

总而言之,马克思主义信仰的内在魅力不仅是使其成为一门科学信仰的重要因素,而且还是把马克思主义大众化在精神家园领域作为一项重要工作来全面推进的关键因素所在。

五、 审视、把脉和筑牢马克思主义的实践之基

实现马克思主义大众化不仅是巩固马克思主义在意识形态领域指导地位的必然之举,也是树立和坚定广大人民群众对马克思主义信仰的信心和信念的现实需要。因此,推动当代中国马克思主义大众化,必须重视对马克思主义实践根基的审视和巩固以引领和夯实民众的精神家园。

(一)全面审视马克思主义的实践困境

精神诉求的困境。人的精神诉求不仅包括世俗层面的追求,而且包括理想层面的需要。马克思主义从"现实的人"出发,建立了不同于以往一切历史观的唯物史观,揭示了人类社会发展的客观规律,不仅强调了人民群众对美好生活的现实追求,而且在全世界一部分无产者的心目中建立起了科学的马克思主义信仰。虽然马克思主义所蕴含的理想是崇高的、有积极意义的,但在其大众化的具体推进过程中它的终极理想和最高价值与目前社会的发展状况、现实需要和实践活动等也同样存在着一些差距和矛盾。这种状况不仅在一定程度上导致部分民众将马克思主义信仰神圣化,使马克思主义游离于普通民众且局限于精英阶层之中,进而使马克思主义丧失

了对普通民众的精神引领作用；而且容易导致人民群众的价值观念和精神需求取向与社会主流意识形态相脱节，进而使马克思主义大众化缺乏对民众精神诉求的包容和契合。因此，马克思主义大众化的推进需要全面审视理想化和世俗化之间的关系，既要保持对现实世界的批判性思考，也要用理想来照亮现实生活。

话语转换的困境。由于马克思主义是在西方文化背景下形成的理论学说，所以它在我国的大众化"必须和我国的具体特点相结合并通过一定的民族形式才能实现"。① 为此，目前必须相应地全面审视马克思主义话语转换的境况，进而推动马克思主义传播话语同我国民众接受心理的契合。可以说，马克思主义是一个需要不断调整和转换的符号系统，其在中国语境下的话语转换就是将马克思主义的精髓与中国的文化传统和思维习惯相融合，进而形成具有中国气派、中国作风且为人民群众所普遍接受和认同的话语形式。虽然马克思主义已经深刻融入到我国的历史和文化之中，但我国在推进马克思主义大众化的实践过程中仍然面临着不少困境。一方面是并没有完全摆脱马克思主义的西方话语形式的思想束缚，另一方面我国是一个多民族的国家，各民族由于生活环境和文化传统的不同而形成了不同的语言习惯和心理需要。因此，要想促进马克思主义真正融入和助益人民群众的精神家园，就必须全面审视和抓紧解决当代中国马克思主义话语转换面临的难题，努力提升马克思主义话语转换的实际效果。

传媒整合的困境。互联网的快速发展虽然提升了信息传播和更新的速度，但也加速了信息传播的碎片化进程。随着新兴媒介的应用，信息的碎片化发展不仅使传统媒介的传播效能大大降低，而且使各种碎片式的信息海量堆积。在这种情况下，马克思主义大众化如何适应新兴媒介的运用模式、如何构建多种传播渠道、如何适应不同受众的个性化差异、如何促进新旧媒介的有机融合、如何整合碎片式信息等的问题都值得引起关注和思考。如果缺乏对传媒技术的深刻思考以及新旧媒介的有机融合，当代中国马克思主义大众化将无法适应广大人民群众在兴趣指向、情感需求、思维

① 《毛泽东选集》第 2 卷，北京：人民出版社 1991 年版，第 534 页。

习惯、认识水平等方面的变化,从而造成马克思主义大众化脱离它当前所处的实践根基。这是因为,马克思主义大众化在本质上是一个实践的过程,而网络信息作为一种新兴媒介,它能够对马克思主义大众化对象的认知习惯产生深刻的影响。换言之,要实现马克思主义大众化,只有通过传媒资源的整合,才能使马克思主义以科学真理的身份走入广大人民群众的心灵深处。

(二) 科学把脉马克思主义的困境成因

错综复杂的时代环境。当今世界是一个开放的世界,科学技术的不断发展和进步使各国综合国力的竞争以及对利益和资源的争夺都非常激烈,这些现象间接性地使当代马克思主义的实践陷入了困境。一方面,西方敌对势力对我国意识形态领域的渗透对马克思主义大众化带来了极大的挑战,他们通过宣传与我国主流意识形态所不符合的极端个人主义和普世性价值观来企图削弱我国民众的社会主义意识、动摇我国民众对马克思主义信仰的信心、危害我国社会的秩序;另一方面,我国在由传统社会向现代社会转型的过程中,各种明显的以及潜在的社会风险和社会冲突极大增加,对马克思主义大众化的实现带来了一定程度上的危害。尽管"我们所处的时代同马克思所处的时代相比发生了巨大而深刻的变化",但是"我们依然处在马克思主义所指明的历史时代"。①因此,如果这些错综复杂的现象不能得到高度的重视与合理的解决,人民群众精神家园的健康可持续发展将成为一句空话,精神家园视域下马克思主义大众化的推进也将止步不前。

部分民众的信仰危机。人民群众作为马克思主义信仰的受众,其精神需求、精神状态和信仰选择与社会现状和个人经历密切相关。梁启超曾经说过:"信仰是神圣,信仰在一个人为一个人的元气,在一个社会为一个社会的元气。"②所以,当部分民众对信仰产生质疑、放弃甚至是抵挡之时,便会出现信仰危机的不良社会现象。从社会角度来看,工业化、城市化和全

---

① 习近平:《习近平谈治国理政》第 2 卷,北京:外文出版社 2017 年版,第 66 页。
② 蔡尚思:《中国现代思想史简编》第 2 卷,杭州:浙江人民出版社 1982 年版,第 273 页。

球化的不断推进,不仅导致了有些人对精神文明发展一定程度地忽视,而且降低了传统文化对其的影响力、传统道德对其的约束力;从个人角度来看,当人们在现实生活中遇到重大挫折的时候,其生活信心的降低和内心的复杂煎熬状态将有可能致使其对社会主流信仰的坚定产生动摇,甚至是将之抛弃后选择一种新的信仰。如果部分民众的信仰危机发展到相当严重的地步,无论是个人的精神家园状况,还是社会公德水平、民族凝聚力、国家的安全稳定都将受到严重影响。从某种意义而言,当前我国部分民众的信仰危机所反映的正是马克思主义信仰所遭遇到的现实困境,因此,要在精神家园层面顺利推进马克思主义的大众化,就必须通过科学把脉部分民众信仰危机的表现和成因。

实践环节的相对薄弱。我们党虽然历来高度重视对马克思主义宣传教育工作的开展,但其工作理念、工作方式、工作技巧等还不能完全适应瞬息万变的实践要求,致使马克思主义在日常生活世界里并没有发挥出对广大人民群众应有的说服力和吸引力。此外,由资本逻辑支配下的市场经济所衍生的文化消费主义,也使马克思主义原有的价值意义和思想内涵受到了淡化和冲击。为此,党和政府始终致力于根据国家社会经济发展的状况以及人民群众的精神需求取向,聚焦重点人群、依托多种载体努力提升实现马克思主义大众化的实际效果。然而,尽管如此,我们在具体的实践工作中仍存有一些亟待解决的问题。譬如,马克思主义理论的普及读物往往具有较强的学理性,而通俗性却相对不足;马克思主义的宣传教育平台缺乏足够的协调和配合,家庭、学校和社会三者之间的联系还不够紧密;对马克思主义采取的传统的灌输式教育方式仍然居于主导地位,与隐性教育之间的良性互动还不够;等等。概言之,新形势下我们在推进马克思主义融入广大人民群众的意义世界和价值系统的实践工作中仍有许多不足之处,这就要求我们要通过对具体工作的改进来营造有利于增强马克思主义大众化实效的氛围。

(三)积极筑牢马克思主义的实践根基

重视和解决人民群众的实际生活问题。把重视和解决广大人民群众最迫切、最现实的需要作为筑牢马克思主义实践根基的切入点，不仅反映了马克思主义的根本立场和价值旨归，而且体现了我们党在现阶段对于如何提升马克思主义大众化实效性的清醒认识。对于马克思主义政党来说，"一切群众的实际生活问题，都是我们应当注意的问题"。①因为人民群众作为推动社会发展的决定性力量，其现实需要的实现程度将直接影响人们参与到的各项事业能否凝聚起强大的力量，进而影响各项事业的最终成败。当前，在利益主体多元化的背景下来关心和解决人民群众的现实需要，不但需要从解决衣食住行这些基本民生问题出发，而且需要从政治、经济、文化、社会等方面的突出问题来深入探寻。换言之，广大人民群众的现实需要如果能够得到不断满足，马克思主义对于人民群众的吸引力和号召力将会得到持续增强，马克思主义及其大众化的实践根基也将因此而更加坚实。

采取人民群众易于接受的教育方式。马克思主义的宣传教育方式是实现新时代精神家园视域下马克思主义大众化的关键，只有贴近人民群众才能获得预期的效果。当代中国社会的信息流动量十分庞大，广大民众对于信息的选择性也相应得到了提升。与此同时，由于理论宣讲的枯燥性，人民群众对于纯理论性的说教容易产生抵触情绪。这就要求马克思主义大众化不仅要符合中国传统文化的特点以使其能够获得广大民众的认同，而且要最大限度地考虑广大民众的认知水平和心理特点，积极运用简洁朴实的教育方式来深入浅出地向人民群众宣传和揭示马克思主义的精神实质，从而提升人民群众参与马克思主义大众化实践活动的热情和自觉。如此一来，马克思主义大众化的积极推进不仅能够获得人民群众的极大支持，而且能够取得寓教于乐、寓教于情的积极效果，使人民群众在轻松愉悦的环境中自觉或不自觉地接受马克思主义的熏陶、参与马克思主义大众化的实践活动，进而达到筑牢马克思主义实践根基的目的。

推动马克思主义在基层群众中的普及。处于社会最底层的广大人民群众是推动社会发展的主力军，他们的言行往往最能反映社会变化的趋

---

① 《毛泽东选集》第 1 卷，北京：人民出版社 1991 年版，第 137 页。

势，这是我们党在革命、建设和改革中总结出来的宝贵经验之一。尽管新中国成立之后，广大人民群众都翻身做了国家主人，但是阶级和阶层差别仍然是现实社会中不容忽视的问题。这就要求我们在推进马克思主义大众化的过程中，不仅要高度重视对各阶层的精英分子进行宣传教育，也要特别重视对一般民众的普及教育。换言之，我国社会结构的不断变化促使社会阶层的相应变动，这些新出现的教育程度不高的社会阶层与经济水平处于欠发达地区的部分民众，逐渐成为马克思主义大众化实践中的薄弱环节。因此，马克思主义大众化要有效推进，就必须最大可能地团结和凝聚基层群众的力量。然而，由于基层工作的事务千头万绪，我们不但要相信和依靠基层群众，而且还要认真办好他们最期盼的民生实事。唯其如此，才能使广大基层群众在获得感、幸福感、安全感的不断提升中增进对马克思主义的认知和认同。

一言以蔽之，实现马克思主义在精神领域的大众化具有重要的战略意义。它不仅是我们党应对当今世界发展变化的客观要求，也是全面建设社会主义现代化国家、实现中华民族伟大复兴中国梦的必要条件。对此，我们只有努力探索和完善精神家园视域下马克思主义大众化的实现路径，并在具体实践的过程中不断开拓创新、攻坚克难，才能朝着中华民族伟大复兴中国梦的宏伟目标稳步前进。

继续深化马克思主义在
精神家园领域的大众化

精神家园是集人的认知、情感、意志、理想、信念、信仰等于一体的意义世界和价值系统,是支撑一个人、一个国家乃至一个民族砥砺前行最深沉的精神动力。对于特定主体而言,精神家园的生成与发展并非生而即有的,而是一个经过不断精心培植、细心呵护的积极建构过程。从其生成机理来看,精神家园的建构过程一般要经过主体意识的觉醒、需求意识的升华、认同意识的确立、归属意识的强化和践行意识的笃信这五个阶段,当然也有跨越某个或某些阶段而直接跃迁到更高层次的现象的发生。精神家园生成的这种规律性,深刻地揭示了作为自觉建构广大民众精神家园的一种重要形式——马克思主义大众化所必须遵循的五个关键环节。

一、 培植健康主体意识以塑造民众积极向上精神追求

主体是相对于客体而言的,它是在西方社会文艺复兴时期人文主义者对以梵蒂冈教皇为代表的至高无上神性的积极批判和根本颠覆的时代产物,它肯定了人作为"独立存在物"的地位、尊严和价值。"主体"概念的诞生表征着一千多年来长期匍匐于"神性"脚下的"人性"开始重新走上人类历史舞台的中心,预示着"人类中心主义"时代的到来。从此,人作为自身、

社会与宇宙中心的"主体"地位得到确认和彰显,成为衡量宇宙万物的存在是否有价值以及价值大小的评判者。尽管主体的诞生开创了一个"我是上帝"的新时代,使人类社会和自然界逐渐迈入无法自拔的泥潭,但它同样却为人类最终实现"自由而全面发展"的理想状态创造了条件。主体意识的觉醒是人类自觉建构自身精神家园的第一步,它使人类个体或群体彻底摆脱了消融于"整体"中的混沌状态,真正实现了对自身精神需求、精神困惑、精神慰藉及其超越方式的清晰把握。可以说,没有人类个体或群体对自身独立性、价值性和意义性的完全自觉,精神家园的建构就将彻底成为一个"伪命题"。主体意识的觉醒对于建构精神家园的前提性表明,要唤醒广大民众的主体意识,引领和塑造其健康向上的精神追求,必须尊重他们的主体地位,发挥他们的主体能力,实现他们的主体价值。

(一)尊重广大民众的主体地位,引领其追求健康向上的精神生活

所谓尊重主体地位本质上是指将广大民众不论其性别、年龄、地位、身份、贫富、阶层等差异而在思想与行动上真正作为一个有思想、情感、意志、理想、信念、信仰等物质与精神需求的完整意义上的"小写人"对待,彻底摒弃以没有个性差异、身份差别、利益分歧等为特征的"大写人"的思维范式,想之所想、急之所急。一方面,要转变已经固化的"人民群众观"。长期以来,由于受中国传统文化"整体主义"观、苏联模式社会主义集体主义观等影响的缘故,"人民群众"事实上成为被抽空了各种欲求的人的代名词。在这种观念的指引下,个体无须清楚自己是谁、需要什么样的生活,只要知道自己属于哪个群体、如何履行自己的义务即可。时过境迁,这种观点的积极价值远远小于其消极价值,成为人们正确认识自己、实现精神追求的巨大障碍。显然,只有积极摒弃这种过了时的群众观,确立一种"小写人"与"大写人"和谐统一的群众观,才能真正做到尊重广大民众的主体地位。另一方面,要引领其追求积极健康的精神生活。"人民群众观"的更新、丰富和发展必然为广大民众进一步确立自主意识、谋求更充实的精神生活创造理论与实践上的条件,但同样不可避免的诸如极端个人主义、拜金主义、享

乐主义等精神异化现象也会相伴而生。如果不加以科学引导和适度规约，必然会滑向精神堕落的深渊。

（二）发挥广大民众的主体能力，促使其不断迈向更高层次的精神生活

主体能力是人作为主体本身所具有的自然力、生命力、意志力的统一体，"这些力量作为天赋和才能、作为欲望存在于人身上"①，并且以人类特有的方式发挥着认识世界和改造世界的作用。对此，恩格斯曾评论道："在社会历史领域内进行活动的，是具有意识的、经过思虑或凭激情行动的、追求某种目的的人；任何事情的发生都不是没有自觉的意图，没有预期的目的的。"②就其本质而言，主体能力是以认识和尊重客观规律为基础的积极发挥主观能动性的实践力，它是主体地位在理论上受到尊重的决定性因素。不可否认，主体地位受到尊重只是为培植主体意识创造了最为基础性的条件，而能否使这种基础性的条件实现真正的功效关键还在于主体能力发挥的程度。这是因为主体能力的发挥既受到主体自身诸如文化知识水平、意志力强弱、健康状况、年龄大小等内在因素的影响，同时也受到主体所置身的文化传统、政治制度、经济水平、社会环境等外在因素的左右。一般情况下，外在因素既可能是机遇，也可能是挑战，还可能是障碍，而内在因素则是抓住机遇、迎接挑战、破除障碍的决定性力量。因此，当前要充分发挥广大民众的主体能力，助推其不断向更高层次精神境界的迈进，一方面要尽最大可能创设良好的外部环境，积极优化整合各种有利因素；另一方面又要不断提升广大民众的综合素质，增强其善于研判和应对各种机遇、挑战和风险的能力。

（三）增进广大民众主体价值的获得感，促使其逐步确立健康和谐的精神信仰

主体价值是主体相对于客体而言所具有的积极意义与有用性，其价值

---

① 《马克思恩格斯文集》第 1 卷，北京：人民出版社 2009 年版，第 209 页。
② 《马克思恩格斯文集》第 4 卷，北京：人民出版社 2009 年版，第 302 页。

大小主要取决于主体满足客体需求的大小。满足的需求越大,其价值也越大,客体对其的肯定性评价就越好,主体价值的获得感也就越强;相反,客体对其的肯定性评价就越差,主体价值的获得感也就越弱。需要指出的是,充当客体的对象既可能是其他主体,也可能是主体自身。如果是后者,则属于主体自身对自己的评价与反思。一般而言,人类个体或群体精神信仰的逐步确立得益于其作为特定主体的价值获得感的不断增强,积极的价值获得感则有助于特定主体逐步确立健康和谐的精神信仰,而消极的价值获得感则可能加速特定主体趋向颓废异化的精神信仰。主体价值的获得感与精神信仰确立的内在关系表明,当前我们要积极培植广大民众的主体意识,引领和塑造其健康向上的精神追求,一方面要加强对广大民众的教育和宣传,帮助他们通过对自身成长的纵向比较与自身发展的横向对比来不断增强自身作为主体价值的获得感;另一方面又要营造和谐融洽、富有包容性的社会关系,引导他们要善于发现对方的优点、宽容别人的不足。如此一来,广大民众既真切地感受到了人之为人的价值与意义,又深刻地体悟到了奉献与收获的快乐,进而为建构学习型社会、提升其马克思主义理论需求意识奠定基础。

二、 构建学习型社会以提升民众马克思主义理论需求

精神家园是一种包含知识、理想、信念、信仰等要素在内的精神系统。马克思主义理论作为最科学的知识体系,从诞生那一刻起就发挥着精神支柱的重要作用,也由此作为一种知识要素成为精神家园的重要组成部分。精神家园的本质是一种精神与文化的认同,而唯有建立在学习、掌握其精神实质的基础上,才有可能实现认同。积极建构学习型社会有助于形成人人热爱学习,培养学习能力的目标实现。党的十六大以来,中共中央就提出要"形成全民学习,终身学习的学习型社会,促进人的全面发展"。① 正因

---

① 中共中央文献研究室:《十六大以来重要文献选编》(上),北京:中央文献出版社 2005 年版,第 15 页。

为学习型社会关注人的全面发展,契合了人们的精神渴求,由此可以成为人们精神家园的一种建构途径。马克思主义理论作为一种知识体系,同时作为精神家园的构成要素,积极建构学习型社会也是实现其大众化的重要途径之一。

(一)以终身学习理念为指导,激发民众学习马克思主义理论需求意识

终身学习不仅仅是提倡"活到老,学到老"或者"学无止境",更重要的是在这个过程中养成为优化自己的知识结构而自觉地不断探索的良好习惯。换言之,"再不能刻苦地一劳永逸地获取知识了,而需要终身学习如何去建立一个不断演进的知识体系"。① 每个人的精神家园是包括知识体系在内的精神系统,它的建构并不是达到某种程度就可以停止的事业,而是需要每个人终身为之去努力的历史性工程。终身学习就是持续一生的事业,每时每刻都突出了学习的重要性,都在丰富学习者的大脑、强化人们的认知。诚如习近平总书记所言:"我国工人阶级和广大劳动群众要树立终身学习的理念,养成善于学习、勤于思考的习惯,实现学以养德、学以增智、学以致用。"②美国当代著名心理学家阿尔伯特·班杜拉认为,认知能力是人类社会学习的基础,积极的"效能预期"会产生积极的"期待学习"。所以,学习能力和动机是一个人产生学习行为的重要原因。就终身学习的功能而言,首先,终身学习的良好习惯能够提高人们的学习能力,使人民能够理解马克思主义理论内涵具备必要条件。其次,终身学习的内容包括人类创造的所有知识体系,马克思主义是最科学的理论体系,应当被包括在终身学习的知识体系内,这就为民众必须学习马克思主义理论提供了充分条件。学习的本质是自我更新,一个终身学习的人,他的精神家园一定是饱满而坚固的。马克思主义的理论精华应当通过终身学习的路径成为人人

---

① 联合国教科文组织国际教育发展委员会:《学会生存——教育世界的今天和明天》,北京:教育科学出版社1996年版,第200—201页。
② 习近平:《在全国劳动模范和先进工作者表彰大会上的讲话》,《人民日报》2020年11月25日02版。

可依靠的精神家园。

（二）以全民学习思想为建构目标，扩大学习马克思主义理论的民众范围

精神家园的建构不是为某个人的精神需要服务的，也不是某些特权阶层所独有的权利，而是人人皆有份的全民事业。学习是人类自我超越的一种手段，是精神追求的实现途径，人人都需要的精神家园就离不开全民学习的目标实现。马克思主义作为精神家园构成的一部分，同样需要全民学习。此外，马克思主义大众化目标的实现，也需要满足两个最基本条件——学习马克思主义理论的大众范围和掌握马克思主义理论的核心要义。所以，习近平总书记强调："要学习马克思主义理论特别是新时代党的创新理论，学习党史、新中国史、改革开放史、社会主义发展史……"①简言之，我们要扩大学习马克思主义理论的民众范围，就必须建构和坚持全民学习的目标导向。

马克思主义理论是关于全世界无产阶级和全人类彻底解放的学说，它所追求的解放不仅包括外在于人的客观条件的改善和发展，而且还包括内在于人的思想观念的发展和精神境界的提升。在达到这一解放目标的诸多方式之中，不断学习则是一种最为根本且重要的手段，这是因为"把学习视为人自身发展、超越的过程，也是人实现自我超越的需要"。②学习不仅仅是知识的积累、技能的提高，更是出于主体不断提高精神境界的需要。在人人学习目标的建构过程中，如果人民群众的精神有所栖息、自我发展的要求能够得到不断满足，那么其理解和运用马克思主义的可能性就会大大提升。正是因为学习和运用马克思主义具有这么多的益处，所以才能有那么多追求远大理想、实现人生伟大抱负的仁人志士们自愿选择马克思主义作为自己的精神指针。

---

① 习近平：《信念坚定对党忠诚实事求是担当作为 努力成为可堪大用能担重任的栋梁之才》，《人民日报》2021 年 09 月 02 日 01 版。
② 李润洲、石中英：《人·学习·学习能力》，《教育学报》2006 年第 2 期，第 63 页。

（三）以强化马克思主义学习型政党建设为契机，带动民众学习马克思主义理论的热情

马克思主义在中国的大众化进程是与中国共产党对马克思主义理论的积极学习并以之改造中国人民的精神世界、重建其精神家园分不开的。近代以来，内忧外患的局势造成中华民族的精神世界支离破碎。"十月革命一声炮响，给我们送来了马克思列宁主义。十月革命帮助了全世界的也帮助了中国的先进分子，用无产阶级的宇宙观作为观察国家命运的工具，重新考虑自己的问题。走俄国人的路——这就是结论。"①从此，中国共产党不但在中国的先进分子不断学习马克思主义理论的过程中应运而生，而且还在其团结带领下逐渐实现了中国人民精神家园的重建。从某种意义上而言，中国共产党就是在不断学习、善于学习、崇尚学习中逐渐发展壮大、建功立业的。对此，毛泽东同志曾指出："我们党的马克思列宁主义的修养，现在已较过去有了一些进步，但是还很不普遍，很不深入。我们的任务，是领导一个几万万人口的大民族，进行空前的伟大的斗争。所以，普遍地深入地研究马克思列宁主义的理论的任务，对于我们，是一个亟待解决并须着重地致力才能解决的大问题。我希望从我们这次中央全会之后，来一个全党的学习竞赛，看谁真正地学到了一点东西，看谁学的更多一点，更好一点。在担负主要领导责任的观点上说，如果我们党有一百个至二百个系统地而不是零碎地，实际地而不是空洞地学会了马克思列宁主义的同志，就会大大地提高我们党的战斗力量，并加速我们战胜日本帝国主义的工作。"②

党的百年奋斗史表明，离开了学习尤其是对马克思主义理论的学习我们将寸步难行，没有对党员干部尤其是广大人民群众的马克思主义理论学习教育我们的伟大事业也将不可能顺利推进。可以说，我们党正是在通过把自己锻造成与时俱进的无产阶级政党中不断推进马克思主义大众化的。在这个过程中，马克思主义不仅越来越广泛、深入地融入了广大人民群众

---

① 《毛泽东选集》第 4 卷，北京：人民出版社 1991 年版，第 1471 页。
② 《毛泽东选集》第 2 卷，北京：人民出版社 1991 年版，第 533 页。

的意义世界与价值系统中，也使自己成为一个主动学习、善于学习、终身学习的马克思主义政党。从某种意义上来说，中国共产党诞生之后，马克思主义之所以迅速被越来越多的人认识、了解、接受和认同，就是因为中国共产党始终发挥学习马克思主义理论的先锋模范作用。新中国成立之后尤其是党的十八大以来，作为在全国范围内长期执政的马克思主义政党，中国共产党只有继续发挥学习马克思主义理论的模范带头作用，才能在各种社会思潮纷纭激荡、相互竞争的百年变局中继续开创马克思主义在中国人民的意义世界与价值系统中大众化的新辉煌。正如习近平总书记所言："党的历史经验和现实发展都告诉我们，没有全党大学习，没有干部大培训，就没有事业大发展。面对当今世界百年未有之大变局，面对进行伟大斗争、伟大工程、伟大事业、伟大梦想的波澜壮阔实践，我们党要团结带领全国各族人民抓住和用好我国发展重要战略机遇期……就必须更加崇尚学习、积极改造学习、持续深化学习……我们党依靠学习创造了历史，更要依靠学习走向未来。"①

三、 维护社会公平正义以提高民众的社会主义认同感

公平正义是人孜孜以求的价值目标，也是人的精神家园的固有内容。就其生成而言，马克思主义不但是人类千百年来追求公平正义的智慧结晶，而且也是无产阶级和一切被压迫劳动人民为争取公平正义而斗争的理论产物。显然，为无产阶级和一切被压迫劳动人民争取和捍卫公平正义是马克思主义一个最显著的特征。新民主主义革命时期，中国共产党通过完成推翻"三座大山"这一公平正义的神圣事业使马克思主义赢得了无数人的信赖和认同；新中国成立后，中国共产党通过顺利推进社会主义革命和建设、开启改革开放和社会主义现代化建设等一系列新的伟大的公平正义事业，而使马克思主义获得了更多人的接受和信仰。同样，在中国特色社会主义新时代，我们只有维护社会公平正义以提高民众的社会主义认同

---

① 《习近平为第五批全国干部学习培训教材作序》，《人民日报》2019 年 03 月 01 日 01 版。

感，才能使马克思主义的大众化在精神家园领域开辟新的局面。

（一）以共同富裕为目标，彰显社会公平正义，增强社会主义优越性

"均贫富"的思想是中华传统文化博大精深思想体系中的一个重要组成部分，它构成了中华民族千百年来为之拼搏奋斗的一个崇高价值目标，已经化为中华民族精神血脉的一个特有基因。近代以来，随着马克思主义在中国的传播以及中国共产党的诞生，中华民族"均贫富"的思想在马克思主义的批判性改造和创新发展中实现了质的跃迁，不但从一开始就成为中国共产党立党管党的根本初衷之一，而且还在社会主义革命、建设和改革的过程中逐渐形成了共同富裕的思想。换言之，共同富裕的思想是马克思主义富裕观与中华民族传统"均贫富"思想相结合的产物，它从一开始就成为中国共产党为"中国人民谋幸福，为中华民族复兴，为世界人民谋大同"初心使命的固有内容。

当然，"共同富裕"从思想萌芽、到被明确提出来、再到其思想理论体系的发展和完善，经历了一个曲折发展的过程。新中国成立之后，由于中国共产党和新生的人民政府缺乏社会主义建设的经验以及对社会主义建设规律的认识不深，处于萌芽时期的共同富裕思想开始以吃"大锅饭"的绝对平均主义形式表现出来，成为中华民族传统"均贫富"思想在社会主义革命和建设时期这一特定时空下的变相实践。尽管实践的结果以"文化大革命"的结束而收场，但是经过这次曲折和教训党和人民对社会主义的本质以及"共同富裕"的实质有了明确而清晰的认识。对此，邓小平指出："社会主义的目的就是要全国人民共同富裕，不是两极分化。如果我们的政策导致两极分化，我们就失败了；如果产生了什么新的资产阶级，那我们就真是走了邪路了。我们提倡一部分地区先富起来，是为了激励和带动其他地区也富裕起来，并且使先富裕起来的地区帮助落后的地区更好地发展。提倡人民中有一部分先富裕起来，也是同样的道理。"①"我们坚持走社会主义道

---

① 《邓小平文选》第 3 卷，北京：人民出版社 1993 年版，第 110—111 页。

路,根本目标是实现共同富裕,然而平均发展是不可能的。过去搞平均主义,吃'大锅饭',实际上是共同落后,共同贫穷,我们就是吃了这个亏。"①"共同致富,我们从改革一开始就讲,将来总有一天要成为中心课题。社会主义不是少数人富起来、大多数人穷,不是那个样子。社会主义最大的优越性就是共同富裕,这是体现社会主义本质的一个东西。"②之后,"共同富裕"以专有名词频繁出现在党的重要文献以及政府的各种文件中,成为党和国家对社会主义本质特征经典表述的核心内容之一。

纵观共同富裕的"前世今生",马克思主义之所以能在中国迅速传播,就是因为中国人民在中国共产党的团结带领下,在把中华传统"均贫富"思想与马克思主义创造性结合起来及其实践的过程中,公平正义这一价值目标和终极关怀伴随着共同富裕思想的萌芽、形成、发展和完善以及阶段性实践成果的显著而得到了划时代的彰显,开创了中华民族发展史上追求公平正义价值目标及其实践的新纪元,书写了科学社会主义自诞生以来世界无产阶级和一切被压迫劳动人民追求自由而全面发展理想目标的新画卷。换言之,正是因为中国共产党团结带领中国人民在追求并逐步迈向共同富裕的过程中真正契合并不断彰显了中华民族千百年来对公平正义这一价值目标和终极关怀的诉求,才使马克思主义在拥有五千年多年灿烂文明的东方大国落地生根、开枝散叶。党的十八大以来,面对纷纭突变的国内外形势,置身于实现中国民族伟大复兴的战略全局和世界百年未有之大变局这两个大局交错叠加的世纪格局,马克思主义大众化要继续在广大人民群众的意义世界和价值系统中站稳脚跟并拓展出新的天地,就必须在继续高举共同富裕精神大旗的同时,以攻坚克难的精神、勇毅前行的斗志、科学系统的举措,切实把全体人民共同富裕这一价值目标和诉求在全面建设社会主义现代化国家的伟大实践中取得更为明显的实质性进展。否则,共同富裕就因长期得不到实质性的落实而失去公平正义的"化身",中国特色社会主义就因公平正义的减损或打折扣而使自身的制度优越性减弱,进而就会

---

① 《邓小平文选》第 3 卷,北京:人民出版社 1993 年版,第 155 页。
② 《邓小平文选》第 3 卷,北京:人民出版社 1993 年版,第 364 页。

使马克思主义在广大人民群众心目中的真理形象受到损害。

（二）以共享发展为理念，实现社会公平正义，发展中国特色社会主义

"理念是行动的先导，一定的发展实践都是由一定的发展理念来引领的。发展理念是否对头，从根本上决定着发展成效乃至成败。实践告诉我们，发展是一个不断变化的进程，发展环境不会一成不变，发展条件不会一成不变，发展理念自然也不会一成不变。"①党的十八大以来，根据国内外形势的发展以及我国在以往发展过程中所出现的问题，中国共产党适时提出了"创新、协调、绿色、开放、共享"的新的发展理念。对此，习近平总书记指出："这五大发展理念不是凭空得来的，是我们在深刻总结国内外发展经验教训的基础上形成的，也是在深刻分析国内外发展大势的基础上形成的，集中反映了我们党对经济社会发展规律认识的深化，也是针对我国发展中的突出矛盾和问题提出来的。"②可以说，新发展理念的提出表明了我们党对社会主义建设的规律有了更为深入的认识，更是我国在经历改革开放四十多年快速发展之后迈向更高质量发展、解决深层次社会矛盾、满足人民日益增长的美好生活需要等的必然要求。

共享发展作为新发展理念核心内容的一个重要组成部分，其注重和强调的是解决社会公平正义的问题。这是因为"'治天下也，必先公，公则天下平矣。'让广大人民群众共享改革发展成果，是社会主义的本质要求，是社会主义制度优越性的集中体现，是我们党坚持全心全意为人民服务根本宗旨的重要体现。这方面问题解决好了，全体人民推动发展的积极性、主动性、创造性就能充分调动起来，国家发展也才能具有最深厚的伟力"。③纵观党的百年奋斗史，革命战争年代，我们党之所以能在革命形势异常严峻、物质条件极为匮乏的艰难困苦中取得一个又一个彪炳史册的人间奇迹、不断把马克思主义融入广大人民群众的精神世界中，就是因为我们党始终坚

---

① 习近平：《习近平谈治国理政》第 2 卷，北京：外文出版社 2017 年版，第 197 页。
② 习近平：《习近平谈治国理政》第 2 卷，北京：外文出版社 2017 年版，第 197 页。
③ 习近平：《习近平谈治国理政》第 2 卷，北京：外文出版社 2017 年版，第 199—200 页。

持与人民群众同甘共苦、共谋发展,其中"半条被子"的故事就是一个典型代表。1934 年 10 月的一天,当红军长征路过湖南省郴州市汝城县文明瑶族乡沙洲瑶族村时,三名红军女战士看到老乡徐解秀家没有棉被后,就把三人仅有的一条被子剪了一半送给她。新中国成立以来,中国共产党更是把全体人民群众的共同发展和福祉置于治国理政的重要位置,使广大人民群众在感受实实在在的公平正义中逐渐加深了对马克思主义的认识和认同。

中国特色社会主义进入新时代以来,共享发展以党的治国理政的新发展理念的形式被明确提了出来,并且逐步得到了切实贯彻执行,中国特色社会主义的优越性得到了充分彰显,公平正义的价值目标及其实践成为新时代一种最响亮的主旋律。从某种意义上而言,自改革开放以来,马克思主义从未像今天这样受到世人的关注。事实表明,要把进一步扩大马克思主义在广大人民群众精神家园中的影响和权重,就必须把共享发展这一体现中国共产党的根本宗旨和社会主义本质特征的价值目标和基本原则,不折不扣地贯彻落实到党的革命、建设和改革的过程中,"坚持发展为了人民、发展依靠人民、发展成果由人民共享,作出更有效的制度安排,使全体人民朝着共同富裕方向稳步前进,绝不能出现'富者累巨万,而贫者食糟糠'的现象"①,否则马克思主义的大众化就可能因发展的异化、公平正义的减损、社会主义优越性的弱化而导致在广大人民群众的意义世界和价值系统中举步维艰的困局。因此,为落实共享发展理念、增强马克思主义对广大人民群众的吸引力和感召力,"一是充分调动人民群众的积极性、主动性、创造性,举全民之力推进中国特色社会主义事业,不断把'蛋糕'做大。二是把不断做大的'蛋糕'分好,让社会主义制度的优越性得到更充分体现,让人民群众有更多获得感"。②

---

① 习近平:《习近平谈治国理政》第 2 卷,北京:外文出版社 2017 年版,第 200 页。
② 习近平:《习近平谈治国理政》第 2 卷,北京:外文出版社 2017 年版,第 216 页。

（三）以依法治国为基本方略，维护社会公平正义，保障人民当家作主

"司法是社会公平正义的最后一道防线"①，因此，用法律来治国理政是中国共产党的优良传统和宝贵经验。早在新中国成立之前，中国共产党在局部地区执政时就高度重视用法律法规来治党、治军和管理根据地各项事务，赢得了广大人民群众的衷心拥护，确保了党所领导的革命战争大业的顺利推进。就推进马克思主义大众化的作用而言，正是由于中国共产党在极为残酷的战争环境中通过不断制定、完善并严格执行各种法律法规，真正契合了广大人民群众千百年来生活于残酷阶级压迫下对公平正义的价值诉求。从某种意义上说，没有革命战争时期中国共产党的严明法纪，就不可能使近代以来一盘散沙的旧中国焕发出团结向上的新气象，也就不可能使广大人民群众所诉求的公平正义成为党所领导和管辖的革命根据地的价值主旋律，更不可能使马克思主义的真理力量与价值魅力得到充分显现。

新中国成立之后，马克思主义的大众化迎来了千载难逢的历史性机遇。中国共产党在继承和发扬革命战争时期优良传统的同时，针对党在全国范围内执政所面临的复杂形势，一方面通过制定和颁布新的法律法规，初步建立了一套确保人民当家作主的法律规范体系，另一方面通过探索运用法律法规来治国理政，为社会主义革命的完成、社会主义制度的建立以及社会主义建设的初步探索创造了良好的政治制度环境。尽管其间遭遇到了"文化大革命"等极左运动对社会主义法制建设及其实践的破坏，但是在新中国成立后的三十年间，我们党所领导的依法治国实践仍然取得了不少可圈可点的成绩，公平正义成为新中国意识形态领域最绚丽的花朵，以毛泽东思想为代表的马克思主义理论体系全面赢得了人民群众的接受、信赖和认同。

党的十一届三中全会至党的十八大，以邓小平、江泽民、胡锦涛为主要

---

①　习近平：《论坚持全面依法治国》，北京：中央文献出版社 2020 年版，第 116 页。

代表的中国共产党人在全面总结新中国成立以来的正反经验的基础上,结合改革开放和社会主义现代化建设的新形势、新要求、新实践,适时把依法治国作为党治国理政的基本方略明确提了出来并付诸实践,开创了中国特色社会主义法治建设的新局面。1980 年邓小平在会见意大利记者奥琳埃娜·法拉奇时指出:"我们这个国家有几千年封建社会的历史,缺乏社会主义的民主和社会主义的法制。现在我们要认真建立社会主义的民主制度和社会主义法制。只有这样,才能解决问题。"①1996 年江泽民在中共中央举办的法制讲座上的讲话中指出:"加强社会主义法制建设,依法治国,是邓小平建设有中国特色的社会主义理论的重要组成部分,是我们党和政府管理国家和社会事务的重要方针。"②翌年,他在参加八届全国人大五次会议、全国政协八届五次会议的党员负责同志会议上的讲话中指出:"依法治国是新的历史条件下党领导人民建设和治理国家的基本方略。"③2002 年胡锦涛在主持中共十六届中央政治局第一次集体学习时的讲话中指出:"要做到这一点,必须坚持实施依法治国的基本方略,在全社会进一步树立宪法意识和宪法权威,切实保证宪法贯彻实施。"④尽管这一时期由于影响我国社会公平正义的因素在急速增多,导致马克思主义在广大人民群众精神家园中的引导和建设功能不同程度减弱,但是依法治国建设所取得的显著成就依然为维护我国社会公平正义、保障人民当家作主提供了强有力的支撑。

党的十八大以来,以习近平同志为核心的党中央立足于中国特色社会主义进入新时代这一新的历史方位,坚持战略思维、系统思维、底线思维和辩证思维,对于依法治国的深刻意涵、战略意义及其对于维护社会公平正义、保障人民当家作主等做出了新的战略判断,明确提出了全面依法治国并将其纳入了"四个全面"战略布局予以强力推进。2014 年 10 月习近平总书记在中共十八届四中全会上所做的说明中指出:"法律是治国之重器,法

---

① 《邓小平文选》第 2 卷,北京:人民出版社 1994 年版,第 348 页。
② 《江泽民文选》第 1 卷,北京:人民出版社 2006 年版,第 511 页。
③ 《江泽民文选》第 1 卷,北京:人民出版社 2006 年版,第 644 页。
④ 《胡锦涛文选》第 2 卷,北京:人民出版社 2016 年版,第 14—15 页。

治是国家治理体系和治理能力的重要依托。全面推进依法治国,是解决党和国家事业发展面临的一系列重大问题,解放和增强社会活力、促进社会公平正义、维护社会和谐稳定、确保党和国家长治久安的根本要求。"①"全会决定直面我国法治建设领域的突出问题,立足我国社会主义法治建设实际,明确提出了全面推进依法治国的指导思想、总目标、基本原则,提出了关于依法治国的一系列新观点、新举措,回答了党的领导和依法治国的关系等一系列重大理论和实践问题,对科学立法、严格执法、公正司法、全民守法、法治队伍建设、加强和改进党对全面推进依法治国的领导作出了全面部署,有针对性地回应了人民群众呼声和社会关切。"②党的十八大以来的法治建设实践证明,以习近平同志为主要代表的中国共产党对依法治国基本方略的丰富发展和全面推进,实现了中国特色社会主义法治建设的新境界,为彰显和捍卫社会公平正义、保障人民当家作主营造了新中国成立以来最好的社会环境,使长期以来严重影响马克思主义在广大人民群众的精神家园中落地生根、苗壮成长的消极因素基本得到了清除,马克思主义对人民群众的吸引力、影响力和感召力得到了大幅度提升。

然而,变动不居的国内外形势要求我们,必须坚持不懈把依法治国向全领域、深层次推进,始终把维护社会公平正义、保障人民当家作主作为深入推进马克思主义在广大人民群众精神家园领域大众化的关键环节来抓。

四、 繁荣社会主义文化以增强民众的共产主义归属感

文化的内涵有广义与狭义之分。就广义而言,"文化是人类在处理人和世界关系中所采取的精神活动与实践活动的方式及其所创造出来的物质和精神成果的总和,是活动方式与活动成果的辩证统一"。③就狭义而言,文化是人类在处理人和世界关系中所采取的精神活动与实践活动的方式及其所创造出来的精神成果的总和。就其功能而言,"文化是一个国家、一

---

①　习近平:《论坚持全面依法治国》,北京:中央文献出版社 2020 年版,第 85 页。
②　习近平:《论坚持全面依法治国》,北京:中央文献出版社 2020 年版,第 88 页。
③　张岱年、程宜山:《中国文化精神》,北京:北京大学出版社 2015 年版,第 2 页。

个民族的灵魂。历史和现实都表明,一个抛弃了或者背叛了自己历史文化的民族,不仅不可能发展起来,而且很可能上演一幕幕历史悲剧"。①就其与精神家园的关系而言,文化是人的精神家园形成与发展的前提和基础,也是其得以存续与呈现的载体,没有文化精神家园就不可能存在。在当代中国,繁荣发展社会主义文化不仅是马克思主义在文化领域的体现和要求,也是马克思主义融入广大人民群众的精神家园的重要载体和有效途径。共产主义作为马克思主义的精神之魂和价值目标,增强人民群众对其的认同感和归属感也就能自然地推进马克思主义在人民群众精神家园领域的大众化。因此,新时代要深入推进马克思主义在广大人民群众精神家园领域的大众化,就必须通过繁荣发展社会主义文化以此来增强广大民众对共产主义的归属感。

(一)以培育和践行社会主义核心价值观为根本,确保社会主义文化建设的正确方向

习近平总书记指出:"人类社会发展的历史表明,对一个民族、一个国家来说,最持久、最深层的力量是全社会共同认可的核心价值观。核心价值观,承载着一个民族、一个国家的精神追求,体现着一个社会评判是非曲直的价值标准。"②"在当代中国,我们的民族、我们的国家应该坚守什么样的核心价值观?这个问题,是一个理论问题,也是一个实践问题。经过反复征求意见,综合各方面认识,我们提出要倡导富强、民主、文明、和谐,倡导自由平等、公正、法治,倡导爱国、敬业、诚信、友善,积极培育和践行社会主义核心价值观。"③之所以如此,是因为"富强、民主、文明、和谐是国家层面的价值要求,自由、平等、公正、法治是社会层面的价值要求,爱国、敬业、诚信、友善是公民层面的价值要求。这个概括,实际上回答了我们要建设

① 中共中央文献研究室:《习近平关于社会主义文化建设论述摘编》,北京:中央文献出版社2017年版,第16页。
② 中共中央文献研究室:《习近平关于社会主义文化建设论述摘编》,北京:中央文献出版社2017年版,第112页。
③ 中共中央文献研究室:《习近平关于社会主义文化建设论述摘编》,北京:中央文献出版社2017年版,第113页。

什么样的国家、建设什么样的社会、培育什么样的公民的重大问题"。①换言之，社会主义核心价值观"传承着中国优秀传统文化的基因，寄托着近代以来中国人民上下求索、历经千辛万苦确立的理想和信念，也承载着我们每个人的美好愿景"②，是对中国特色社会主义新时代全党全国各族人民共同心声的集中表达和时代回应，不仅代表着社会主义先进文化的精髓要义，也决定着中国特色社会主义的前进方向。作为中国特色社会主义建设事业的一个有机组成部分，社会主义文化建设的方向理所当然要由社会主义核心价值观来决定。因此，要确保社会主义文化建设的正确方向，就必须积极培育和践行社会主义核心价值观。

培育和践行社会主义核心价值观是一项系统性的工程，需要个人、社会与国家通力合作、共同推进。整体而言，需要坚持并贯彻"三位一体"的思路和原则。

首先，要坚持从娃娃抓起，扣好人生的第一粒扣子。青少年时期是一个人的世界观、人生观与价值观形成的关键时期。这是因为，这一时期一个人的"三观"尚未形成，可塑性、不确定性都非常大。如果所接触的是一些非主流的思想观念，那么一个人就会逐渐形成与主流价值观相矛盾或甚抵牾的"三观"，而一旦"三观"确立并定型则后期很难再进行矫正。所谓"近朱者赤，近墨者黑"即这个道理。对此，习近平总书记指出："这就像穿衣服扣扣子一样，如果第一粒扣子扣错了，剩余的扣子都会扣错。"③因此，为了让青少年从一开始就确立并践行社会主义核心价值观，我们"要把社会主义核心价值观的基本内容和要求渗透到学校教育教学之中，体现在学校日常管理之中，做到进教材、进课堂、进头脑"④；同时，"广大家庭都要重

---

① 中共中央文献研究室：《习近平关于社会主义文化建设论述摘编》，北京：中央文献出版社2017年版，第114页。

② 中共中央文献研究室：《习近平关于社会主义文化建设论述摘编》，北京：中央文献出版社2017年版，第115页。

③ 中共中央文献研究室：《习近平关于社会主义文化建设论述摘编》，北京：中央文献出版社2017年版，第117页。

④ 中共中央文献研究室：《习近平关于社会主义文化建设论述摘编》，北京：中央文献出版社2017年版，第109页。

言传、重身教，教知识、育品德，身体力行、耳濡目染，帮助孩子扣好人生的第一粒扣子，迈好人生的第一个台阶"。①

其次，要抓住党员干部、知名人士等关键少数，积极发挥其率先垂范的正能力量的感召作用。党员干部、知名人士等这些关键少数，往往是士农工商等各领域、各部门、各行业中具有较大影响力的人物，他们的一言一行常常起到思想、道德等风向标的作用。如果他们在日常生活中能够身体力行并积极充当践行社会主义核心价值观的楷模，那么就能够逐渐影响和带动越来越多的人效仿之；相反，如果他们不能做到严于律己、堪当楷模，那么与社会主义核心价值观相左甚或是相悖的思想观念就会滋长蔓延。显然，要让社会主义核心价值观成为新时代的主流价值观，就必须加强对党员干部、知名人士等这些关键少数的教育引导和奖惩力度。对此，习近平总书记指出："广大党员、干部必须带头学习和弘扬社会主义核心价值观，用自己的模范行为和高尚人格感召群众、带动群众。"②

最后，要教育、引导和鼓励表彰广大人民群众积极参与，充分发挥其历史创造者的主力军作用。马克思主义认为，人民群众是历史的创造者和真正的英雄，固然英雄豪杰对于人类社会的发展也不可低估，但决定历史发展方向的却是人民群众。中国共产党百年来的革命、建设和改革的经验证明，谁能发动和团结人民群众共创伟业，谁就能赢得江山、守住江山，也就能永远立于不败之地。同样，培育和践行社会主义核心价值观作为一项系统性的伟大工程，既需要扣好人生第一粒扣子、抓住关键少数，又需要重视和发挥广大人民群众历史创造者的主力军作用，否则全社会崇尚和践行社会主义核心价值观的浓厚氛围就难以形成。因此，"我们要注意把我们所提倡的与人们日常生活紧密联系起来，在落细、落小、落实上下功夫"。③"要利用各种时机和场合，形成有利于培育和弘扬社会主义核心价值观的

---

① 中共中央文献研究室：《习近平关于社会主义文化建设论述摘编》，北京：中央文献出版社2017年版，第148页。

② 中共中央文献研究室：《习近平关于社会主义文化建设论述摘编》，北京：中央文献出版社2017年版，第109页。

③ 中共中央文献研究室：《习近平关于社会主义文化建设论述摘编》，北京：中央文献出版社2017年版，第110页。

生活情景和社会氛围,使核心价值观的影响像空气一样无所不在、无时不有。"①

(二)以满足大众精神文化需求为出发点,增强社会主义文化建设的发展动力

"人民是历史的创造者,是真正的英雄。"②作为历史的创造者和推动人类社会发展的主力军,在其身上之所以蕴藏着巨大而持久的力量,就是因为他们始终存在着要打破各种束缚实现自由而全面发展的终极关怀。这种终极关怀既是对以往在生产力不发达状态下遭遇各种压迫、剥削与不公的强烈反抗的集中表现,又是期盼在当下及未来生产力不断发展的状态下摆脱各种束缚、渐次达到至善境界的追求的集中展示。可以说,正因为人民群众有实现自由而全面发展的需要,才能孕育和迸发出改天换地的洪荒之力。就其需求的种类而言,人民群众不仅有诸如衣食住行等物质层面的要求,也有诸如哲学、宗教、科学等精神层面的要求。从人的需求层次的一般发展规律而言,物质需求是较低层次的需求,而精神需求则是更高层次的需求。对此,马克思曾指出:"历史破天荒第一次被置于它的真正基础上;一个很明显的而以前完全被人忽略的事实,即人们首先必须吃、喝、住、穿,就是说首先必须劳动,然后才能争取统治,从事政治、宗教和哲学等等——这一很明显的事实在历史上的应有之义此时终于获得了承认。"③尽管人的物质需求相对于其精神需求而言具有前提性和基础性的作用,但是人的精神需求一旦形成则会对其物质需求产生反作用。这种反作用有时表现为对物质需求满足的推动作用,有时则又会表现为对物质需求的抑制作用。然而,无论是哪一种情形,精神需求都是影响人类社会发展的重要因素。

---

① 中共中央文献研究室:《习近平关于社会主义文化建设论述摘编》,北京:中央文献出版社2017年版,第111页。

② 习近平:《在庆祝中国共产党成立100周年大会上的讲话》,《人民日报》2021年7月2日02版。

③ 《马克思恩格斯选集》第3卷,北京:人民出版社2012年版,第723页。

社会主义文化建设作为广大人民群众创造历史的一个重要组成部分，要想获得源源不断的发展动力就必须把满足人民群众的精神文化需求作为出发点，否则社会主义文化建设就会在迷失正确方向的同时失去前进的根本动力，进而马克思主义在广大人民群众精神家园领域的大众化也就将因依托载体的病态和诉诸路径的不畅而最终陷入困境。可见，能否满足广大人民群众的精神文化需求，不但事关人自身的需求能否均衡协调发展、社会主义文化建设能否充满活力，而且事关马克思主义能否在广大人民群众的精神家园中不断大众化。然而，满足人民群众的精神文化需求并不是一厢情愿或放任自流的结果，而是在正确把握人民群众精神文化需求特点及规律的基础上整合各方资源积极建构的结果。这就要求我们必须从以下两个方面综合施策。一方面，要全面准确、动态性地把握广大人民群众的精神文化需求特点，并揭示其中所存在的基本规律以及发展趋向，这是我们在任何时空条件下了解群众心声、做好群众工作的前提和基础。整体而言，当前我国广大人民群众的精神文化需求呈现出多样化、多层次、多方面等的鲜明特点，突显出需求取向由低级向高级逐渐递升的态势。另一方面，要针对广大人民群众精神文化需求的特点和规律，依靠群众和发动群众积极参与社会主义文化建设的伟大事业，在持续推进社会主义精神文明建设的基础上，积极创新社会主义文化事业和文化产业的组织形式和运行机制，在不断满足人民群众日益增长的精神文化需求的同时激发其追求崇德向善、全面发展的理想境界。

总之，满足大众的精神文化需求，不是空喊口号，也不是主观臆断，而是要在深入研究当前及今后人民群众精神文化需求态势的前提下，不断有针对性地丰富文化产品供给以解决其文化"饥渴"现象。同时，也需要对大众的精神文化需求进行积极的引导，提高他们的精神文化需求层次，以便更好地把马克思主义融入广大人民群众的精神世界。

（三）以中华优秀传统文化为载体，扩大社会主义文化的影响力

就其内涵而言，文化是人们在认识世界和改造世界的过程中所创造的

一切物质成果与精神成果的总和,它不仅是一个国家和民族的身份标识、精神之魂和联系纽带,也是不同国家和民族之间相互区别、彼此了解、增进友谊、共同发展的符号和桥梁。就文化推动人类社会发展的功能而言,从古至今人类之所以能在遭遇各种艰难挫折中依然向前发展,就是因为不同国家和民族的文化在人类历史长河中以一种强大的精神合力共同推动了人类社会的发展。在此过程中,中华文化尤其是中华优秀传统文化不但起到了确立身份标识、维系精神纽带、充当发展动力等的重要作用,而且还起到了传播中国人民声音、彰显中华民族智慧和形象、增进世界各个国家和民族了解和友谊、促进共同发展等的重要作用。

毫不夸张地说,中华民族五千多年的辉煌史,也就是中华文化尤其是中华优秀传统文化充当并发挥推动各民族乃至各国家相互了解、共同进步的动力史。恰如习近平总书记所言:"文化是民族生存和发展的重要力量。人类社会每一次跃进,人类文明每一次升华,无不伴随着文化的历史性进步。中华民族有着五千多年的文明史,近代以前中国一直是世界强国之一。在几千年的历史流变中,中华民族从来不是一帆风顺的,遇到了无数艰难困苦,但我们都挺过来、走过来了,其中一个很重要的原因就是世世代代的中华儿女培育和发展了独具特色、博大精深的中华文化,为中华民族克服困难、生生不息提供了强大精神支撑。"[①]

回眸马克思主义在中国的传播史,诞生于西方文化背景下的马克思主义之所以能逐渐被越来越多的中国人所认知和接受,除了受到了俄国十月革命胜利的影响之外,更为重要的还是因为马克思主义所追求的价值目标与中华文化有许多共通之处。可以说,正是因为二者之间的共同点和相通性,不仅使马克思主义找到了在中国进行传播的桥梁和载体,也使马克思主义能以中国人民所喜闻乐见的语言、形式和方法进行传播,进而实现了马克思主义基本原理与中国具体实际和时代特征相结合的两次历史性飞跃,成功开启了马克思主义的中国化、时代化和大众化。马克思主义的中

---

① 中共中央文献研究室:《习近平关于社会主义文化建设论述摘编》,北京:中央文献出版社2017年版,第5—6页。

国传播史表明,我们要在中国特色社会主义新时代增强广大人民群众对共产主义的归属感、进而为马克思主义在其精神家园领域的大众化创造良好的条件,就必须把扩大社会主义文化影响力的立足点放在中华优秀传统文化这个传统载体上,在继承和弘扬中华优秀传统文化的基础上对其进行创造性转化、创新性发展。

首先,要正确区分中国传统文化与中华优秀传统文化之间的异同点,坚决反对各种文化复古主义。中国传统文化尽管博大精深、历史悠久,但"在其形成和发展过程中,不可避免会受到当时人们的认识水平、时代条件、社会制度的局限性的制约和影响,因而也不可避免会存在陈旧过时或已成为糟粕性的东西"①;而中华优秀传统文化则属于中国传统文化的精华部分,在中华民族发展上乃至世界文明发展史上过去、现在和将来都具有不可替代的积极作用。由于中国传统文化与中华优秀传统文化之间不能简单地画等号,所以,在现实生活中我们要坚决反对那些表面上打着继承和发扬中国传统文化的旗号而实际上企图回到过去的文化复古主义。

其次,要坚持以发展的眼光对待中华优秀传统文化,坚决反对脱离时代进步与社会发展的文化保守主义。尽管中华优秀传统文化属于中国传统文化的精华部分,对于中国特色社会主义新时代同样具有重要的积极作用,但是,如果认为原封不动地照套照用中华优秀传统文化就是对其的最好态度和做法,那么我们迟早有一天会使中华优秀传统文化失去其应有的光彩和价值。究其原因,中华优秀传统文化本身并不是静止不变的,而是在不断汲取中华民族和世界人民的智慧结晶的过程中实现与时俱进的。如果我们以保守主义的态度对待中华优秀传统文化,那么中华优秀传统文化最终也会因新陈代谢的停止而变成游离时代发展的"古董"。

最后,要坚持以创造性转化和创新性发展的原则推进中华优秀传统文化的发展,坚决反对那些为哗众取宠、标新立异等而对其进行随意的肢解、拼凑和戏说。现实生活中,我们"要加强对中华优秀传统文化的挖掘和阐

---

① 习近平:《在纪念孔子诞辰 2565 周年国际学术研讨会暨国际儒学联合会第五届会员大会开幕会上的讲话》,《人民日报》2014 年 9 月 25 日 02 版。

发，使中华民族最基本的文化基因与当代文化相适应、与现代社会相协调，把跨越时空、超越国界、富有永恒魅力、具有当代价值的文化精神弘扬起来"。①通过这种正确的创造性转化和创新性发展，中华优秀传统文化就能与革命文化、社会主义先进文化一起成为中国特色社会主义新时代的文化"主角"，而社会主义文化就会因从中华优秀传统文化中获取了源源不断的精神滋养和权威厚重的价值支撑而赢得广大人民群众的信赖和认同。

概言之，"中华优秀传统文化是中华文明的智慧结晶和精华所在，是中华民族的根和魂，是我们在世界文化激荡中站稳脚跟的根基"。②近代以来，中国人民正是在马克思主义的指导下实现了对中华优秀传统文化的创造性转化、创新性发展。与此同时，在此过程中马克思主义不但实现了同中国具体实际相结合、同中华优秀传统文化相结合，不断推动了自身的中国化时代化，而且也实现了其与广大人民群众的意义世界和价值系统的结合，不断推动了自身的大众化。

五、 整合各方资源以构筑"人民有信仰"的锻造机制

信仰是人"对某种宗教或主义极度信服和尊重，并以之为行动的准则"③，它是人的精神家园构成要件中最为核心的部分。毫不夸张地说，它就是人的精神家园的灵魂。从某种程度上而言，一种主义或思想体系只有遇到真正把其视为科学而崇高的信仰予以终生追求的人的时候，它才能在人的意义世界和价值系统中实现由一般理论体系向信仰的跃升。然而，这种真正把一种主义或思想体系视为科学而崇高的信仰予以终生追求的人并不是天生即有的，而是后天在各种主客观因素的综合作用下生成的。换言之，这种人的产生需要一定的主客观条件。同样，作为一种思想体系，马

---

① 中共中央文献研究室：《习近平关于社会主义文化建设论述摘编》，北京：中央文献出版社2017年版，第83页。

② 《习近平在中共中央政治局第三十九次集体学习时强调 把中国文明历史研究引向深入 推动增强历史自觉坚定文化自信》，《人民日报》2022年5月29日第01版。

③ 夏征农，陈至立主编：《辞海：第六版缩印本》，上海：上海辞书出版社2010年版，第2123页。

克思主义要想在广大人民群众的精神家园中最终实现向信仰身份的转变，也必须通过一定的手段来培养和造就那种能真正把其视为科学而崇高的信仰予以终生追求的人。在当代中国，我们要培养和造就的这种视马克思主义为科学而崇高的信仰予以终生追求的人就被称为"有信仰"的人，也即习近平总书记提出的"人民有信仰，民族有希望，国家有力量"①重要论断中的"人"。具体而言，这种"人"就是真正把马克思主义作为终极关怀而奋斗终身的人。这就表明，要把马克思主义真正融入广大人民群众的精神家园并实现向信仰身份的转变，就必须多措并举、整合各方资源以构筑"人民有信仰"的锻造机制。

　　首先，铁腕反腐净化人民群众的政治灵魂。人民群众是历史的创造者，他们对执政党及其政权合法性与正当性认同与否至关重要。古语曰："水能载舟，亦能覆舟。"中国共产党能否跳出"其兴也勃焉，其亡也忽焉"的历史周期律，关键在于能否始终赢得广大人民群众的信任和支持。"一个政党，一个政权，其前途和命运最终取决于人心向背"②，而消极腐败现象又是引发人心向背转变的重要诱因。因此，能否做到严厉惩治各种腐败现象，就成为决定人心向背的重要砝码。党的十八大以来，针对党内外反腐败斗争的长期性、复杂性和艰巨性，习近平总书记带领全党"以猛药去疴、重典治乱的决心，以刮骨疗毒、壮士断腕的勇气"③，坚持"反腐败无禁区、全覆盖、零容忍"④，有效遏制住了腐败滋生蔓延的势头，净化了风气，赢得了人民群众的赞誉。

　　其次，深化改革破解人民群众的制度疑虑。俄国十月革命以来，对社会主义制度的向往一直是激励中华民族和广大人民群众浴血革命、不懈奋斗的精神动力。自 1956 年社会主义制度建立以来，我国各项事业飞速发

---

① 习近平：《习近平谈治国理政》第 2 卷，北京：外文出版社 2017 年版，第 323 页。

② 中共中央纪律检查委员会、中共中央文献研究室编：《习近平关于党风廉政建设和反腐败斗争论述摘编》，北京：中国方正出版社 2015 年版，第 6 页。

③ 中共中央纪律检查委员会、中共中央文献研究室编：《习近平关于党风廉政建设和反腐败斗争论述摘编》，北京：中国方正出版社 2015 年版，第 96 页。

④ 习近平：《全面贯彻落实党的十八届六中全会精神　增强全面从严治党系统性创造性实效性》，《人民日报》2017 年 1 月 7 日 01 版。

展,广大人民群众的物质生活和精神生活得到了极大改善。尽管期间社会主义建设出现了失误和曲折,但人民群众整体上对坚持社会主义制度依然充满信心。然而,随着东欧剧变的发生、西方资本主义发达国家的相对繁荣以及我国在改革开放过程中党内外各种矛盾的突显,部分群众对社会主义制度的优越性产生了质疑。在此境遇下,通过全面深化改革消除部分群众的各种疑虑,增强他们对社会主义的制度自信,成为习近平总书记推动"人民有信仰"国民信仰工程建设的重要路径。"我们要通过深化改革,让一切劳动、知识、技术、管理、资本等要素的活力竞相迸发,让一切创造社会财富的源泉充分涌流",以此"在竞争中赢得比较优势,把中国特色社会主义制度的优越性充分体现出来"。①

再次,提高文化软实力丰富人民的精神世界。文化是信仰的载体和体现,信仰是文化的灵魂和浓缩,文化自身的发展状况和水平直接关涉到信仰发展的健康与否。在当今文化已经成为影响一个国家综合实力强弱的知识经济时代,文化软实力的建设越来越受到各国的高度关注。党的十八大以来,针对我国文化软实力建设矛盾突出、人民群众精神生活相对贫乏等问题,习近平总书记带领全党以发展性、全局性和前瞻性的眼光,将文化建设问题提升到了国家整体发展战略的高度。他指出:"提高国家文化软实力,关系'两个一百年'奋斗目标和中华民族伟大复兴中国梦的实现。"②通过弘扬中华优秀传统文化、革命文化和社会主义先进文化以及深化文化体制改革,进一步释放了我国文化生产力,增强了文化整体实力和竞争力,推动了社会主义文化大发展大繁荣,激发了全民族的文化创造活力,实现了文化事业全面繁荣、文化产业快速发展、人民精神世界不断丰富和精神力量不断增强的良好局面。

复次,彰显公平正义提振人民群众精气神。公平正义是任何一种积极健康信仰的固有内容,也是其存续与发展的正当性依据。对公平正义的追求和实践,不仅是马克思恩格斯创立科学社会主义理论的根本出发点和落

---

① 习近平:《习近平谈治国理政》,北京:外文出版社 2014 年版,第 93 页。
② 习近平:《习近平谈治国理政》,北京:外文出版社 2014 年版,第 160 页。

脚点,也是无产阶级及其政党在广大人民群众中间发挥号召力和影响力的精神旗帜。因此,认真对待和谨慎处理公平正义问题,始终是建构"人民有信仰"工程不可忽视的根本性问题。改革开放以来,尽管我国保障公平正义实现的事业得到了长足发展,但"在我国现有发展水平上,社会上还存在大量有违公平正义的现象"①,广大人民群众对此的反应也越来越强烈。党的十八大以来,习近平总书记带领全党从广大人民群众根本利益出发,围绕促进发展这一中心任务,通过制度安排、法律规范和政策支持,逐步建立起了"以权利公平、机会公平、规则公平为主要内容的社会公平保障体系"②,基本营造了公平正义的社会环境,使人民平等参与、平等发展的权利逐步得到保证。

最后,弘扬"丝路精神"重塑中华民族自豪感。自两千一百多年前古丝绸之路开辟以来,"丝路精神"就成为中华民族不畏艰险、勇于开拓、恩泽天下、共入大同的精神标识,曾支撑着一代又一代中华儿女对民族的自豪感和归属感。然而,近代以来一段时间内中华民族积贫积弱和战败屈辱的境遇却严重遮蔽了"丝路精神"的光芒,民族的自豪感也降到了历史的最低点。改革开放以来,在经历了四十多年的社会主义建设之后,尽管中华民族的自信心和自豪感有了很大提高,但崇洋媚外、妄自菲薄等的心态仍然以潜意识的形式存留于少数国人的内心深处。正是基于对上述心态的精准把握和深刻分析,党的十八大以来习近平总书记在积极倡导培育和践行社会主义核心价值观、实现中华民族伟大复兴中国梦的同时,大胆构建"一带一路"倡议,并多方推动国际社会共同参与。经过几年的努力,"一带一路"倡议的预期效果初步显现,中国在国际和地区重要事务上的话语权逐步得到增强。

综上所述,如同马克思主义在其他领域的大众化一样,它在精神家园领域的大众化也是一项复杂而艰巨的系统工程。这项工程不仅是我们党深刻认识并遵循马克思主义大众化的精神实质及其规律的必然要求,也是

---

① 习近平:《习近平谈治国理政》,北京:外文出版社 2014 年版,第 95 页。
② 习近平:《习近平谈治国理政》,北京:外文出版社 2014 年版,第 96 页。

在新的奋斗征程上应对各种风险挑战、顺应全面建设社会主义现代化国家、实现中华民族伟大复兴中国梦的必然要求。因此，只有不断努力探索和完善精神家园视域下马克思主义大众化的实现路径，并在此过程中不断攻坚克难、开拓创新，才能确保马克思主义在越来越多的人民群众精神家园中落地生根、开花结果。

关于大学生精神家园
现状的问卷调查

亲爱的同学：

　　您好！我们进行一项有关当下大学生精神家园状况的问卷调查。本问卷为匿名式问卷，不会泄露你的任何个人信息，调查结果仅供学术研究使用，恳请您提供真实的看法。以下问题的答案没有正确与错误之分，请您认真阅读调查问卷问题，根据自己的真实看法，在选项前打"√"即可。感谢您的支持和配合！

　　精神家园是一种与物质家园相对应的、建立在文化认同基础上的、以信仰为核心的价值系统和意义世界。它是人类认识和把握宇宙、人生的一种意识形态，信仰是其核心内容。在宏观上，它主要包括世界观、价值观和人生观；在微观上，主要包括政治法律思想、道德、宗教、哲学或理想、信念、信仰等。

　　一、下列问题涉及您的基本信息：

　　1. 您的性别：

　　　　A. 男　　　　　　　　　　　B. 女

　　2. 您的民族：

　　　　A. 汉族　　　　　　　　　　B. 少数民族

　　3. 您的主要成长地：

    A. 一般农村地区   B. 农村偏远山区

    C. 大城市   D. 中小城市

    E. 城乡结合地区   F. 其他

4. 您目前所在的省份：_____

5. 您目前的学历：

    A. 专科   B. 本科   C. 研究生及以上

6. 您的政治面貌是：

    A. 中共党员（含预备党员）   B. 团员

    C. 群众   D. 其他_____

7. 您的主要学科背景：

    A. 文科   B. 工科   C. 理科   D. 其他

8. 您的家庭年总收入（元）：

    A. 1万及以下   B. 1万以上、3万以下

    C. 3—5万   D. 5万以上

9. 您的信仰是：

    A. 马克思主义   B. 宗教   C. 有信仰，但说不清楚

    D. 没有信仰   E. 不清楚

10. 您的成长地最受欢迎的精神生活民俗是：

      A. 祭祖   B. 拜神   C. 神话传说   D. 英雄故事

      E. 庙会   F. 群众性竞技   G. 其他_____

二、以下问题除特别注明外，都是单选题

11. 您认同"人活着还应该有精神追求"：

    A. 是   B. 否   C. 没想过

12. 您对自己目前的精神生活感到：

    A. 满意   B. 基本满意   C. 不满意   D. 不清楚

13. 提到"精神家园"，你首先会想到：

    A. 远大理想   B. 宗教信仰   C. 文化传统

    D. 家乡   E. 乌托邦   F. 其他

14. 您认为"精神家园"的主要作用是：

    A. 价值观的指引   B. 身心休憩放松的地方

    C. 获得幸福   D. 灵魂救赎

    F. 其他

15. 您对"生命"的理解是：

    A. 父母所赐,应珍惜善待   B. 神灵所造,应敬畏感恩

    C. 天地所化,应顺其自然   D. 不清楚

16. 您对"死亡"的看法是(单选或多选皆可)：

    A. 一种自然现象   B. 神灵的安排

    C. 肉身消失,但意识尚存   D. 肉身与意识皆灭

    E. 说不清楚

17. 您最仰慕的人是：

    A. 科学家   B. 政治家   C. 企业家

    D. 娱乐明星   E. 宗教徒   F. 普通人

    G. 恐怖分子   H. 其他

18. 您认为帮助别人是(单选或多选皆可)：

    A. 一种快乐   B. 一种社会责任

    C. 一种达到目的的手段   D. 多管闲事

    E. 其他_____

19. 您是否赞成"好人不能做"：

    A. 赞成   B. 基本赞成   C. 不赞成

20. 您通常会把个人的失意或失败归因于(单选或多选皆可)：

    A. 家庭背景不好   B. 社会不公正

    C. 自己不努力   D. 没有赶上好机遇

    E. 别人有意刁难   F. 其他

21. 您对"有人为获取金钱,为外国人搜集情报"的看法是：

    A. 这是叛国行为,应重判

    B. 这是道德问题,应声讨

C. 这是实现致富的捷径

D. 也许是身不由己,不应盲目下结论

E. 与自己关系不大,无所谓

F. 没思考过

22. 您对十八大以来党和政府采取"老虎、苍蝇一起打"的"高压反腐"的看法是:

A. 治本之策,坚决支持

B. 治标之计,不应乐观

C. 一种捞取政绩的把戏,不可信

D. 说不清楚

23. 您相信"世界有末日"吗:

A. 是 B. 否 C. 没想过

24. 您认为"世界末日"的原因是:

A. 万物皆有轮回,这是客观规律

B. 万物因神灵而生,也因其而灭

C. 世界末日因人而至

D. 不清楚

25. 您认为人类会进入共产主义社会吗:

A. 是 B. 否 C. 没想过

26. 您赞成"一日为师,终身为父"吗:

A. 是 B. 否 C. 说不清

27. 您认为"大学生参与卖淫活动"是:

A. 一种堕落行为,应坚决反对

B. 一种解压方式,不反对

C. 一种解决经济困难的途径,应宽容

D. 一种社会实践,但不提倡

E. 不清楚

28. 您相信有"海枯石烂"式的爱情:

A. 是　　　　 B. 否　　　　 C. 不清楚

29. 您认为恋爱给你的最大好处是：

A. 增加人生阅历　　　　　　 B. 找到人生伴侣

C. 促进学业进步　　　　　　 D. 排解空虚和寂寞

E. 解决生理需要　　　　　　 F. 其他

30. 您是否在重要节日期间参加"祭祖"活动：

A. 经常参加　 B. 偶尔参见　 C. 从不参加

31. 您对"祭祖"活动的看法是(单选或多选皆可)：

A. 表达对已故者的思念和敬意　 B. 为生人祈福和平安

C. 一种迷信活动　　　　　　　 D. 一种欺骗活人的伎俩

E. 不清楚

32. 您对"为争夺财产，亲人反目"的看法是：

A. 有悖人伦道德　　　　　　 B. 自古皆有，不稀奇

C. 如果是我，也可能会　　　 D. 其他

33. 您是否认同"拼爹""拼人脉"的行为：

A. 认同　　　　 B. 基本认同　 C. 不认同

34. 您是否赞成"人不为己，天诛地灭"：

A. 赞成　　　　 B. 基本赞成　 C. 不赞成

35. 您对"朋友之妻(夫)，不可欺"的看法是：

A. 这是为人处世的基本原则

B. 只要两情相悦，无须太计较

C. 视具体情况而定

D. 没想过

36. 您对自己人生的规划：

A. 既有近期目标，也有长期目标

B. 只有近期目标

C. 只有模糊性的目标，但不具体

D. 没想过

37. 您认为一直在支撑你奋斗的最大动力是：

    A. 为了家人的幸福　　　　　B. 光宗耀祖

    C. 为了个人更好的发展　　　D. 一种不断超越自己的梦想

    E. 一种来自"神灵"的感召　　F. 其他

38. 您认为下面哪一种情况会经常在你身上出现：

    A. 孤独感　　　　　　　　　B. 失落感

    C. 迷茫感　　　　　　　　　D. 厌世感

    E. 恐惧感　　　　　　　　　F. 其他

39. 您认为导致你出现上述情况的主要原因是（单选或多选皆可）：

    A. 人际关系紧张　　　　　　B. 家庭情况复杂

    C. 学业压力大　　　　　　　D. 经济负担重

    E. 情感不如意　　　　　　　F. 理想信仰缺失

    G. 其他

40. 您一般通过什么渠道了解外界信息：

    A. 广播电视　　B. 报刊　　C. 网络、手机

    D. 同学同事　　E. 老师、长辈　　F. 其他

41. 如果您在网上看到新闻、消息或观点与主流官方媒体相违背，您更倾向于信任：

    A. 官方媒体　　B. 专业的个人网站、博客、论坛等

    C. 两者权衡　　D. 海外媒体　　E. 其他_____

42. 您认为网络等新媒体对你最大的影响是：

    A. 包容心增强　　B. 心态更平和　　C. 行为理性化

    D. 猎奇心减弱　　E. 道德感降低　　F. 叛逆心增强

    G. 其他

43. 您相信有一个属于鬼魂或神灵的世界存在吗：

    A. 是　　　　　　B. 否　　　　　　C. 说不清

44. 您认为决定"命运"的是：

    A. 自然规律　　B. 神灵　　　　C. 自己

D. 他人   E. 其他

45. 当您遇到自己无法解决的困难或精神困惑时，第一反应是：

A. 求神   B. 拜佛   C. 祷告

D. 占卜   E. 向他人求助   F. 其他

46. 您对近几年恐怖分子滥杀无辜群众的行为的看法是：

A. 这是违反人道的暴力行为，应给予严厉打击

B. 这是拯救人类的极端方式，有一定的积极意义

C. 其他

47. 您认为古人所追求的"君子、圣人"理想人格：

A. 能催人奋进 B. 可望而不可即C. 现在已过时   D. 说不清

48. 您认为在当代仍有积极价值的传统精神追求是（单选或多选皆可）：

A. 重义轻利   B. 自强不息   C. 贵和尚中

D. 和而不同   E. 天人合一   F. 其他_____

49. 您认为现在人们最大的精神问题是：

A. 心态浮躁   B. 情感疏离   C. 不讲底线

D. 急功近利   E. 信仰危机   F. 其他

50. 您认为造成上述现象的主要因素是（可多选）：

A. 近代以来中国传统精神世界的失落

B. 新中国成立后"文化大革命"等极"左"运动的影响

C. 社会转型期各种矛盾突显与激化的反映

D. 市场经济的负面影响

E. 全球化背景下多元社会思潮的冲击

F. 西方发达国家实施意识形态渗透的结果

G. 其他

51. 您认为马克思主义对于解决当前的精神问题：

A. 有重要的指导价值   B. 有价值，但并不居于主导地位

C. 没有价值   D. 不清楚

52. 您对"社会主义核心价值观"的理解是(可多选)：

    A. 富强、民主、文明、和谐　　　　B. 自由、平等、公正、法治

    C. 爱国、敬业、诚信、友善　　　　D. 不清楚

53. 您对"中国梦"的理解是(可多选)：

    A. 国家富强　　　B. 民族振兴　　　C. 人民幸福

    D. 公平正义　　　E. 民主法治　　　F. 不清楚

54. 您对"社会主义核心价值观"和"中国梦"所描述的价值图景是否认同：

    A. 认同　　　　B. 基本认同　　　C. 不认同　　　　D. 没考虑过

55. 您认为"社会主义核心价值观"和"中国梦"对解决当前的精神家园问题：

    A. 能从根本上加以解决　　　　B. 有积极作用,但效果有限

    C. 没有作用　　　　　　　　　D. 不清楚

56. 您认为"党的群众路线教育实践活动"对于解决当前的精神家园问题：

    A. 有很大作用　　　　　　　　B. 有一定作用

    C. 没有作用　　　　　　　　　D. 不清楚

57. 您对党的十八届三中全会作出的《中共中央关于全面深化改革若干重大问题的决定》：

    A. 非常了解　　　　　　　　　B. 比较了解

    C. 了解较少　　　　　　　　　D. 不了解

58. 您认为全面深化改革战略部署的实施将会：

    A. 有利于精神家园困境的解决

    B. 对精神家园产生深刻影响,但利大于弊

    C. 对精神家园产生深刻影响,但弊大于利

    D. 对精神家园只会产生负面影响

    E. 说不清楚

59. 您赞成"全面推进依法治国"有助于从根本上解决当前的精神家园

问题：

    A. 是   B. 否   C. 不清楚

60. 如果"全面推进依法治国"有助于解决当前的精神家园问题，那么可采取的主要措施有：（可多选）

    A. 健全和完善法制体系

    B. 创新法律宣传和普及的手段

    C. 加大对各种犯罪的惩处力度

    D. 建设法治型政府

    E. 适度推进道德法律化和法律道德化

    F. 其他

61. 您认为我们重建的精神家园应该是：

    A. 中国传统精神诉求的回归

    B. 西方资本主义精神诉求的移植

    C. 马克思主义精神诉求的中国化、时代化和大众化

    D. 其他

62. 在重建精神家园的过程中，您认为大学生应该：

    A. 积极参与，发挥知识青年的先锋作用

    B. 立足自身，充当日常言行的楷模

    C. 勤奋学习，不断提升自身综合素质

    D. 与自己关系不大，顺其自然

    E. 不清楚

63. 您认为在高校开设思想政治教育理论课：

    A. 有助于大学生塑造积极健康的精神世界，非常必要

    B. 对于大学生精神世界的形成和发展作用不大，可有可无

    C. 无助于大学生精神世界的形成和发展，应当取消

    D. 不清楚

    E. 其他_____

64. 通过精神家园的重建，您认为大学生能获得的最重要品质是：

　A. 爱和尊重　　　　　　　B. 敬畏和感恩

　C. 理解和宽容　　　　　　D. 坚毅和担当

　E. 自信与自强　　　　　　F. 其他

65. 您对重建当下大学生的精神家园有何建议或意见：

_____

_____

_____

党的十八大以来大学生
精神家园现状调查分析

　　摘　要：精神家园是一种包含知识、信念、信仰和理想等要素在内的精神系统，在人的生命历程中，发挥着精神支柱、情感寄托和心灵归宿的重要作用。大学生精神家园状况的好坏，直接影响到其个人、群体、民族和国家的发展与取向。调查表明，当前大学生整体的精神家园状况是好的，但也存在着精神家园认识片面、生命观异化、成就观扭曲、道德感弱化、理想信仰缺失等较为突出的问题。对此，必须高度重视，群策群力，构建大学生积极健康的精神家园。[1]

　　关键词：生命观；成就观；伦理观；政治观；终极关怀

　　精神家园是"指人的精神支柱、情感寄托和心灵归宿，是人们对生活意义、生存价值和生命归宿的一种精神与文化认同"，是由"文化体验、认知模式、价值观念、情感方式、理想信念、信仰体系"等要素有机构成的精神文化系统。精神家园状况的好坏，至微之处可以影响一个人的发展，至大之处可以影响一个民族乃至整个国家的生存和发展。大学生是祖国的未来、民族的希望，他们不仅承载着实现中华民族伟大复兴中国梦的百年期盼，而

---

[1]　本部分主要内容已作为研究成果先期发表，参见徐俊、任旭：《十八大以来大学生精神家园现状调查研究》，《中国青年研究》2016年第3期，第56—62页。

且也肩负着继续推进中国特色社会主义建设事业、彰显社会主义制度优越性和最终实现共产主义的政治使命。党的十八大以来,国内外形势风云变幻,各种新旧矛盾层出不穷相互交织,诸如道德失范、理想颓废、信仰危机等全球性的精神家园问题更加严峻。在此背景下,作为思想极为前卫、敏感和易变的大学生群体,必然无法幸免于世界性精神"瘟疫"的影响之外。鉴于此,为及时了解十八大以来我国大学生的精神家园状况,把握其存在的主要问题,课题组于2015年3月至6月对全国22所高校的大学生精神家园状况进行了问卷调查。

本次问卷调查采用随机抽样的形式,在全国选取了北京理工大学、中国石油大学(北京)、电子科技大学、西南交通大学、西南民族大学、安徽大学、安徽财经大学、淮北师范大学、合肥师范学院、蚌埠学院、淮南联合大学、宁波大学、东南大学、南京理工大学、南京信息工程大学、江苏师范大学、西安电子科技大学、河南科技大学、河南理工大学、白城师范学院、华中科技大学、湖南医药学院这22所高校,涉及全国31个省级行政区域的学生。共计发放问卷1500份,回收1423份,有效问卷1413份,有效率达94.2%。其中,样本的性别比例为:男生48.4%,女生51.6%;民族构成比例为:汉族90.4%,少数民族9.6%;成长地比例为:一般农村地区40.3%,农村偏远山区6.4%,大城市8.6%,中小城市26.5%,城乡结合地区17.8%,其他地区0.4%;政治面貌构成比例为:中共党员(含预备党员)8.1%,团员88.4%,群众3.0%,其他0.5%;学历层次分布比例为:专科10.5%,本科85.3%,研究生及上4.2%;学科背景构成比例为:文科33.4%,工科37.4%,理科26.4%;其他学科2.8%。本次问卷调查共设计65道题,分为客观和主观两种题型,内容涵盖较为全面,基本能够反映当前大学生的精神家园状况。

一、 关于大学生精神家园总体状况的调查分析

大学生是一个独特的群体,十八大以来,随着家庭及其自身物质条件

的进一步改善,其对精神生活的关注也进一步突显。调查结果显示,对于"你认同'人活着应该有精神追求'"这一问题,93.3%的学生赞成"人活着应该有精神追求",而对此持否定观点或"没想过"的则分别仅占 2.1%和4.4%。可见,尽管仍有 0.1%的学生没有做出任何选择,但关注自己的精神追求则成为现阶段我国大学生群体的共同特征。

然而,在关注精神追求几乎成为一种普遍现象的同时,大学生群体却对自己当前精神生活状况的评价发生了较大分歧。调查结果显示,对自己目前的精神生活感到"满意"的占总人数的 18.1%,感到"基本满意"的占55.4%,感到"不满意"的占 24.2%,感到"不清楚"的占 1.9%。产生这种现象的原因,一方面可能与整个社会日渐增强的精神生活需求意识相关,另一方面也可能与大学生群体具有较高的文化知识水平、处于特殊时期的身心发展矛盾以及生活空间的相对封闭性等因素有关。

提到"精神家园",人们也许一时很难用较为准确的语言将其表述出来,可以说它经常以一种朦胧而又神秘的形式存在于人们的脑海中。这种情形似乎也同样存在于大学生群体之中。调查结果显示,当提到"精神家园"时,50.8%的学生会首先想到"远大理想",8.1%的会首先想到"宗教信仰",21.9%的会首先想到"文化传统",9.0%的会首先想到"家乡",4.5%的会首先想到"乌托邦",5.8%的会首先想到"其他",体现大学生对"精神家园"多样性形象化的理解(见表 1)。

表 1　提到精神家园,你首先会想到

选择项	远大理想	宗教信仰	文化传统	家乡	乌托邦	其他
人数(人)	717	115	309	127	63	84
比例(%)	50.8	8.1	21.9	9.0	4.5	5.8

虽然受调查的大学生对于"精神家园"具象化的理解较为多元,但对于"精神家园"之于人的主观价值功能的看法却较为集中。如表 2 所示,54.5%的学生认为精神家园的主要作用是"价值观的指引",22.9%的认为精神家园的主要作用是"身心休憩放松的地方",16.1%的认为精神家园的主要作用是"获得幸福",5.2%的认为精神家园的主要作用是"灵魂救赎",

1.4％的认为精神家园的主要作用是"其他"。可见,大学生群体对精神家园的价值功能给予了较为积极的肯定。

表 2　您认为精神家园的主要作用

选择项	价值观的指引	身心休憩放松的地方	获得幸福	灵魂救赎	其他
人数(人)	770	323	227	74	19
比例(％)	54.5	22.9	16.1	5.2	1.4

尽管精神家园的积极功能得到了受访大学生的认可,但是这不足以说明他们在生活实践中就能自觉建构和修持与主流价值观相一致的精神家园。以大学生的信仰为例,调查结果显示,21.2％的人信仰"马克思主义",6.6％的人信仰"宗教",26.5％的人"有信仰,但是说不清楚",37.8％的人"没有信仰",7.9％的人"不清楚"。

信仰是精神的灵魂,调查数据显示,对于经常出现的精神问题,25.1％的大学生认为是"孤独感",24.2％的认为是"失落感",38.1％的认为是"迷茫感",3.8％的认为是"厌世感",1.8％的认为是"恐惧感",7.1％的认为是"其他"。究其原因,20.0％的人归于"人际关系紧张",11.5％的归于"家庭情况复杂",44.0％的归于"学业压力大",17.8％的归于"经济负担重",17.6％的归于"情感不如意",25.1％的归于"理想信仰缺失",19.0％的归于其他因素。

大学生精神家园的困境并不是个案,它在很大程度上反映了当前我国社会部分民众的集体精神困顿。对此,我们可以从大学生群体对其的整体看法得到佐证。调查结果显示,40.7％的大学生认为目前人们最大的精神问题是"心态浮躁",16.9％的认为是"情感疏离",14.2％的认为是"不讲底线",20.6％的认为是"急功近利",6.6％的认为是"信仰危机",7.7％的认为是"其他"。针对其中的原因,52.7％的人归于"近代以来中国传统精神世界的失落",12.4％的归于"'文化大革命'等极'左'运动的影响",52.7％的归于"社会转型期各种矛盾突显与激化的反映",41.0％的归于"市场经济的负面影响",45.5％的归于"全球化背景下多元社会思潮的冲击",28.2％的归于"西方发达国家实施意识形态渗透的结果",7.4％的归于其他因素。

总之,从上述调查结果的分析来看,当前我国大学生群体一方面对于诸如精神追求、精神生活等精神家园的需求日渐强烈,另一方面却又存在着对精神家园本质认识不到位、信仰缺失或信仰危机等突出问题,有必要引起社会各界的高度关注。

二、 关于大学生精神家园具体状况的调查分析

精神家园具有丰富的内涵,它涉及不同的层面。本次问卷调查主要侧重于对大学生群体的生命观、成就观、伦理观、政治观等精神家园的几个重要微观层面着手。

(一) 关于大学生生命观的调查分析

虽然人是万物之灵,拥有无限的创造潜能,但是与其他万物一样有生也有灭。千百年来,关于生命的起源、意义和终结等问题始终成为人们关注、思考与探索的永恒主题。可以说,一个人对生与死持有什么样的态度,就在很大程度上决定了他(她)此后的处事原则和人生轨迹。大学生是未来社会的主体和支柱,他们持有何种生命观对于确定社会发展走向至关重要。

关于生命的起源问题,调查结果显示,82.4％的大学生认为是"父母所赐,应珍惜善待",3.4％的认为是"神灵所造,应敬畏感恩",12.4％的认为是"天地所化,应顺其自然",1.8％的认为"不清楚"(见表3)。关于"死亡"的问题,通过调查分析发现,认为死亡是"一种自然现象"的大学生占总人数的79.2％,持否定意见的占 19.6％,没有表态的占 1.2％;认为死亡是"神灵的安排"的占 4.7％,持否定意见的占 95.3％;认为死亡只是"肉体的消失,但意识尚存"的占 12.9％,持否定意见的占 87.1％;认为死亡是"肉体与意识皆灭"的占 12.3％,持否定意见的占 87.7％;对死亡表示"说不清楚"的占6.7％。由上述几组数据对比可以发现,绝大多数大学生都能够比较正确地

看待生命的诞生和终结,但也有一定比例的学生对生死持有神秘或错误的看法。

表3 您对生命的理解是

选择项	父母所赐, 应珍惜善待	神灵所造, 应敬畏感恩	天地所化, 应顺其自然	不清楚
人数(人)	1165	48	175	25
比例(%)	82.4	3.4	12.4	1.8

生者是死者的一种生命延续,通过生者,死者的意志得以实现。因此,正确的生命观不仅反映在能正确对待自己和他人的生命和死亡态度上,而且也反映在能正确对待已故者的态度上。中华民族素以"礼仪之邦"著称,而对已故者的祭奠和缅怀无疑是构成"礼仪"的核心要件。可以说,正因为长期以来中华民族始终能做到"慎终追远"而不是"数典忘祖",才逐渐成就了"礼仪之邦"的美名。作为21世纪的大学生,他们对于"祭祖"的看法以及参与程度也相当重要。调查结果显示,在对祭祖活动的看法上,83.5%的学生认为是"表达对已故者的思念和敬意",44.4%的认为是"为生人祈福和平安",6.9%的认为是"一种迷信活动",1.9%的认为是"一种欺骗活人的伎俩",3.5%的表示"说不清楚";在对祭祖活动的参与程度上,23.2%的人表示会在重要节日期间"经常参加",57.0%的人表示会在重要节日期间"偶尔参加",19.7%的人表示在重要节日期间"从不参加",只有0.1%的人未表明态度。上述数据表明,绝大多数受访学生都能正确对待祭祖活动,较好地传承了中华民族祭祖活动的精神;但也存在一些诸如功利化、迷信化、曲解、误解或言行脱节等不正确的观点或做法,需要引起注意。

(二)关于大学生成就观的调查分析

"功成名就"是每一位有志者的共同愿望,也是激发和支撑万千学子寒窗苦读的持久动力。尽管有古语所传颂的"三百六十行,行行出状元",但是通达成才与成功的理想彼岸却需要付出极大的努力,承受挫折的考验,此即所谓"天将降大任于是人也,必先苦其心志,劳其筋骨,饿其体肤,空乏其身……"(《孟子·告子下》)。换言之,成就奠基于艰辛的努力和持久的奋斗,天上掉馅饼的意外与一夜成名的惊喜绝不会轻易光顾懒惰者和投机者,即便会发生,也只能是夜空流星转瞬即逝。生活于市场经济繁荣发达的今天,大学生们的成就观正在经历深刻的变革。

表 4　您最仰慕的人是

选择项	科学家	政治家	企业家	娱乐明星	宗教徒	普通人	恐怖分子	其他
人数(人)	448	212	380	49	15	22	25	262
比例(%)	31.7	15.0	26.9	3.5	1.1	1.6	1.8	18.6

如表 4 所示,针对"您最仰慕的人"的回答,31.7%的大学生选择了"科学家",15.0%的选择了"政治家",26.9%的选择了"企业家",3.5%的选择了"娱乐明星",1.1%的选择了"宗教徒",1.6%的选择了"普通人",1.8%的选择了"恐怖分子",18.6%的选择了"其他"。从上述数据可见,大学生群体在对成功偶像定位继续保持多元化的同时,也逐渐产生了疏离"科学家""政治家""娱乐明星"等以往主流偶像的现象。

当代大学生偶像崇拜的变化,在一定程度上影响了他们对于成功与成才的途径、个人奋斗过程中遭遇到的挫折等问题的看法。调查结果表明,对于"拼爹""拼人脉"的行为,11.4%的大学生表示"认同",39.2%的大学生表示"基本认同",二者累计占受访大学生总人数的 50.6%,表示"不认同"的占 49.4%。

对于个人的失意或失败问题,调查数据显示,10.2%的大学生通常会归因于"家庭背景不好",21.2%的通常会归因于"社会不公正",80.0%的通常会归因于"自己不努力",40.0%的通常会归因于"没有赶上好机会",4.8%的通常会归因于"别人有意刁难",10.4%的通常会归因于"其他原因"。可见,对于个人奋斗过程中所遭遇的挫折的原因,绝大多数的人都认识到可能是自己努力不够所致。

(三)关于大学生伦理观的调查分析

人之为人,最根本的就在于它尊崇人与人之间的伦理道德。一百六十多年前，马克思对人的本是"一切社会关系总和"的科学概括，就天然地包含了伦理道德的内容。如果说宗教文明是西方文明的源头和主体的话，那么伦理文明则是中华文明的源头和支柱。作为中华文明的传承者和发展者，21 世纪的大学生理应成为确立和践行优秀传统道德和社会主义道德的楷模。

恋爱和婚姻乃是伦理关系产生的基础和前提，大学生持有何种婚恋观将会对整个社会的道德舆论与风向产生重要影响。调查结果显示，55.2%的大学生相信有海枯石烂式的爱情，29.4%的表示怀疑，15.4%的表示"不清楚"；35.2%的大学生认为恋爱的最大好处是"增加人生阅历"，42.8%的认为是"找到人生伴侣"，3.3%的认为是"促进学业进步"，8.0%的认为是"排解空虚和寂寞"，1.9%的认为是"解决生理需要"，认为有其他好处的占8.8%；58.5%的学生表示"朋友之妻（夫），不可欺"是"为人处世的基本原则"，11.9%的表示"只要两情相悦，无须太计较"，13.2%的表示要"视具体情况而定"，16.4%的表示"没有考虑过"。可见，当前大学生群体在爱情观上主流仍然是积极健康的，但同时也出现了一些诸如功利化、庸俗化、游戏化等消极颓废的现象。值得注意的是，尽管近 60%的学生认可"朋友之妻（夫），不可欺"这一传统道德法则，但仍有超出 20%的受访者在很大程度上否认了这一道德法则。

责任与义务是伦理道德的精髓，它构成了人类与其他动物相区别的重要标志之一。尽管动物之间也存在诸如乌鸦反哺、羔羊跪乳等感人的现象，但它们仅是动物之间一种本能行为的反应，而非超出本能行为的带有主观意志的人类道德行为。如何审视和评价外界赋予自身的责任和义务，无疑也是衡量大学生伦理观状况的一个观测点。

调查发现，对于帮助别人，75.4%的大学生认为是"一种快乐"，48.7%的认为是"一种社会责任"，7.9%的认为是"一种达到目的的手段"，3.1%的认为是"多管闲事"，5.2%的选择了"其他"；对于是否赞成好人不能做，3.9%的大学生表示"赞成"，16.4%的表示"基本赞成"，79.7%的表示"不赞成"。对于"人不为己，天诛地灭"的看法，11.6%表示"赞成"，41.3%表示

"基本赞成",35.0%表示"反对",没有表态的为 12.2%。数据显示,在不涉及或损害自身利益的前提下,可能会有更多的大学生主动承担社会公认的道德责任和义务,但当发生利益冲突或不能兼顾时,所谓的责任或义务就可能成为被牺牲的对象。

(四)关于大学生政治观的调查分析

对政治制度、体制、机制及其附着其上的意识形态的关注、评价和认同,构成了当代大学生精神家园的重要组成部分。大学生群体是中国特色社会主义现代化建设事业的亲历者和接班人,仅仅做到"两耳不闻窗外事,一心只读圣贤书"显然不符合时代的要求。他们理应在刻苦学习、勇攀科学高峰的同时,心怀"国家兴亡,匹夫有责"的责任和担当意识,主动关心国家大事,自觉增强道路自信、理论自信、制度自信和文化自信,为实现中华民族伟大复兴的中国梦殚精竭虑。

对国家重大方针政策的了解和把握,是构成大学生政治观的核心内容之一。调查结果显示,对于"社会主义核心价值观"的理解,70.6%的学生选择了"富强、民主、文明、和谐",70.3%的选择了"自由、平等、公正、法治",48.7%的选择了"爱国、敬业、诚信、友善",4.5%的表示不清楚;对于"中国梦"的理解,67.9%的大学生选择了"国家富强",63.7%的选择了"民族振兴",77.4%的选择了"人民幸福",49.8%的选择了"公平正义",49.0%的选择了"民主法治",4.2%的表示不清楚;对于"中共中央关于全面深化改革若干重大问题的决定",5.9%的学生选择了"非常了解",19.7%的选择了"比较了解",54.0%的选择了"了解较少",20.5%的选择了"不了解"。可见,大部分学生都能够较为准确地把握"社会主义核心价值观"的基本内涵,对于《中共中央关于全面深化改革若干重大问题的决定》也有不同程度的了解。

十八大以来,党和政府所做出的重大战略决策是出于对国内外形势准确把握的结果,指明了未来我国各项事业的发展方向和战略目标,对于指导社会主义意识形态建设、化解部分民众的精神家园问题具有重要的意义。然而,大学生群体能否认识到这些,成为把握其政治观状况的重要一维。调查结果显示,对于社会主义核心价值观和中国梦所描述的价值图景,33.5％的大学生表示"认同",51.5％的表示"基本认同",4.3％的表示"不认同",10.6％的表示"没考虑过";而就二者对于解决当前精神家园问题的作用,13.7％的大学生认为"能从根本上解决",76.7％的认为"有积极作用,但效果有限",3.9％的认为"没有作用",5.6％的表示"不清楚";对于"四个全面"战略布局实施的意义,37.9％的大学生认为"有利于精神家园困境的解决",37.6％的认为"对精神家园产生深刻影响,但利大于弊",4.3％的认为"对精神家园产生深刻影响,但弊大于利",1.1％的认为"对精神家园产生负面影响",19.2％的认为"说不清楚"。

由上可知,目前多数大学生对于十八大以来党和政府所作出的一系列重大战略决策给予了积极的肯定,对于有效解决当前的精神家园问题寄予了较高的期望,同时对于政策措施可能会产生的负面影响也有了一定的认识。

三、 基本结论与主要建议

从调查结果分析看,十八大以来,大学生整体的精神家园状况是好的,但同时也存在着精神家园认识片面、生命观异化、成就观扭曲、道德感弱化、理想信仰缺失等问题。对此,必须高度重视,群策群力,构建大学生积极健康的精神家园。

首先,加大人文知识教育,提高精神家园的评判力。精神家园是一种靠后天长期涵养的结果,它不仅要靠自然科学知识来提供最为基本的习得方法和修身方向,而且更为重要的是要靠不断通过对政治、法律、道德、哲学、艺术、历史等人文知识的学习和体悟获得滋养和发展。因此,在日常的学校教育中,要坚决摒弃唯自然科学知识和工程技术知识至上的工具理性偏见,加大对当代大学生人文知识的教育,培养其对真、善、美的认识、判断、体悟与践履能力,使他们逐渐具备文理兼通的综合素质,进而提高其对精神家园的内涵、本质、性质与价值的认识、评价与判断能力。

其次,创新宣传教育方法,培植分层次的理想信仰。精神家园构成的多层次性,决定了人类在培植其精神家园的过程中,必须秉持与时俱进的理念,不断创新宣传教育方法,推动处于不同层次的精神家园形态有序发展和衔接过渡,消除病态的精神生活,构建逐层升华的意义世界,引进先进的宣传教育理念和方法,突出隐性教育、系统教育、自主教育和情感教育的主导地位。

再次,完善道德奖惩机制,增强重言重行的责任感。羞耻感、责任感、使命感与神圣感是道德感的构成主体,也是构成精神家园丰富内涵中其他部分的基础和动力。一个缺乏道德感及其践履能力的主体,是不可能具有高层次的精神生活与境界的。大学生道德感的形成、强化和升华离不开社会整体道德感的形成与发展,而社会整体道德感的强弱则直接与其道德奖惩机制有关。健全的道德奖惩机制不仅可以褒扬真、善、美,贬抑假、丑、恶,而且还可以促进大众整体的道德分析力、判断力和执行力。为此,完善道德奖惩机制,既要注重道德领域的规章制度与舆论引导体制、机制建设,又要重视将道德法律化与法律道德化有效结合起来,加大对道德失范现象的曝光度、谴责度和惩处度,褒奖重言重行、知行合一的善言义举。

复次,弘扬优秀传统文化,彰显传统意义世界魅力。文化是一个民族繁衍发展的智慧凝结,是其保持民族记忆、维持民族认同、传承民族意义世界的重要载体。意义世界构成了该民族精神家园的核心内容,反映了该民族对生命的起源、价值、实现方式以及在宇宙中地位的追寻和反思。传统文化的式微或消失,必然会或迟或早地带来附着其上的意义世界的失落,进而会间接导致一个民族精神家园的荒芜。中华民族历时 5000 多年,创造出了辉煌灿烂的民族文化,尽管世事沧桑、时过境迁,但其中反映民族思维特征与价值共识的部分仍然具有时代价值。为此,我们必须以辩证的态度对待传统文化,本着实事求是、传承创新的原则,彻底废除无用化、虚无化传统文化的错误做法,整合全社会的智慧和力量,积极弘扬优秀传统文化,进一步彰显其承载的意义世界的现代魅力,增强大学生对民族文化的自豪感和归属感。

　　最后，保持铁腕反腐态势，强化为民清廉政党形象。自民族国家产生以来，执政党能否保持为民清廉的形象，就成为影响国民对其政治认同高低的关键因素。中国共产党自成立以来，就以全心全意为人民服务作为根本宗旨，不但树立了为民清廉的政党形象，而且还赢得了群众的尊重、信任和拥护。党中央体现出壮士断腕的魄力、刮骨疗毒的决心，踏石留印的毅力、锲而不舍的精神。唯其如此，才能逐步增强大学生对党和政府的信任、对改革开放和现代化建设的信心、对社会主义的信念和对马克思主义的信仰。

后　记

　　本书是在对本人的博士后出站报告进行修改完善后的研究成果。相较于原内容，新增了第四章的"精神家园视域下马克思主义大众化的价值意蕴"、第五章的第三节"马克思主义大众化的应然境域"以及第七章的"精神家园视域下马克思主义大众化的基本路径"，重新撰写了前言部分的"研究现状"和余论部分的"继续深化马克思主义大众化在精神家园领域的大众化"；此外，本书的其他章节内容也做了大篇幅的修改和完善。整体而言，现在呈现在各位专家、学者和读者面前的书稿，尽管因时间仓促仍有许多不足之处，但基本上吸收并体现了学术界的最新研究成果以及本人的最新研究心得。

　　"无论我们走得多远，都不能忘记来时的路。"习近平总书记的谆谆告诫，不仅是全体中国共产党人始终做到"不忘初心、牢记使命"的根本指针，也是本人不忘四年多的艰苦博士后科研工作经历继续前行的精神旗帜。在博士后流动站工作期间，我时常穿梭在工作单位与南京师范大学之间。既要处理日常繁重的教学、科研和行政工作，又要时时经受完成博士后科研工作目标任务的重压和考验。身处此境，也曾因一时遭遇生存与发展的困境而心生放弃的念头，也曾因一时身心疲惫、力不从心而滋生打退堂鼓的想法。然而，每逢关键时刻，又总会想起家父在世之时的告诫——"书山有路勤为径，学海无涯苦作舟"。每每念及此告诫，一种生命不息、奋斗不止的豪情又会油然而生。在此，再次由衷感谢父母双亲和岳父岳母的教诲和关心。与此同时，博士后导师王永贵教授，既在学业和科研上给予了精心指导，又在为人处世上给予了谆谆教诲，使我终身受益。尽管博士毕业已经多年，但是我的硕士生和博士生导师刘魁教授始终对于我的发展给予了关心和支持，在此深表谢意。此外，也由衷感谢中国社会科学院罗文东教授、南京师范大学王刚教授等 5 名专家对本人博士后出站报告的修改所给予的宝贵建议。

　　本书在写作的过程中，得到了本人的硕士生谢梦玲同学、安徽大学马克思主义学院青年教师许燕博士和扬州大学马克思主义学院博士生刘新新同学的大力支持，他们为本书稿的完成作出了不少基础性的工作，在此一并表示衷心感谢！此外，本书在写作过程中，参阅、引用并借鉴了国内外的相关研究成果，在此向这些相关研究成果的作者表示诚挚的谢意！

　　最后，本书在出版的过程中得到了扬州大学出版基金、扬州市社科重大项目资助出版项目、扬州大学马克思主义学院出版基金等的鼎力支持，感谢他们给予出版经费的资助！同时，也衷心感谢南京大学出版社刘慧宁女士在本书出版过程中所提出的宝贵意见以及付出的辛勤劳动！

徐　俊

壬寅年乙巳月于扬州瘦西湖畔

参考文献

一、 著作类

1.《马克思恩格斯全集》第 1 卷,北京:人民出版社 1995 年版。

2.《马克思恩格斯全集》第 3 卷,北京:人民出版社 2002 年版。

3.《马克思恩格斯全集》第 13 卷,北京:人民出版社 1998 年版。

4.《马克思恩格斯全集》第 16 卷,北京:人民出版社 2007 年版。

5.《马克思恩格斯全集》第 21 卷,北京:人民出版社 2003 年版。

6.《马克思恩格斯全集》第 30 卷,北京:人民出版社 1995 年版。

7.《马克思恩格斯全集》第 33 卷,北京:人民出版社 2004 年版。

8.《马克思恩格斯全集》第 37 卷,北京:人民出版社 2019 年版。

9.《马克思恩格斯全集》第 42 卷,北京:人民出版社 2017 年版。

10.《马克思恩格斯全集》第 49 卷,北京:人民出版社 2016 年版。

11.《马克思恩格斯文集》第 1—10 卷,北京:人民出版社 2009 年版。

12.《马克思恩格斯选集》第 1—4 卷,北京:人民出版社 2012 年版。

13.《资本论》第 1 卷,北京:人民出版社 2004 版。

14. 恩格斯:《自然辩证法》,北京:人民出版社 2018 年版。

15.《列宁全集》第 12 卷,北京:人民出版社 1987 年版。

16.《列宁全集》第 17 卷,北京:人民出版社 1988 年版。

17.《列宁全集》第 23 卷,北京:人民出版社 1990 年版。

18.《列宁全集》第 33 卷,北京:人民出版社 1985 年版。

19.《列宁选集》第 1—4 卷,北京:人民出版社 1995 年版。

20.《斯大林全集》第 1 卷,北京:人民出版社 1953 年版。

21.《斯大林全集》第 6 卷,北京:人民出版社 1956 年版。

22.《毛泽东选集》第 1—4 卷,北京:人民出版社 1991 年版。

23.《毛泽东文集》第 1—2 卷,北京:人民出版社 1993 年版。

24.《毛泽东文集》第 3—5 卷,北京:人民出版社 1996 年版。

25.《毛泽东文集》第 6—8 卷,北京:人民出版社 1999 年版。

26.《周恩来选集》(下卷),北京:人民出版社 1984 年版。

27.《邓小平文选》第 1—3 卷,北京:人民出版社 1993、1994 年版。

28.《江泽民文选》第 1—3 卷,北京:人民出版社 2006 年版。

29.《胡锦涛文选》第 1—3 卷,北京:人民出版社 2016 年版。

30.《习近平谈治国理政》,北京:外文出版社 2014 年版。

31.《习近平谈治国理政》第 1—3 卷,北京:外文出版社 2018、2017、2020 年版。

32. 习近平:《论坚持全面依法治国》,北京:中央文献出版社 2020 年版。

33. 中共中央宣传部:《习近平总书记系列重要讲话读本》,北京:学习出版社、人民出版社 2014、2016 年版。

34. 中共中央文献研究室:《习近平关于实现中华民族伟大复兴的中国梦论述摘编》,北京:中央文献出版社 2013 年版。

35. 中共中央文献研究室:《习近平关于社会主义文化建设论述摘编》,北京:中央文献出版社 2017 年版。

36. 中共中央文献研究室:《习近平关于社会主义政治建设论述摘编》,北京:中央文献出版社 2017 年版。

37. 中共中央文献研究室:《习近平关于社会主义建设论述摘编》,北京:中央文献出版社 2017 年版。

38. 中共中央文献研究室:《习近平关于全面建成小康社会论述摘编》,北京:中央文献出版社 2016 年版。

39. 中共中央党史和文献研究院:《习近平关于总体国家安全观论述摘编》,北京:中央文献出版社 2018 年版。

40. 中共中央纪律检查委员会、中共中央文献研究室编:《习近平关于党风廉政建设和反腐败斗争论述摘编》,北京:中国方正出版社 2015 年版。

41. 中共中央宣传部:《习近平新时代中国特色社会主义思想学习纲要》,北京:学习出版社、人民出版社 2019 年版。

42. 中共中央文献研究室 中央档案馆:《建党以来重要文献选编》第 1—26 册,北京:中央文献出版社 2011 年版。

43. 中共中央文献研究室:《建国以来重要文献选编》第 1—20 册,北京:中央文献出版社 2011 年版。

44. 中共中央文献研究室:《三中全会以来重要文献选编》(上、下),北京:中央文献出版社 1982 年版。

45. 中共中央文献研究室:《十二大以来重要文献选编》(上、中、下),北京:中央文献出版社 1986 年版。

46. 中共中央文献研究室:《十三大以来重要文献选编》(上、下),北京:中央文献出版社 1993 年版。

47. 中共中央文献研究室:《十四大以来重要文献选编》(上、中、下),北京:中央文献出版社 1996 年版。

48. 中共中央文献研究室:《十五大以来重要文献选编》(上、中、下),北京:中央文献出版社 2000 年版。

49. 中共中央文献研究室:《十六大以来重要文献选编》(上、中、下),北京:中央文献出版社 2005 年版。

50. 中共中央文献研究室:《十八大以来重要文献选编》上、中),北京:中央文献出版社 2014、2016 年版。

51. 中共中央党史和文献研究院:《十八大以来重要文献选编》(下),北京:中央文献出版社 2018 年版。

52. 中共中央党史和文献研究院:《十九大以来重要文献选编》(上、中),北京:中央文献出版社 2019、2021 年版。

53. [德] 海因里希·希格姆科夫等:《马克思传》,易廷镇等译,北京:人民出版社 2000 年版。

54. 黑格尔:《哲学史讲演录》第 1 卷,北京:商务印书馆 1959 年版。

55. 王国维:《人间词话·人间词》,李科林校注,合肥:安徽人民出版社 2002 年版。

55. [德]海德格尔:《荷尔德林诗的阐释》,孙周兴译,北京:商务印书馆 2000 年版。

56. [德]海德格尔:《存在与时间》,陈嘉映等译,北京:生活·读书·新知三联书店 1987 年版。

57. [德]叔本华:《叔本华人生哲学》,李成铭等译,北京:九州出版社 2008 年版。

58. 欧阳康:《民族精神:精神家园的内核》,哈尔滨:黑龙江教育出版社 2010 年版。

59. 夏征农,陈至立:《辞海:第六版缩印本》,上海:上海辞书出版社 2010 年版。

60. 黑格尔:《宗教哲学》,魏庆征译,北京:中国社会出版社 1999 年版。

61. [美]埃德加·斯诺:《红星照耀中国》,董乐山译,北京:新华出版社 1984 年版。

62. 冯友兰:《三松堂全集》第四卷,郑州:河南人民出版社 1986 年版。

63. [德]马丁·海德格尔:《尼采十讲》,苏隆编译,北京:中国言实出版社 2004 年版。

64. [法]米歇尔·福柯:《词与物:人文科学考古学》,莫伟民译,上海:上海三联书店 2002 年版。

65. [法]米歇尔·福柯:《癫狂与文明:理性时代的癫狂史》,刘北成、杨远婴译,北京:生活·读书·新知三联书店 2003 年版。

66. [德]马克斯·韦伯:《新教伦理与资本主义精神》,马奇炎、陈婧译,北京:北京大学出版社 2012 年版。

67. 《论语》,程昌明译注,北京:远方出版社 2007 年版。

68. [德]E·策勒尔:《古希腊哲学史纲》,翁绍军译,济南:山东人民出版社 1992 年版。

69. 赵敦华：《西方哲学简史》，北京：北京大学出版社 2001 年版。

70. ［古希腊］圣·托马斯·阿奎那：《基督教箴言隽语录》，周丽萍、薛汉喜编译，北京：百花洲文艺出版社 1995 年版。

71. 胡适：《中国人的人格》，北京：中国工人出版社 2012 年版。

72. 李泽厚：《中国现代思想史论》，天津：天津社会科学出版社 2003 年版。

73. 中国李大钊研究会：《李大钊文集》第 3 卷，北京：人民出版社 1999 年版。

74. 盖军：《中国共产党八十年历史纪事》，武汉：湖北人民出版社 2001 年版。

75. 孙志文：《现代人的焦虑和希望》，北京：三联书店 1994 年版。

76. 孙正聿：《哲学通论》，上海：复旦大学出版社 2006 年版。

77. 衣俊卿：《文化哲学十五讲》，北京：北京大学出版社 2004 年版。

78. 高清海：《哲学与主体自我意识》，北京：中国人民大学出版社 2010 年版。

79. 朱祖延：《汉语成语辞海》，武汉：武汉出版社 1999 年版。

80. 联合国教科文组织国际教育发展委员会：《学会生存—教育世界的今天和明天》，北京：教育科学出版社 1996 年版。

81. 武斌：《现代中国人——从现在走向未来》，辽宁：辽宁大学出版社 2007 年版。

82. 费孝通：《乡土中国 生育制度》，北京：北京大学出版社 1998 年版。

83. ［德］马克思·韦伯：《经济与社会》（上卷），林荣远译，北京：商务印书馆 1997 年版。

84. 郑晓云：《文化认同论》，北京：中国社会科学出版社 1992 年版。

85. 阎云翔：《中国社会的个体化》，陆洋等译，上海：上海译文出版社 2012 年版。

86. 蔡尚思：《中国现代思想史简编》第 2 卷，杭州：浙江人民出版社 1982 年版。

87. 联合国教科文组织国际教育发展委员会:《学会生存—教育世界的今天和明天》,北京:教育科学出版社 1996 年版。

88. 张岱年、程宜山:《中国文化精神》,北京:北京大学出版社 2015 年版。

89. 许纪霖:《家国天下:现代中国的个人、国家与世界认同》,上海:上海人民出版社 2016 年版。

二、 论文类

1. 王永贵:《论推动当代中国马克思主义大众化》,《南京师大学报》(社会科学版)2010 年第 3 期。

2. 白亚锋:《当代中国马克思主义大众化内涵解析》,《太原理工大学学报》(社会科学版)2010 年第 4 期。

3. 李莉:《依托大学生校园文化活动推进马克思主义大众化》,《山西师大学报》(社会科学版)2013 年第 9 期。

4. 欧永宁:《关于马克思主义大众化内涵的论析》,《中南大学学报》(社会科学版)2010 年第 6 期。

5. 姬海涛:《论马克思主义大众化的三重内涵》,《山西高等学校社会科学学报》2014 年第 2 期。

6. 肖士英:《马克思主义大众化内涵基本向度的当代诠释》,《广西师范大学学报》(哲学社会科学版)2011 年第 2 期。

7. 刘振宇,等:《大众哲学与马克思主义大众化》,《湖北社会科学》2013 年第 4 期。

8. 田辉,等:《关于马克思主义大众化内涵的若干反思》,《云南省委党校学报》2011 年第 3 期。

9. 崔越:《马克思主义大众化的基本内涵及其文化意蕴》,《吉首大学学报》(社会科学版)2011 年第 6 期。

10. 中共江苏省委宣传部课题组:《马克思主义大众化的科学内涵、历史经验及其当代实践路径》，《南京大学学报》（哲学人文科学社会科学）2011 年第 4 期。

11. 孔朝霞，等：《当代中国马克思主义大众化的逻辑内蕴与实现路径》，《云南民族大学学报》（哲学社会科学版）2014 年第 1 期。

12. 钱正武，等：《全面、准确地理解当代中国马克大众化的科学内涵》，《甘肃社会科》2012 年第 1 期。

13. 朱颜，等：《当代中国马克思主义大众化的内涵与特征》，《河南社会科学》2013 年第 9 期。

14. 于昆：《论推动当代中国马克思主义大众化的内涵和原则》，《边疆经济与文化》2011 年第 1 期。

15. 罗会德：《马克思主义大众化的历史进程和基本经验——30 年的回顾与总结》，《社会主义研究》2008 年第 6 期。

16. 阮东彪：《推进马克思主义大众化的重大历史节点哲学分析》，《湖南社会科学》2014 年第 1 期。

17. 唐晓燕：《中国马克思主义大众化 90 年：历程、经验与规律》，《深圳大学学报》（人文社会科学版）2011 年第 4 期。

18. 申云兰：《马克思主义中国化时代化大众化的探索历程》，《山西高等学校社会科学学报》2012 年第 2 期。

19. 崔海亮：《从佛教的世俗化看马克思主义的大众化》，《西藏民族学院学报》（哲学社会科学版）2013 年第 1 期。

20. 张永光，等：《马克思主义大众化发展的阶段性》，《唯实》2010 年第 6 期。

21. 林国标：《马克思主义大众化的基本范式及其演变》，《中共中央党校学报》2010 年第 3 期。

22. 杨蓓：《当代中国马克思主义大众化的基本范式》，《学术交流》2010 年第 11 期。

23. 高敏：《范式演进、语境转换与马克思主义大众化的语言艺术创新》，《安徽工业大学学报》（社会科学版）2012 年第 4 期。

24. 吕国忱,等:《马克思主义中国化时代化大众化的三个历史转折点》,《辽宁大学学报》(哲学社会科学版)2012 年第 1 期。

25. 宋朝光:《马克思主义大众化的逻辑、历史和现实——论马克思主义大众化的批判精神》,《理论月刊》2013 年第 6 期。

26. 柳丽:《新中国成立 60 年来马克思主义大众化的发展历程分析》,《理论界》2010 年第 7 期。

27. 吴远,等:《群体差异视阈下马克思主义大众化的基本原则》,《河海大学学报》(哲学社会科学版)2012 年第 2 期。

28. 沈炜:《论当代中国马克思主义大众化》,《思想理论教育导刊》2009 年第 9 期。

29. 高奇,等:《马克思主义大众化的十四个原则》,《当代世界与社会主义》2011 年第 1 期。

30. 杜建芳:《当代中国马克思主义大众化的基本原则探析》,《中共郑州市委党校学报》2010 年第 3 期。

31. 焦秀君:《推动当代中国马克思主义大众化的原则》,《西南民族大学学报》(人文社会科学版)2010 年第 6 期。

32. 吴琼:《马克思主义大众化的话语体系建构》,《理论视野》2010 年第 6 期。

33. 杨琪瑛:《马克思主义大众化的基本原则与方法》,《学校党建与思想教育》2012 年第 7 期。

34. 王彦:《马克思主义大众化路径理论反思》,《前沿》2014 年第 2 期。

35. 杨鲜兰:《推进当代中国马克思主义大众化的基本原则》,《湖北社会科学》2008 年第 2 期。

36. 许义文:《推进当代中国马克思主义大众化必须坚持的几个基本原则》,《西南民族大学学报》(人文社会科学版)2012 年第 2 期。

37. 崔庆五:《传播学视域中的马克思主义大众化六原则》,《中国出版》2012 年第 1 期。

38. 朱继胜,等:《论创新学科建设机制推进马克思主义大众化》,《湖北社会科学》2010 年第 8 期。

39. 杜建芳：《当代中国马克思主义大众化的基本原则探析》，《中共郑州市委党校学报》2010 年第 3 期。

40. 高敏：《范式演进、语境转换与马克思主义大众化的语言艺术创新》，《安徽工业大学学报》（社会科学版）2012 年第 4 期。

41. 寇清杰，等：《马克思主义大众化面临的话语挑战及应对路径》，《思想教育研究》2013 年第 5 期。

42. 杨小燕：《论高校思想政治理论课在推动马克思主义大众化中的作用》，《思想教育研究》2010 年第 7 期。

43. 吕治国：《略论新媒体环境下马克思主义大众化的传播路径》，《思想理论教育导刊》2011 年第 9 期。

44. 夏宇鹏，等：《微博传播与当代中国马克思主义大众化》，《学理论》2013 年第 8 期。

45. 周健：《手机载体：高校马克思主义大众化的重要平台》，《学理论》2013 年第 3 期。

46. 黄三生：《发展红色文化：推进马克思主义大众化的重要路径》，《求实》2012 年第 3 期。

47. 羊许益，等：《公共文化服务体系建设与马克思主义大众化的耦合及其四个维度》，《当代世界与社会主义》2013 年第 2 期。

48. 陈冬生：《"创先争优"活动是马克思主义大众化的一种实践形态》，《思想政治教育研究》2012 年第 1 期。

49. 曹水群，等：《依托"强基惠民"活动推进西藏地区马克思主义大众化》，《西藏大学学报》（社会科学版）2012 年第 2 期。

50. 刘勇：《关切民生：马克思主义大众化的生活回归》，《社会科学》2012 年第 5 期。

51. 井含伟：《马克思主义大众化与人民利益关系探析》，《青海师范大学学报》（哲学社会科学版）2013 年第 1 期。

52. 沈芬：《培育政治情感促进马克思主义大众化实现》，《现代商贸工业》2014 年第 9 期。

53. 刘娜，等：《从信仰的角度看马克思主义大众化》，《通化师范学院学报》2011 年第 3 期。

54. 张渝政，等：《从制度学视野看当代中国马克思主义大众化的机制建设》，《重庆工商大学学报》（社会科学版）2012 年第 10 期。

55. 刘寅生：《王国维沉湖之谜》，《文史杂志》1988 年第 2 期。

56. 黄盛华：《论科学与宗教的互动机制——兼与安希孟同志商榷》，《科学技术与辩证法》1990 年第 4 期。

苏荣才：《共产主义：当代中国青年精神家园的核心内容》，《马克思主义与现实》1991 年第 3 期。

58. 邴正：《重建精神家园的呼唤——跨世纪的哲学使命》，《社会科学战线》1995 年第 4 期。

59. 李佑新：《现代性的双重意蕴及其实质问题》，《南开学报》2004 年第 1 期。

60. 胡海波：《中华民族精神家园的生命精神》，《东北师范大学学报》（哲学社会科学版）2008 年第 3 期。

61. 居阅时：《人类精神家园的破缺与修整》，《探索与争鸣》2009 年第 2 期。

62. 严春友等：《简论当代中国人精神家园的重建》，《北京师范大学学报》（社会科学版）2010 年第 3 期。

63. 杨金海：《全球化背景下的中华文化复兴》，《贵州社会科学》2010 年第 1 期。

64. 李德顺：《精神家园的"实然"与"应然"》，《光明日报》2011 年 4 月 18 日。

65. 衣俊卿：《家园好像永远征途漫漫》，《光明日报》2011 年 4 月 18 日。

66. 万光侠等：《人的文化存在与精神家园价值探析》，《山东社会科学》2013 年第 10 期。

67. 宫丽：《精神家园建设的双重维度：个体与民族》，《道德与文明》

2015 年第 2 期。

68. 徐俊:《精神家园视域下马克思主义大众化的六大原则》,《探索》2016 年第 2 期。

69. 徐俊:《"主体"概念的演进历程——从阿那克萨戈拉到齐泽克》,《齐鲁师范学院学报》2013 年第 5 期。

70. 张之沧:《虚拟空间与"人、地、机"关系》,《南京师大学报》(社会科学版)2015 年第 1 期。

71. 徐俊:《信仰播撒与权力博弈——当代中国马克思主义信仰传播研究》,南京理工大学博士论文,2011 年 6 月。

72. 陈昌文:《马克思主义与日常生活》,《社会科学研究》1998 年第 2 期。

73. 许全兴:《马克思主义与中国传统文化关系之历史考察》,《马克思主义与现实》1996 年第 1 期。

74. 习近平:《在文艺工作座谈会上的讲话》,《人民日报》2015 年 10 月 15 日。

75. 李润洲:《石中英. 人·学习·学习能力》,《教育学报》2006 年第 2 期。

76. 李君如:《建设马克思主义学习型政党是重大而紧迫的战略任务》,《学习时报》2009 年 9 月 28 日。

77. 秦廷国:《略论社会主义社会的公平正义》,《政治学研究》2008 年第 4 期。

78. 人民日报评论员:《用法治中国凝聚复兴力量》,《人民日报》2014 年 10 月 21 日。

79.《中共中央关于深化文化体制改革推动社会主义文化大发展大繁荣若干重大问题的决定》,《人民日报》2011 年 10 月 26 日。

80.《庆祝中国共产党成立 90 周年大会在京隆重举行》,《人民日报》2011 年 7 月 2 日。

81. 荆学民:《论信仰价值的发生》,《哲学研究》1994 年第 5 期。

82. 庞立生等:《精神生活的物化与精神家园的当代建构》,《现代哲学》2009 年第 3 期。

83. 刘小红等:《马克思主义信仰视角下的当代人精神家园重建思考》,《甘肃理论学刊》2013 年第 2 期。

84. 李堂:《精神家园建设新探——兼论思想政治教育的一种新维度》,《西南交通大学学报》(社会科学版)2012 年第 3 期。

85. 马晓媛:《新形势下建设各民族共有精神家园研究》,《青海社会科学》2019 年第 6 期。

86. 梅景辉:《"精神家园"的理论旨趣与文化内涵》,《华中科技大学学报》(社会科学版)2009 年第 6 期。

87. 曾萍等:《论我国古代精神家园建设的自然性内涵》,《学校党建与思想教育》2015 年第 3 期。

88. 李小三:《坚守共产党人的精神家园》,《江西社会科学》2009 年第 3 期。

89. 高永久等:《论中华民族共有精神家园的内涵与价值核心》,《科学社会主义》2008 年第 2 期。

90. 马晓媛:《新形势下建设各民族共有精神家园研究》,《青海社会科学》2019 年第 6 期。

91. 宫丽:《精神家园建设的双重维度:个体与民族》,《道德与文明》2015 年第 2 期。

92. 曾萍等:《改革开放背景下我国精神家园建设的新特点》,《思想政治教育研究》2015 年第 3 期。

93. 魏长领:《建设中华民族共有精神家园应自觉体现四个统一》,《郑州大学学报(哲学社会科学版)》2008 年第 2 期。

94. 刘然:《中华民族共有精神家园的古今对比》,《广西民族研究》2018 年第 2 期。

95. 曾萍等:《改革开放背景下我国精神家园建设的新特点》,《思想政治教育研究》2015 年第 3 期。

96. 王可为:《以马克思主义为指导构建中华民族共有精神家园》,《求实》2011 年第 9 期。

97. 刘然:《中华民族共有精神家园的古今对比》,《广西民族研究》2018 年第 2 期。

98. 魏长领:《建设中华民族共有精神家园应自觉体现四个统一》,《郑州大学学报(哲学社会科学版)》2008 年第 2 期。

99. 郑小丽:《中华民族共有精神家园建构的文化之维》,《中学政治教学参考》2014 年第 10 期。

100. 青觉:《从政治凝聚到心灵认同:新时代各民族共有精神家园建设——基于国家的分析视角》,《西北师大学报》(社会科学版)2021 年第 1 期。

101. 田卫疆:《构筑中华民族共有精神家园 夯实新疆社会长治久安的思想文化根基》,《新疆社会科学》2020 年第 6 期。

102. 李云:《海外移民与中华民族共有精神家园建设》,《科学社会主义》(双月刊)2014 年第 2 期。

103. 尹世尤等:《共有精神家园:增强中华民族凝聚力的有效途径》,《求索》2009 年第 4 期。

104. 徐黎丽等:《论各民族共有精神家园对中华民族共同体的凝聚作用》,《西北民族研究》2021 年第 4 期。

105. 来仪等:《再论中华民族共有精神家园的内涵及现实意义》,《西南民族大学学报(人文社会科学版)》2019 年第 1 期。

106. 严春友等:《简论当代中国人精神家园的重建》,《北京师范大学学报(社会科学版)》2010 年第 3 期。

107. 郝亚明:《论中华民族共有精神家园的功能定位》,《北方民族大学学报(哲学社会科学版)》2011 年第 2 期。

108. 李太平:《当代德育的重要使命:重建中华民族共有精神家园》,《湖北大学学报(哲学社会科学版)》2011 年第 5 期。

109. 王东莉:《建构精神家园——新时期思想政治教育的功能初探》,

《社会科学》2000 年第 11 期。

110. 李堂:《精神家园建设新探——兼论思想政治教育的一种新维度》,《西南交通大学学报(社会科学版)》2012 年第 3 期。

111. 张妍等:《大学生文化自信的精神家园"意义"层面思考》,《思想政治教育研究》2015 年第 5 期。

112. 李堂:《精神家园建设新探——兼论思想政治教育的一种新维度》,《西南交通大学学报(社会科学版)》2012 年第 3 期。

113. 唐志龙:《以人为本:中华民族共有精神家园建设的价值底蕴》,《理论学刊》2009 年第 12 期。

114. 相丽:《马克思主义人学视域中华民族共有精神家园建构》,《中学政治教学参考》2018 年第 18 期。

115. 刘友田等:《论新时代中华民族精神家园建构的基本理路》,《山东社会科学》2018 年第 10 期。

116. 马伟华:《模式与互动:中华民族共有精神家园建设中的几个问题》,《广西民族研究》2011 年第 2 期。

117. 王燕京:《中华民族共有精神家园:理论意蕴与建设路径》,《江西社会科学》2009 年第 3 期。

118. 刘友田等:《论新时代中华民族精神家园建构的基本理路》,《山东社会科学》2018 年第 10 期。

119. 王可为:《以马克思主义为指导构建中华民族共有精神家园》,《求实》2011 年第 9 期。

120. 李堂:《精神家园建设新探——兼论思想政治教育的一种新维度》,《西南交通大学学报(社会科学版)》2012 年第 3 期。

121. 郭建峰:《建设高校精神家园 为构建和谐社会作贡献》,《中国高教研究》2005 年第 5 期。

122. 谷桂玲:《当代大学生的精神家园建设》,《教育与职业》2015 年第 9 期。

123. 马晓媛:《新形势下建设各民族共有精神家园研究》,《青海社会科学》2019 年第 6 期。

124. 赵惜群等:《培育有利于中华民族共有精神家园建设之网络文化》,《湖南科学大学学报》(社会科学版)2011 年第 6 期。

125. 赵惜群等:《网络文化与中华民族共有精神家园的建设》,《东疆学刊》2011 年第 2 期。

126. 冯鑫永:《马克思主义大众化的几点思考》,《科学社会主义》(双月刊)2013 年第 6 期。

127. 彭升等:《两个转变:"加工"与"普及"——马克思主义大众化内涵新解》,《求实》2017 年第 2 期。

128. 中共江苏省委宣传部课题组等:《马克思主义大众化的科学内涵、历史经验及其当代实践路径》,《南京大学学报》(哲学·人文科学·社会科学)2011 年第 4 期。

129. 王迁等:《关于马克思主义大众化内涵、功能和目的的新认识》,《毛泽东思想研究》2015 年第 2 期。

130. 肖士英:《马克思主义大众化内涵基本向度的当代诠释》,《广西师范大学学报》(哲学社会科学版)2011 年第 2 期。

131. 欧永宁:《关于马克思主义大众化内涵的论析》,《中南大学学报》(社会科学版)2010 年第 6 期。

132. 李威娜:《深入理解"马克思主义大众化"内涵的三重视角》,《思想理论教育导刊》2016 年第 11 期。

133. 张静等:《关于马克思主义大众化的若干思考》,《天津师范大学学报》(社会科学版)2011 年第 3 期。

134. 孔朝霞等:《当代中国马克思主义大众化的逻辑内蕴与实现路径》,《云南民族大学学报》(哲学社会科学版)2014 年第 1 期。

135. 钱正武等:《全面、准确地理解当代中国马克思主义大众化的科学内涵》,《甘肃社会科学》2012 年第 1 期。

136. 朱炎等:《大众化是坚持和发展当代中国马克思主义的必由之路》,《求实》2009 年第 2 期。

137. 王伟光:《马克思主义大众化的时代价值与现实意义》,《红旗文稿》2020 年第 7 期。

138. 李科:《当代中国马克思主义大众化的价值及其实现机制》,《北京工业大学学报》(社会科学版)2010 年第 5 期。

139. 杨全海:《马克思主义大众化的价值探析》,《思想教育研究》2010 年第 8 期。

140. 熊建生等:《马克思主义大众化的价值意蕴探析》,《思想理论教育导刊》2010 年第 12 期。

141. 蒋朝莉等:《马克思主义大众化价值浅析》,《人民论坛》2013 年第 2 期。

142. 崔庆五等:《马克思主义大众化助推中国梦的着力点探要》,《毛泽东思想研究》2017 年第 4 期。

143. 田丰:《当代中国马克思主义大众化的文化选择》,《河北大学学报》(哲学社会科学版)2015 年第 2 期。

144. 张丽:《马克思主义大众化的价值维度及其辩证机制构建》,《求索》2016 年第 1 期。

145. 严宏:《马克思主义大众化的现实价值:以人的需要为视角》,《科学社会主义》2010 年第 5 期。

146. 翟桂萍:《以人民为中心:马克思主义大众化的价值进路》,《学习论坛》2017 年第 1 期。

147. 林国标:《马克思主义大众化的基本范式及其演变》,《中共中央党校学报》2010 年第 3 期。

148. 杨蓓:《当代中国马克思主义大众化的基本范式》,《学术交流》2010 年第 11 期。

149. 冯刚:《传播与超越:中国共产党推动马克思主义大众化的百年历程和基本经验》,《四川大学学报(哲学社会科学版)》2021 年第 4 期。

150. 陈曙光:《马克思主义大众化的历程、经验与反思》,《湖南社会科学》2012 年第 5 期。

151. 唐晓燕:《中国马克思主义大众化 90 年:历程、经验与规律》,《深圳大学学报》(人文社会科学版)2011 年第 4 期。

152. 潘李军:《当代中国马克思主义大众化的困境及其破解》,《理论导刊》2014 年第 2 期。

153. 陈红娟:《理念·境遇·利益:马克思主义大众化的三重障碍》,《理论月刊》2014 年第 11 期。

154. 寇清杰等:《马克思主义大众化面临的话语挑战及应对路径》,《思想教育研究》2013 年第 5 期。

155. 王丹丹:《马克思主义大众化面临的话语难题及消解》,《当代世界与社会主义》2015 年第 6 期。

156. 刘明明:《论马克思主义大众化的群体差异性》,《思想理论教育导刊》2018 年第 8 期。

157. 廖和平:《当代马克思主义大众化面临的挑战与对策》,《广西师范大学学报(哲学社会科学版)》2011 年第 2 期。

158. 唐小芹:《马克思主义大众化途径与方法创新的难点破解及前景展望》,《湖湘论坛》2016 年第 3 期。

159. 高奇等:《大数据技术条件下的马克思主义大众化》,《马克思主义研究》2019 年第 7 期。

160. 高乃云:《论马克思主义大众化的网络传播境遇及策略优化》,《西南民族大学学报(人文社会科学版)》2012 年第 6 期。

161. 吴远等:《群体差异视阈下马克思主义大众化的基本原则》,《河海大学学报》(哲学社会科学版)2012 年第 2 期。

162. 张静等:《关于马克思主义大众化的若干思考》,《天津师范大学学报》(社会科学版)2011 年第 3 期。

163. 王璜等:《试述马克思主义大众化传播应坚持的四个基本原则》,《兰州大学学报》(社会科学版)2015 年第 3 期。

164. 杨琪瑛:《马克思主义大众化的基本原则与方法》,《学校党建与思想教育》2012 年第 21 期。

165. 杨鲜兰：《推进当代中国马克思主义大众化的基本原则》，《湖北社会科学》2008 年第 2 期。

166. 徐承英：《主体间性视域下的当代中国马克思主义大众化》，《毛泽东思想研究》2010 年第 5 期。

167. 沈炜：《论当代中国马克思主义大众化》，《思想理论教育导刊》2009 年第 9 期。

168. 杨荣等：《论马克思主义中国化时代化大众化及其实现路径》，《学习与实践》2016 年第 2 期。

169. 周国琴：《论马克思主义中国化、时代化、大众化的有机统一》，《求索》2012 年第 7 期。

170. 刘康：《"互联网＋"时代马克思主义大众化的精准传播策略探析》，《理论月刊》2018 年第 3 期。

171. 刘滢：《以精准传播理念推进马克思主义大众化》，《人民论坛》2019 年第 13 期。

172. 郝佳婧等：《以精准思维推进马克思主义大众化论要》，《中学政治教学参考》2021 年第 27 期。

173. 陈德祥：《话语理论视域下的当代中国马克思主义大众化研究》，《教学与研究》2017 年第 2 期。

174. 曾鹰等：《创新发展视域下马克思主义大众化的话语重构》，《广东社会科学》2017 年第 4 期。

175. 郭戎委等：《当代中国马克思主义大众化的时代环境及推进路径》，《河南社会科学》2015 年第 2 期。

176. 欧庭宇：《马克思主义大众化何以推进——基于网络环境下话语传播的现实考察》，《湖湘论坛》2021 年第 2 期。

177. 冯鑫永：《对马克思主义大众化的几点思考》，《科学社会主义（双月刊）》2013 年第 6 期。

178. 敖永春等：《推进马克思主义大众化必须回应群众关切》，《学校党建与思想教育》2019 年第 2 期。

179. 高奇等:《大数据技术条件下的马克思主义大众化》,《马克思主义研究》2019 年第 7 期。

180. 董馨:《新时代马克思主义大众化传播路径选择》,《重庆社会科学》2018 年第 2 期。

181. 张东等:《自媒体流行对马克思主义大众化传播的影响与策略》,《重庆邮电大学学报(社会科学版)》2016 年第 2 期。

182. 张静等:《推进马克思主义大众化是高校德育理论创新和学科建设的使命与责任》,《思想教育研究》2010 年第 2 期。

183. 朱哲等:《依托学科建设促进马克思主义大众化研究》,《学校党建与思想教育》2011 年第 14 期。

184. 张雷声:《学科功能的发挥与马克思主义大众化的推进》,《思想理论教育导刊》2009 年第 10 期。

185. 叶红云:《马克思主义大众化的问题与对策》,《马克思主义研究》2013 年第 11 期,第 99 页。

186. 易金华:《以红色资源推动马克思主义大众化》,《湖南社会科学》2015 年第 6 期,第 33 页。

187. 欧阳康:《融入精神家园——马克思主义的当代价值与当代命运》,《华中科技大学学报》(社会科学版)2010 年第 1 期。

188. 杨东:《马克思主义大众化何以可能——基于"精神交往"视域的分析》,《山西师大学报》(社会科学版)2010 年第 2 期。

189. 刘然:《中华民族共有精神家园的古今对比》,《广西民族研究》2018 年第 2 期。

190. 张瑜等:《传统文化背景的"精神家园"范式转换》,《重庆社会科学》2017 年第 3 期。

191. 葛洪泽:《信仰在精神家园中的位置》,《中国党政干部论坛》2011 年第 7 期。

192. 黎学军:《论马克思主义的"人伦日用"化——建设民族共有精神家园的一种思考》,《社会科学研究》2010 年 5 月。

193. 高乃云:《论马克思主义大众化的现实境遇及路径建构》,《求实》2012 年第 10 期。

194. 王树荫等:《论马克思主义大众化与民族精神教育相结合的五个维度》,《学校党建与思想教育》2010 年第 35 期。

195. 王可为:《以马克思主义为指导构建中华民族共有精神家园》,《求实》2011 年第 9 期。

196. 张瑜等:《传统文化背景的"精神家园"范式转换》,《重庆社会科学》2017 年第 3 期。

197. 欧阳康:《融入精神家园——马克思主义的当代价值和当代命运》,《华中科技大学学报(社会科学版)》2010 年第 1 期。

198. 黎学军:《论马克思主义的"人伦日用"化——建设民族共有精神家园的一种思考》,《社会科学研究》2010 年 5 月。

199. 赵国友:《实现当代中国马克思主义大众化的条件和路径——源于经济学原理的启示》,《长白学刊》2010 年第 2 期。

200. 李广艳:《马克思主义大众化视野下的精神塑造与利益维护》,《中国党政干部论坛》2012 年第 2 期。

201. 刘小红等:《马克思主义信仰视角下的当代人精神家园重建思考》,《甘肃理论学刊》2013 年第 2 期。

202. 宫丽:《试论马克思主义与中华民族共有精神家园的互动关系》,《河南师范大学学报》(哲学社会科学版)2010 年第 3 期。

203. 高乃云:《论马克思主义大众化的现实境遇及路径建构》,《求实》2012 年第 10 期。

204. 杨东:《马克思主义大众化何以可能——基于"精神交往"视域的分析》,《山西师大学报(社会科学版)》2010 年第 2 期。

205. 贺善侃:《试论马克思主义大众化的精神提升途径》,《中共浙江省委党校学报》2011 年第 3 期。

206. 李广艳:《马克思主义大众化视野下的精神塑造与利益维护》,《中国党政干部论坛》2012 年第 2 期。

207. 严宏:《马克思主义大众化的现实价值:以人的需要为视角》,《科学社会主义》2010 年第 5 期。

208. 杨东:《马克思主义大众化何以可能——基于"精神交往"视域的分析》,《山西师大学报》(社会科学版)2010 年第 2 期。

209. 冉昆玉等:《论中华民族共有精神家园建设的战略构想》,《北方民族大学学报》(哲学社会科学版)2009 年第 3 期。

210. 贺善侃:《试论马克思主义大众化的精神提升途径》,《中共浙江省委党校学报》2011 年第 3 期。

211. 项久雨:《硬实力与软实力的关系之辨》,《武汉大学学报》(哲学社会科学版)2010 年第 6 期。

212.《2020 国际十大思潮》,《人民论坛》2020 年第 36 期。

213.《2020 国内社会思潮》,《人民论坛》2021 年第 3 期。

214. 秦在东,靳思远:《"泛娱乐主义"思潮的生成机理、危害及其治理》,《思想理论教育导刊》2020 年第 11 期。

215. 杨军,黄兆琼:《我国消费主义思潮的表现、实质与克服》,《思想教育研究》2022 年第 2 期。

216. 杨嵘均:《网络民粹主义的行动逻辑、滋生情境及其治理》,《学术月刊》2021 年第 8 期。

217. 龚群:《霍布斯的正义观》,《社会科学辑刊》2019 年第 2 期。

218. 王建军:《论康德正义论的两个层次》,《道德与文明》2021 年第 2 期。

219. 白刚、郜爽:《正义的转向:从亚里士多德、黑格尔到马克思》,《理论探索》2019 年第 6 期。

220. 黄玉顺:《孔子的正义论》,《中国社会科学院研究生学报》2010 年第 3 期。

221. 徐志国:《休谟与荀子正义思想比较研究》,《孔子研究》2019 年第 1 期。

222. 詹世友,施文辉:《马克思主义正义观的辩证结构》,《华中科技大学学报》(社会科学版)2014 年第 1 期。

223. 韩彦超：《转型期人口流动与信任变迁（2005—2015）》，《东南大学学报》(哲学社会科学版)2021 年第 3 期。

224. 李伟民，梁玉成：《特殊信任与普遍信任——中国人信任的结构与特征》，《社会学研究》2002 年第 3 期。

225. 刘祖云：《社会转型期的异质性探讨》，《学习论坛》2007 年第 1 期。

226. 洪岩璧：《个体化倾向及其阶层差异》，《东南大学学报》(哲学社会科学版)2015 年第 1 期。

227. 张兆曙：《个体化时代的群体性兴奋——社会学视野中的广场舞和"中国大妈"》，《人文杂志》2016 年第 3 期。

228. 付茜茜：《从"内卷"到"躺平"：现代性焦虑与青年亚文化审思》，《青年探索》2022 年第 2 期。

229. 宋建丽：《全球治理视域下人类命运共同体思想的超越性内涵》，《国外社会科学》2020 年第 6 期。

230. 江时学：《"逆全球化"概念辨析——兼论全球化的动力与阻力》，《国际关系研究》2021 年第 6 期。

234. 王亚琪：《风险社会视域下全球治理的不确定性探析》，《东北亚论坛》2022 年第 3 期。

235. 江涌：《经济依附与文化殖民》，《红旗文稿》2012 年第 18 期。

236. 宋林飞：《中国社会风险预警系统的设计与运行》，《东南大学学报》(社科版)1999 年第 1 期。

237. 李宏宇，李元书：《当代中国社会矛盾凸现的原因及其化解之道》，《哈尔滨工业大学学报》(社会科学版)2022 年第 2 期。

240. 王永贵，廖鹏辉：《新时代意识形态安全态势的变化向度与应对策略——深刻领会习近平关于意识形态安全重要论述的精髓要义》，《理论探讨》2021 年第 1 期。

241. 孙发锋：《境外非政府组织为什么"能"影响中国意识形态安全》，《河南社会科学》2022 年第 1 期。

242. 杨洋：《网络意识形态安全视域中的资本逻辑批判》，《广西社会科学》2021 年第 11 期。

243. 段光鹏，王向明：《新时代国家意识形态安全面临的风险与防范》，《社会科学家》2021 年第 12 期。

244. 刘维兰：《马克思主义信仰的文化基质》，《河海大学学报》（哲学社会科学版）2010 年第 6 期。

245.《习近平在中共中央政治局第三十九次集体学习时强调 把中国文明历史研究引向深入 推动增强历史自觉坚定文化自信》，《人民日报》2022 年 5 月 29 日。

246. 习近平：《中共中央关于党的百年奋斗重大成就和历史经验的决议》，《人民日报》2021 年 11 月 17 日。

247. 习近平：《在纪念马克思诞辰 200 周年大会上的讲话》，《人民日报》2018 年 5 月 5 日。

248. 荆学民：《关于马克思主义和共产主义信仰的理论思考》，《马克思主义研究》1999 年第 5 期。

249. 习近平：《在全国劳动模范和先进工作者表彰大会上的讲话》，《人民日报》2020 年 11 月 25 日。

250. 习近平：《信念坚定对党忠诚实事求是担当作为 努力成为可堪大用能担重任的栋梁之才》，《人民日报》2021 年 09 月 02 日。

251. 李润洲、石中英：《人·学习·学习能力》，《教育学报》2006 年第 2 期。

252.《习近平为第五批全国干部学习培训教材作序》，《人民日报》2019 年 03 月 01 日。

253. 习近平：《在庆祝中国共产党成立 100 周年大会上的讲话》，《人民日报》2021 年 7 月 2 日。

254. 习近平：《在纪念孔子诞辰 2565 周年国际学术研讨会暨国际儒学联合会第五届会员大会开幕会上的讲话》，《人民日报》2014 年 9 月 25 日。

255.《习近平在中共中央政治局第三十九次集体学习时强调 把中国文

明历史研究引向深入 推动增强历史自觉坚定文化自信》,《人民日报》2022
年 5 月 29 日。

256. 习近平:《全面贯彻落实党的十八届六中全会精神增强全面从严
治党系统性创造性实效性》,《人民日报》2017 年 1 月 7 日。

三、 英文类

1. R. Fasold, *The Sociolinguistics of Language*, Beijing: Foreign Language Teaching and Research Press & Blackwell, 2000.

2. R. T. Boyd, Paul the Apostle, *The Illustrated Handbook on His Life and Travels*, World Publishing, 1995.

3. Richard Longworth, *Global Squeeze:The Coming Crisis for First World Nations*, Contemporary Books ,1998.

4. Susan J.Douglas, *Inventing American Broadcasting* 1899 - 1922, Baltimore: Johns Hopkins University Press, 1987.

5. Steven E. Clayman and Ann Reisner, "Gatekeeping in Action: Editorial Conferences and Assessments of Newsworthiness". American Sociological Review, 63(2), 1998.

6. Talcott Parsons, *The Structure of Social Action*. New York: Free Press,1968,I.

7. Thomas Hobbes, *Leviathan(Part Ⅰ and Ⅱ)*, Indianapolis: Bobbs-Merrill, 1958.

8. W. O. Quine, *Word and Object*, Cambridge: Harvard University Press ,1960.